Hermann Withalm · Brennpunkte

Hermann Withalm
Brennpunkte

VERLAG STYRIA

Was ein Politiker vor allem braucht, ist das Verständnis seiner Frau für sein Wirken in der Öffentlichkeit. Ich habe dieses Verständnis bei meiner Frau Maria immer gefunden. Dafür danke ich ihr aus ganzem Herzen, und deshalb ist dieses dritte Buch ihr gewidmet.

Inhaltsverzeichnis

7

Vorwort

Aller guten Dinge sind drei! Wenn ich dieses alte Sprichwort an die Spitze des Vorwortes zu meinem dritten Buch setze, dann bin ich mir durchaus dessen bewußt, daß mit diesem Sprichwort Verschiedenes zum Ausdruck gebracht werden kann.

Ich für meine Person sehe vor allem zwei Auslegungsmöglichkeiten. Die erste könnte etwa darin bestehen, daß derjenige, der dieses Sprichwort verwendet, damit den Schwerpunkt vor allem auf das Eigenschaftswort „gut" legt und daß er damit zum Ausdruck bringen will, daß er für die drei Dinge, von denen er spricht, das Prädikat „gut" in Anspruch nimmt.

Ich nehme für meine drei Bücher diese Auslegungsmöglichkeit nicht in Anspruch. Dem Autor steht es nicht zu, sein eigenes Produkt womöglich selbst zu qualifizieren. Das haben bezüglich meiner beiden ersten Bücher bereits andere, die wirklich berufen waren, oder auch solche, die sich zumindest dafür hielten, getan, und das wird auch mit dem nun vorliegenden dritten Buch gar nicht anders geschehen.

Ich möchte mich, wenn ich das Sprichwort „Aller guten Dinge sind drei" zitiere, an die herkömmliche, mir schon seit Kindestagen vertraute Auslegungsmöglichkeit halten. Ich habe dieses Sprichwort immer so verstanden, und das haben mich schon meine Eltern gelehrt, daß es gut ist, wenn man es im Ablauf des menschlichen Lebens einmal da und einmal dort – den Zeitpunkt und die Gelegenheit muß jeder selbst erfassen – eben bei „drei" bewenden läßt.

Wenn man, wie es bei mir der Fall war, nie daran gedacht hat, jemals ein Buch zu schreiben, und wenn es dann binnen kurzer Zeit drei geworden sind, dann kann man nicht nur, dann soll man nach meiner Überzeugung – fürs erste zumindest – sagen: „Aller guten Dinge sind drei!"

Nun möchte ich aber doch ganz kurz darlegen, was mich bewogen hat, dieses dritte Buch, das sich in erster Linie mit dem Parlament und dem Parlamentarier beschäftigt, zu schreiben. Die Motive lassen sich am besten durch drei Sätze aus dem Kapitel „Gibt es ihn, den idealen Abgeordneten?" zum Ausdruck bringen. Diese drei Sätze lauten: „Ich mache mir gar nichts vor, und ich gestehe mir auf Grund langjähriger Erfahrungen ganz nüchtern und sehr realistisch ein, daß von Idealvorstellungen in der Bevölkerung über ihre Abgeordneten nicht die Rede sein kann. Viel eher muß berechtigter-, wenn auch bedauerlicherweise vielfach von einem gestörten Verhältnis zwischen Wähler und Abgeordnetem gesprochen werden. Diese Feststellung mag sehr bedauerlich sein, was nichts daran ändert, daß sie leider zutreffend ist."

Durch meine drei Bücher zieht sich wie ein roter Faden mein Glaube an die parlamentarische Demokratie und mein uneingeschränktes Bekenntnis zu ihr. Ich habe einmal zum Ausdruck gebracht, daß die parlamentarische Demokratie nur dann leben und eine gesicherte Zukunft haben wird, wenn sie in den Herzen der Bürger auch wirklich fest verankert ist. Eine der unumgänglichen Voraussetzungen für diese Verankerung ist ein möglichst vertrauensvolles Verhältnis zwischen Wähler und Gewähltem. Voraussetzung dafür ist wiederum, daß der Wähler mit der Tätigkeit seines Abgeordneten vertraut gemacht wird und daß gerade dadurch der Kontakt ausgestaltet und schließlich und endlich inniger wird.

Ich habe mir mit diesem Buch das Ziel gesetzt, einen Beitrag dazu zu leisten, daß sich der Wähler und sein Abgeordneter näherkommen.

Dieses Buch soll daher vor allem einen Einblick in den parlamentarischen Alltag, darüber hinaus aber in das Leben und Wirken eines Parlamentariers und Politikers schlechthin geben.

Deshalb soll dieses Buch ein sehr menschliches und ein sehr persönliches Buch sein, ein Buch, in dem ich an Hand verschiedener kleiner Erlebnisse, die für mich jedoch keineswegs bedeutungslos waren, und vor allem durch die Wiedergabe von Briefen, deren ich im Laufe meines Politikerlebens Tausende erhalten habe, anschaulich zu machen versuche, daß auch heute schon zwischen dem Wähler und seinem Abgeordneten ein innigerer und herzlicherer Kontakt besteht, als gemeiniglich angenommen wird. Gerade die brieflichen Kontakte haben mir in guten, vor allem aber in bösen und harten Zeiten ungemein viel bedeutet, und dafür sage ich allen jenen, die je mit mir im Laufe der Jahrzehnte meiner politischen Tätigkeit in brieflichen Kontakt getreten sind, meinen aufrichtigen Dank.

Es liegt nun einmal in erster Linie an uns, den Parlamentariern, jene Voraussetzungen zu schaffen, die gegeben sein müssen, wenn das Verständnis und der Kontakt zwischen dem Staatsbürger und dem Volksvertreter gefördert werden sollen. Die Verantwortung, die damit auf den Volksvertretern lastet, ist groß und schwer. Versuchen wir, ihr gerecht zu werden, indem wir alles, was in unseren Kräften steht, dazu beitragen, daß diese Kontakte ausgestaltet und vertieft werden! Wir leisten damit der parlamentarischen Demokratie den allergrößten Dienst.

I. Teil

Das Parlament und der Abgeordnete

Ich möchte mich gleich zu Beginn dieses Kapitels mit einer Frage beschäftigen, die den parlamentarischen Alltag mehr und mehr beeinflußt und bestimmt. Zu der Zeit, da ich zum erstenmal in den Nationalrat einzog, spielte sie überhaupt noch keine Rolle. Seither aber hat sie eine ungewöhnlich große Bedeutung erlangt. Ich meine die Auswirkungen des Fernsehens auf die Parlamentsarbeit.

Den Fernsehübertragungen kommt heute schon und wahrscheinlich in der Zukunft noch mehr eine unwahrscheinlich große Bedeutung zu. Die Wirkung von Fernsehübertragungen aus dem Parlament ist eine ungemein starke – im Positiven genauso wie im Negativen, in letzterem wahrscheinlich noch mehr.

Als die ersten Fernsehübertragungen aus dem Parlament zur Debatte standen, gab es ein heftiges Pro und Kontra.

Die Klubs und die politischen Parteien zeigten sich überwiegend daran interessiert, daß übertragen wird. Jede Partei glaubte, hier biete sich eine neue, große Chance an, um an den Wähler und an die Bevölkerung heranzukommen. Wie sich bald zeigen sollte, war das neue Medium nicht nur eine Chance, sondern auch ein großes Risiko, ein eher doch sehr zweischneidiges Schwert.

Das Risiko war vor allem deshalb besonders groß, weil ja die ersten Übertragungen in die Zeit des Proporzrundfunks fielen.

Man muß sich die damalige Praxis, die heute wirklich undenkbar ist, ins Gedächtnis rufen. Nicht der Hörfunk und nicht das Fernsehen bestimmten, was und wieviel gesendet wurde. Die Zeiten wurden nach Minuten auf die einzelnen politischen Parteien nach ihrer Stärke im Parlament aufgeteilt. Entweder bestimmte der Abgeordnete selbst, der gesprochen hatte, oder, wenn er sich zu dieser Arbeit nicht die Zeit nahm, ein Klubangestellter, welche Passagen aus einer Rede herausgenommen und übertragen werden sollten. Den Rundfunkangestellten verblieb nur die Arbeit der technischen Durchführung und ein sehr unverbindlicher Kommentar.

Auf diese Art ereigneten sich oft die groteskesten Dinge. Zwischen den einzelnen Ausschnitten aus den Reden der verschiedenen Abgeordneten bestand, obwohl diese Reden zum gleichen Tagesordnungspunkt und womöglich unmittelbar hintereinander gehalten worden waren, oft nicht der geringste Zusammenhang.

Es ist durchaus verständlich, daß diese Art der Parlamentsübertragungen nicht in der Lage war, das Ansehen der Parlamentarier und des Parlaments beim Seher und Hörer zu heben.

Die Übertragungen gewannen erst dann an Niveau, als der ORF nach der Rundfunkreform des Jahres 1966 in die Lage versetzt wurde, die Übertragungen aus dem Parlament mehr und mehr in Eigenverantwortung zu gestalten. Entscheidend war, daß nicht mehr nach genau festgelegten Minuten für die einzelnen Parteien berichtet wurde, sondern nach dem Aussagewert der einzelnen Rede.

Die Frage ist heute müßig, ob es seinerzeit überhaupt zweckmäßig war, mit Fernsehübertragungen aus dem Parlament zu beginnen. Der Hinweis auf das englische Unterhaus, von dem das Fernsehen bis in die jüngste Zeit ausgeschlossen war, nützt hier gar nichts. Das Fernsehen im Haus am Ring ist heute ein Faktum, das aus der österreichischen Öffentlichkeit einfach nicht mehr wegzudenken ist. Der Prozeß, der hier vor sich gegangen ist, ist nicht mehr rückgängig zu machen, obwohl es manchmal Situationen gibt, in denen man wünschen möchte, er sei reversibel. Eine Verbannung des Fernsehens aus dem Parlament ist heute völlig undenkbar.

Das heißt also, daß der österreichische Parlamentarismus und die österreichischen Parlamentarier mit dem Fernsehen leben und darüber hinaus versuchen müssen, aus der gegebenen Situation im Interesse der parlamentarischen Demokratie das Bestmögliche herauszuholen.

Die Bevölkerung hat jedenfalls ein Recht darauf, objektiv und sachgerecht darüber informiert zu werden, ob und wie die von ihr Gewählten ihrer Aufgabe gerecht werden. In den Fernseh- und auch Hörfunkübertragungen steckt ohne Zweifel eine gewisse Kontrollmöglichkeit des Wählers gegenüber dem Gewählten. Nirgends wird der Mensch – ob nun gewollt oder ungewollt – so unbarmherzig mit allen seinen Schwächen, aber auch mit allen seinen Vorzügen, bloßgelegt und damit auch oft geradezu bloßgestellt wie eben bei Fernsehauftritten – nur wissen es viele nicht, vor allem aber: sie glauben es einfach nicht.

Mittlerweile konnten – speziell seit der Reform des Rundfunks im Jahre 1966 – viele Erfahrungen gewonnen werden.

Sehr wohl ist aber die Frage noch lange nicht ausdiskutiert, ob von der Möglichkeit, Übertragungen aus dem Parlament durchzuführen, häufig oder sparsam Gebrauch gemacht werden soll. Bevor ich auf diese Frage eingehe, wird es zweckmäßig sein, einige Erfahrungswerte festzuhalten, die unbestritten sein dürften.

Gute Reden wirken ungemein positiv. Ich persönlich höre gleichfalls jemandem – sei es ein Schauspieler, ein Priester, ein Politiker oder wer immer – mit allergrößtem Vergnügen zu, wenn er gut spricht und wenn er vor allem etwas zu sagen hat.

Schlechte Reden wirken hingegen oft geradezu als Brechmittel. Das trifft vor allem dann zu, wenn Manuskripte sklavisch Wort für Wort verlesen werden, wobei zwischen Lesen und Lesen ein himmelhoher Unterschied besteht. Manche Redner sind einfach nicht in der Lage, sich auch nur ein einziges Mal vom Manuskript zu lösen und auf- und in den Saal zu blicken. Sie hängen an jedem einzelnen Wort ihres Manuskriptes. Andere hinwiederum verwenden sehr wohl ihr Manuskript, ohne daß sie dabei den Eindruck des Lesens erwecken. Ein Manuskript beherrscht man nur dann, wenn man die Rede entweder Wort für Wort selbst gemacht hat oder wenn man sie, falls dies nicht zutreffen sollte, zumindest drei- bis fünfmal sorgfältig gelesen und – noch besser

– geradezu studiert hat, ohne sie selbstverständlich auswendig zu lernen. Ich habe bei jedem Redner gewußt, ob er mit Eigen- oder mit Fremdkapital arbeitet.

Jeder Abgeordnete ist daran interessiert, in einer fernseh- günstigen Zeit zu sprechen, wobei unter fernsehgünstig solche Zeiten zu verstehen sind, die es ermöglichen, daß Ausschnitte aus der Rede in „Zeit im Bild 1" gebracht werden. Auch in solchen Fällen steht natürlich in keiner Weise von Haus aus fest, daß durch die so erreichte Übertragung seiner Rede dem Redner persönlich und seiner Partei auch tatsächlich ein guter Dienst erwiesen wird.

Wie oft habe ich gerade auch als Klubobmann den Klubmit- gliedern gesagt, daß bei Parlamentsreden in der Kürze die Würze liege. Das gilt selbstverständlich nicht nur für Fernsehübertra- gungen, sondern ganz allgemein. Immer wieder habe ich darauf hingewiesen, daß es völlig gleichgültig sei, ob die Rede nun eine Stunde oder lediglich 20 Minuten dauere, da sowohl das Fern- sehen als auch die Zeitungen sowieso nur einen einzigen Satz, im besten Fall vielleicht zwei Sätze brächten, ob die Rede nun lang oder kurz sei. Es war mir leider fast nie möglich, Kollegen von dieser Binsenwahrheit zu überzeugen, auch nicht an Hand der am nächsten Tag in den Zeitungen nachzulesenden Parla- mentsberichte, die dann tatsächlich nicht mehr als einen einzigen Satz brachten.

Ich würde es daher sehr begrüßen, wenn die Redezeitbe- grenzung, wie sie bei „Dringlichen Anfragen" für alle Redner mit Ausnahme jenes Abgeordneten, der die „Dringliche Anfrage" begründet, in der Dauer von 20 Minuten gilt, allgemein eingeführt würde. Es müßte lediglich eine Ausnahme für den Erstredner jeder Fraktion gemacht werden, dem selbstverständlich zur Dar- legung und Begründung des Fraktionsstandpunktes eine längere Redezeit eingeräumt werden müßte.

Eine solche Redezeitbegrenzung würde, wie sich ja bei Dring- lichen Anfragen immer wieder zeigt und wie es sich vor allem auch bei der Budgetdebatte im Herbst 1974 gezeigt hat, eine geradezu segensreiche Wirkung ausüben. Jeder erfahrene Parla- mentarier weiß aus ureigenster Erfahrung, daß sich in 20 Minuten ein Standpunkt zu einer bestimmten Frage durchaus darlegen und begründen läßt. Es gibt nur ganz wenige Redner, die so packend reden, daß ihnen nach 20 Minuten überhaupt noch jemand zuhört. Es ist bei den Abgeordneten im Parlament gar nicht anders als bei den Predigern in der Kirche. Die Kirche ist mittlerweile schon zur Erkenntnis gekommen, daß das Scherzwort „Man kann über alles reden, nur nicht über zehn Minuten" ein Wahrwort ist.

Ein weiterer Erfahrungswert bei Fernsehübertragungen ist der, daß Krawallszenen, wie sie leider immer wieder vorkommen, beim Fernsehpublikum äußerst schlecht ankommen. Krawall-szenen sind ja auch im Plenarsaal nicht gerade schön und besonders erhebend – im Fernsehen können sie jedoch, wie ich mir oft und oft sagen ließ, geradezu katastrophal wirken.

Fortwährende Unterbrechungen der Redner und endlose Zwischenrufe wirken im Plenarsaal selbst weniger unangenehm als für den Hörer und Fernseher, die diese Art von Betätigung seitens der Abgeordneten oft geradezu als unerträglich empfinden, wie mir wiederholt von Fernsehern, die solche Sendungen mit-erlebten, versichert wurde.

Wenn ich oben von den Chancen und den Risken, die mit Fernsehübertragungen aus dem Parlament verbunden sind, ge-sprochen habe, dann erblicke ich eine der größten Gefahren für die Parlamentsarbeit darin, daß das Fernsehen geradezu dazu verleitet, zum Fenster hinauszureden. Gott sei Dank gibt es keine Fernsehübertragungen für Ausschußsitzungen. Ich hoffe sehr, daß das Fernsehen auch in alle Zukunft von den Sitzungen der Ausschüsse ferngehalten wird, denn nur so ist garantiert, daß wenigstens in den Ausschüssen ausschließlich nach sachlichen und nicht nach medienpolitischen Gesichtspunkten gearbeitet wird. Die allergrößte Gefahr, daß im Plenum des Nationalrates nur oder doch zumindest in erster Linie medienpolitische Gesichts-punkte bestimmend sind, besteht bei ganztägigen Live-Übertra-gungen. Hier erblicken manche Redner – wie sie glauben – die einmalige Chance, möglichst lange im Bild zu sein, wobei sie sich damit vielfach keineswegs den erwünschten Dienst erweisen.

Ich habe bereits darauf hingewiesen: Jeder, der, bei welchen

Anlässen immer, im Fernsehen auftritt, muß sich darüber im klaren sein, daß das Fernsehen ein erbarmungslos hartes Medium ist, das jede Schwäche schonungslos aufzeigt und bloßlegt.

Ich wurde oft gefragt, warum ich im Fernsehen immer so ernst sei. Die Antwort fiel mir nicht schwer: Die Fragen, die mir die Rundfunkreporter stellen, sind ja meistens nicht so lustig, daß sie mich zu einer besonders heiteren Miene veranlassen könnten. Nicht zuletzt durch diese Fernsehauftritte wird jedoch, darüber muß sich jeder, der häufig im Fernsehen auftritt, im klaren sein, das Bild eines Politikers in der Öffentlichkeit geprägt. Mein Bild war, vor allem auf Grund meiner oftmaligen Fernsehauftritte, das eines ernsten, zum Teil sehr harten Politikers, der kaum richtig lachen kann. Wie oft ist es mir passiert, daß mir speziell Frauen sagten, daß ich bei persönlichen Gesprächen ganz anders wirke als im Fernsehen und daß man in natura ganz anders, vor allem besser und gesünder aussehe als auf dem Bildschirm. Mir ist einmal während des Wahlkampfes 1970 folgendes passiert: In den letzten Tagen vor dem Wahltag, dem 1. März, war ich in Wien eingesetzt. Ich verteilte unter den Arkaden des Kennedy-Hauses in der Rotenturmstraße kleine Werbegeschenke und plauderte mit den Leuten. Da kam eine Frau auf mich zu und sagte zu mir: „So kenne ich Sie vom Fernsehen her ja gar nicht, Sie können ja herzlich lachen." Das Fernsehen ist fürwahr ein schwieriges Medium. Die einen lachen zuviel, die anderen wieder gar nicht, andere wiederum bemühen sich krampfhaft, natürlich zu wirken, und geben sich gerade deshalb total verkrampft. Und das alles wirkt sich nicht nur zu Lasten des unmittelbar Agierenden, sondern auch noch zum Nachteil seiner Partei aus.

Es ist völlig unbestritten, daß nichts so sehr den Bekanntheitsgrad eines Politikers fördert als das oftmalige Auftreten im Fernsehen. Eine ganz andere Frage ist allerdings die, ob das oftmalige Auftreten deshalb auch schon die Beliebtheit des Politikers fördert. Das sollte jeder Politiker immer wieder bedenken und überlegen, bevor er um alles in der Welt bei jeder Gelegenheit und zu jedem Thema ins Fernsehen zu kommen versucht.

Das wohl Unerbittlichste und Härteste, was einem Politiker –

aber nicht nur ihm – im Fernsehen abverlangt werden kann, ist das sogenannte Statement, ein Monolog, eine Erklärung. Die Wirkung kann geradezu verheerend sein, wenn der Auftritt länger als wenige Minuten dauert. Eine lange Erklärung ist wirklich eine Zumutung für den Fernseher. Demgegenüber ist ein Interview, eine Diskussion, ein Round-table-Gespräch – für die Teilnehmer und auch für die Zuseher – normalerweise geradezu ein Vergnügen, wobei die Betonung selbstverständlich auf dem Wort „normalerweise" liegt.

Ich habe im Laufe meiner politischen Betätigung alle Arten von Erklärungen, Interviews, Stadtgesprächen, Diskussionen – ich denke hier vor allem an die seinerzeitigen Diskussionen der Klubobmänner – mit- und durchgemacht. Ich habe in dieser Zeit sicher viel dazugelernt, aber noch lange nicht ausgelernt. Gerade bei Fernsehauftritten fällt nicht sobald ein Meister vom Himmel.

Und nun noch einmal zurück zu denen, die mir in der Zeit meiner Klubobmannschaft manche Sorge und zum Teil beträchtlichen Ärger bereitet haben, zu den Langrednern.

Die größte Gefahr, daß lange Reden gehalten werden, besteht dann, wenn der Redner mit einem fertigen Manuskript, das er von der ersten bis zur letzten Zeile vorliest, an das Rednerpult tritt oder wenn er – und hier ist die Gefahr, daß die Reden noch länger werden, noch weitaus größer – gänzlich unvorbereitet, ohne jede Redeskizze und ohne jede Notiz ans Rednerpult schreitet. In letzterem Fall besteht die Gefahr, daß solche Redner vom Hundertsten ins Tausendste kommen, daß sie dann jede Übersicht und jeden Zeitbegriff verlieren, mit einem Wort, daß sie zu „schwefeln" beginnen. Es gibt nur sehr wenige, die die Kunst des Schwefelns auch wirklich beherrschen, ganz abgesehen davon, daß sich andere Rednertribünen bzw. andere Anlässe dafür ohne Zweifel besser eignen als ausgerechnet die Tribüne des Parlaments. Ich möchte aber gar nicht bestreiten, daß es oft durchaus vergnüglich und reizvoll sein kann, mit der Absicht zum Rednerpult zu gehen, dort vorerst nur ganz wenige Sätze zu sagen; sodann wartet man für den restlichen Teil der Rede auf Zwischenrufe. Wenn man entsprechend hart und provokant argumentiert, regnet es normalerweise Zwischenrufe von allen Seiten, und von den Antworten auf diese Zwischenrufe läßt es sich zeitweise recht gut leben. Auf jeder Seite des Hauses gibt es Heißsporne, mit denen normalerweise als verläßlichen Zwischenrufern durchaus gerechnet werden kann. Besonderer Verlaß war fast immer auf Libal, Altenburger, Weikhart, Hartl, Sekanina, um nur einige wenige zu nennen, die zu den beständigsten Zwischenruflieferanten zählten.

Ein unbestrittener und allseits anerkannter Meister auf dem Gebiet improvisierter Zwischenrufreden war immer der freiheitliche Abgeordnete Gustav Zeillinger. Er ging des öfteren nur mit einem winzigen Zettelchen zum Rednerpult, auf dem nur wenige, meist sehr aggressive und provokant wirkende Sätze, die sich auf Vorredner bezogen, vermerkt waren. Dann lauerte er geradezu auf den ersten Zwischenruf. Mit Altenburger konnte Zeillinger fast immer rechnen. Wenn dann von allen Seiten die Zwischenrufe einsetzten, setzte sich Zeillinger mit ihnen genüßlich auseinander. Davon lebte er oft eine halbe Stunde und noch länger. Es kam aber auch vor, daß das Plenum, völlig unlustig, Zwischenrufe zu machen, Zeillinger buchstäblich verhungern ließ.

Im Laufe von Jahrzehnten lernt man natürlich die unterschiedlichsten Redner kennen. Es gibt solche, denen man, ob sie nun von der eigenen Partei kommen oder ob sie dem gegnerischen Lager angehören, mit allergrößtem Vergnügen oder zumindest mit Interesse zuhört; das sind vor allem jene Redner, die auch wirklich etwas zu sagen haben. Das kann ein Redner aber nur dann, wenn er tatsächlich etwas weiß und wenn er die Materie beherrscht. Es gibt andererseits Redner, die für den Zuhörer im Plenum und natürlich auch für den Fernseher eine Zumutung und eine ausgesprochene Belastung darstellen. Meistens nicht die allerangenehmsten Redner sind diejenigen, die sich um alles in der Welt nur selbst gerne und möglichst lange reden hören. Es gab und gibt Redner, vor deren Auftritt man sich immer wieder geradezu fürchtet, das aber nicht etwa deshalb, weil sie womöglich zu hart oder gar gehässig argumentieren, sondern weil sie im Tonfall und in der Art ihres Vortrages einfach unerträglich sind.

Leider scheinen der Witz und der Humor im Parlament immer mehr auszusterben. Es ist ohne Zweifel für einen Redner eine

Gnade, wenn er außer mit einer guten Rednergabe auch noch mit einem gesunden und trockenen Humor ausgestattet ist. Nichts kann gerade in gesetzgebenden Körperschaften kritische Situationen so auflockern, ja sie oft geradezu bereinigen als der im richtigen Moment fallende humorvolle Zwischenruf. Anderseits kann aber auch nichts so sehr eine sowieso schon gereizte Stimmung geradezu zur Explosion bringen als ein zur Unzeit kommender, dummer und womöglich noch dazu gehässiger Zwischenruf.

Immer wieder haben wir es erlebt, daß bei Sitzungen, die normalerweise um 9 Uhr beginnen, die kritische Reizschwelle meistens um 19 Uhr erreicht wurde, das heißt also, wenn die Sitzung bereits zehn Stunden gedauert hatte. Nach zehn Stunden des Sitzens und Zuhörens im Plenum wird offensichtlich der kritische Punkt erreicht, der, wenn das entsprechende auslösende Moment hinzukommt, häufig zu ausgewachsenen Krawallen und Sitzungsunterbrechungen führt.

Man kann oft hören, daß dies eigentlich völlig unverständlich sei. Die Abgeordneten täten den ganzen Tag sowieso nichts als zuhören, und das täten nicht einmal alle. Diese Tätigkeit oder auch Nichttätigkeit könne doch nicht so anstrengend und nervenbelastend sein. Ich möchte dieser Auffassung ganz entschieden entgegentreten.

Aus langjähriger Erfahrung weiß ich, was es an Nervenbelastung bedeutet, wenn man – wie es bei mir der Fall war – in der ersten Reihe sitzt und damit mit dem Redner in engster Tuchfühlung und Konfrontation ist, durch zehn und oft mehr Stunden hindurch, nur unterbrochen durch eine kurze Mittag- und Abendessenspause, die Verhandlungen genau verfolgt und den Rednern auch tatsächlich zuhört. Es ist wirklich nicht zu verwundern, wenn dann dem einen oder anderen Abgeordneten ab und zu die Nerven durchgehen.

Es gibt Abgeordnete, denen die Teilnahme an Parlamentssitzungen ausschließlich eine Pflichterfüllung bedeutet, der sie sich eben als Abgeordnete zu unterziehen haben. Andere hinwiederum fühlen sich im Plenarsaal, wie zum Beispiel mein langjähriger Sitznachbar Robert Graf, wie der Fisch im Wasser.

Es sind eben auch die Abgeordneten – und hier bin ich der

23

Meinung, daß es sehr gut ist, daß dem so ist – ganz unterschiedlicher Natur. Der eine betrachtet den Parlamentsboden als sein ureigenstes Metier, sei es nun das Plenum oder seien es die Ausschüsse. Allerdings gibt es hier ganz gewaltige Unterschiede. Es ist ein ausgesprochener Glücksfall, wenn sich ein Abgeordneter für beides gleichermaßen eignet.

Das Ideal wäre natürlich ein Abgeordneter, der sich für alles gleichermaßen eignet, der somit im Plenum ein ausgezeichneter Redner, in den Ausschüssen ein sachkundiger Mitarbeiter, an den Sprechtagen verständnisvoll, bei Interventionen erfolgreich, als Versammlungsredner durchschlagskräftig und in den Wirtshäusern ein umgänglicher und ab und zu auch ein durchaus zahlungswilliger Mann ist. Schon die Fülle von Erwartungen und Aufgaben, wie ich sie vorstehend nur beispielshalber aufgezählt habe, zeigt, daß es gänzlich unmöglich ist, daß ein Abgeordneter alle Hoffnungen und Erwartungen, die man in ihn setzt, erfüllen kann.

Dazu kommt, daß die häufigen Wahlkämpfe, seien es nun Nationalrats-, Landtags-, Gemeinderats- oder Bundespräsidentenwahlen, die insgesamt mehr und mehr amerikanisiert werden, den Mandatar in einem derartigen Ausmaß in Anspruch nehmen, so daß dadurch seine sonstige ureigenste Tätigkeit als Abgeordneter schwerstens in Mitleidenschaft gezogen wird.

Der normale Bürger macht sich im großen und ganzen keine Vorstellungen darüber, welche Belastungen Wahlkämpfe, insbesondere für Spitzenpolitiker, die in ganz Österreich eingesetzt werden, bedeuten. Zur Zeit, als ich Generalsekretär und Bundesparteiobmann der ÖVP war, hatte ich drei Nationalratswahlkämpfe (1962, 1966 und 1970), drei Bundespräsidentschaftswahlkämpfe (1963, 1965 und 1971) zu schlagen und unzählige Landtagswahlkämpfe mitzumachen. Es ist sicher nicht übertrieben, wenn ich sage, daß ich während dieser Wahlkämpfe innerhalb eines Zeitraumes von ca. elf Jahren, und zwar nur für diese Wahlkämpfe, annähernd 100.000 Kilometer im Auto und mit der Bahn zurückgelegt habe. Allein schon diese Kilometerzahl zeigt, daß die Wahlkämpfe die eingesetzten Mandatare ungemein stark beanspruchen.

Der ärgsten Beanspruchung sind ohne Zweifel bei Bundespräsidentenwahlen die jeweiligen Präsidentschaftskandidaten ausgesetzt. Es ist geradezu unmenschlich, was ein Bundespräsidentenwahlkampf den Bewerbern um das höchste Amt im Staat, die normalerweise ja nicht mehr die Allerjüngsten sind, abfordert. Ich habe meinetwegen noch Verständnis dafür, daß sich ein Präsidentschaftskandidat dieser Prozedur bei seiner Erstkandidatur unterziehen muß. Es wirkt aber geradezu peinlich und ist nach meinem Dafürhalten wirklich unzumutbar, daß der sich nach Ablauf seiner sechsjährigen Amtsperiode um seine Wiederwahl bemühende Bundespräsident die ganze sowieso schon kaum zumutbare Prozedur noch einmal über sich ergehen lassen muß, ganz abgesehen davon, daß ein gegen einen amtierenden und wiederkandidierenden Bundespräsidenten antretender Kandidat von Haus aus sowieso nicht allzu viele Chancen auf einen Erfolg hat, wie ja 1963 und 1971 eindrucksvoll bewiesen wurde.

Ich halte es mit der Würde des Amtes des Staatsoberhauptes für unvereinbar, daß der amtierende Bundespräsident durch das ganze Land von Dorf zu Dorf gehetzt wird, daß er wochenlang wahlkämpfen muß, wobei sich doch jedermann darüber im klaren sein muß, daß überall dort, wo Wahlkämpfe geführt werden, normalerweise auch Späne fallen müssen.

Ich trete daher ganz entschieden dafür ein, daß nur die Erstwahl eines Bundespräsidenten direkt durch das Volk erfolgen soll, während jedoch die sowieso nur einmal gestattete Wiederwahl nicht durch das Volk, sondern durch die Bundesversammlung erfolgen sollte. In einem solchen Fall hätte der Bundespräsident bei seiner Erstwahl seine Autorität primär durch das Volk selbst übertragen bekommen, und er könnte mit Fug und Recht darauf verweisen, daß ihm seine Autorität direkt vom Volk verliehen worden ist. Der durchaus richtige Grundsatz der Direktwahl durch das Volk würde durch eine solche Vorgangsweise in keiner Weise eingeschränkt oder womöglich gar beseitigt. Sollte man jedoch aus grundsätzlichen Erwägungen auf dem Standpunkt stehen, daß sowohl die Erst- als auch die Zweitwahl, wie es die Verfassung vorsieht, unmittelbar durch das Volk erfolgen müsse, dann könnte ich mir aus den von mir oben erwähnten Gründen der Unzumutbarkeit eines Wahlkampfes für einen im Amt befindlichen und wiederkandidierenden Bundespräsidenten vorstellen, daß im Wege einer Novellierung der Bundesverfassung eine zweite Amtsperiode des Bundespräsidenten ausgeschlossen, dafür aber die Funktionsdauer seines Amtes von sechs auf acht Jahre erhöht wird. Die bisherigen Bundespräsidenten waren im Durchschnitt siebeneinhalb Jahre im Amt. (Renner von 1945 bis 1950, Körner von 1951 bis 1957, Schärf von 1957 bis 1965 und Jonas von 1965 bis 1974.)

Ich glaube, daß mit der von mir ins Auge gefaßten Lösung sowohl dem Grundsatz der Volkswahl des Bundespräsidenten, vor allem aber auch dem Verlangen, daß der Bundespräsident aus einem Wahlkampf mit all seinen Risken und Gefahren herausgehalten werden müsse, Rechnung getragen wäre.

Es scheint mir völlig überflüssig zu sein, zu betonen, daß diesem meinem Gedanken keine wie immer gearteten parteipolitischen Erwägungen zugrunde liegen. Ich habe mich auch nicht gefragt, ob sich die von mir vorgeschlagene Regelung für einen von meiner Partei vorgeschlagenen Kandidaten günstiger oder weniger günstig auswirken könnte. Einzig und allein ausschlaggebend waren und sind für mich, der ich einige Bundespräsidentschaftswahlkämpfe mitgemacht habe, darunter auch die beiden, bei denen es um die Wiederwahl des Bundespräsidenten ging, staatspolitische und sicherlich auch rein menschliche Überlegungen.

Doch nach diesem Exkurs in die Sphären des Staatsoberhauptes wieder zurück zum Abgeordneten, zu seinen Aufgaben und zu seinen Sorgen.

Immer wieder müssen die Abgeordneten feststellen, daß die Politik und der Politiker keineswegs jenes Interesse und Verständnis finden, das geradezu die Voraussetzung für ein gutes, fruchtbares und vertrauensvolles Verhältnis zwischen Wählern und Gewählten ist. Oft legte ich mir und lege ich mir nach wie vor die Frage vor, woran dies liegt und wer und was dafür in erster Linie verantwortlich ist. Gerade in dieser Frage sind für mich so manche Briefe, die ich im Laufe meiner jahrzehntelangen politischen Betätigung erhalten habe, eine nie versiegende Quelle der Erkenntnis, zu der ich immer wieder gerne zurückkehre und aus der ich mit viel Freude und nicht ohne Erfolg geschöpft habe und nach wie vor schöpfe. Ich habe immer wieder die Erfahrung gemacht, daß sich der Briefschreiber wesentlich leichter tut, seine Gedanken zum Ausdruck und seine Kritik vorzubringen, wenn er dies nicht in einer direkten Konfrontation mit dem unmittelbar Betroffenen tun muß, sondern wenn er seine Gedanken dem doch wesentlich geduldigeren Papier anvertrauen kann.

Woran liegt es wirklich, daß große Teile – wir dürfen uns diesbezüglich nichts vormachen, es sind leider tatsächlich große Teile – der Wähler, vor allem auch der Jugend, keine gute Meinung über diejenigen haben, die sie in den gesetzgebenden Körperschaften vertreten und die durch ihre gesetzgeberische Tätigkeit weitgehend über das Wohl und Wehe der Bevölkerung bestimmen?

Ich habe bei anderer Gelegenheit darauf verwiesen, daß die parlamentarische Demokratie nur dann gesichert, mit Leben erfüllt und fortentwickelt werden kann, wenn sie auch wirklich in den Herzen der Staatsbürger verankert ist und wenn sich das Staatsvolk mit ihr voll und ganz identifiziert. Das wird die Bevölkerung allerdings nur dann tun, wenn sie das Gefühl hat, daß die parlamentarische Demokratie eine wirklich lebenswerte Form des Zusammenlebens von Menschen, ja die einzige der Freiheit und Würde des Menschen entsprechende Staatsform ist. Ob es gelingt, den Bürgern diese Überzeugung zu vermitteln, hängt weitgehend vom Verhalten der gewählten Volksvertreter und vom Verhältnis zwischen Wählern und Gewählten ab.

Es ist gar keine Frage, daß jeder Abgeordnete, sei es der zum Nationalrat, seien es die Mitglieder des Bundesrates oder seien es die Landtagsabgeordneten, von Haus aus bemüht ist und daß er von sich aus alles tun will, um ein vertrauensvolles Verhältnis zwischen sich und seinem Wähler herzustellen. Warum sollte er dies auch nicht tun wollen?

Die Frage ist nur, ob es immer gelingt, und wenn nein, woran es liegt, daß es oft nicht gelingt.

Ich war mir, als ich zum erstenmal in den Nationalrat gewählt wurde, dessen vollkommen bewußt, daß die Wahl in die gesetzgebende Körperschaft nicht nur eine hohe Ehre und Auszeichnung bedeutet, sondern eine noch viel größere Verantwortung. Jeder Österreicher wird mittelbar oder unmittelbar davon betroffen, was die Abgeordneten im Nationalrat beschließen oder was sie auch nicht beschließen; das Wohl und Wehe ungezählter Menschen hängt davon ab, wie sich die Volksvertreter und natürlich und ganz besonders auch die Regierung verhalten.

Einer der Haupteinwände gegen die Politiker geht dahin, daß sie vor ihrer Wahl alles mögliche versprechen, um nur ja gewählt zu werden, daß sie aber dann, sobald sie der gesetzgebenden Körperschaft angehören, auf so manches, wenn nicht auf alles, was sie vorher versprochen haben, vergessen. Dadurch leide die Glaubwürdigkeit der Politik und des Politikers. Wenn aber die Glaubwürdigkeit einmal angeschlagen oder womöglich gar verlorengegangen sei, dann sei sie ein für allemal verloren, und niemand und nichts könne sie jemals wiederherstellen.

Da ich immer schon die Überzeugung hatte, daß der Politiker mit seiner Glaubwürdigkeit stehe und falle, bin ich mir der Schwere des Vorwurfes, der gegen manche Politiker wegen ihrer mangelnden Glaubwürdigkeit erhoben wird, durchaus bewußt. Es ist eine fatale Eigenschaft mancher Politiker, daß sie bei allen möglichen und unmöglichen Gelegenheiten allen alles versprechen, daß sie aber dann, wenn es drum und drauf ankommt, nicht daran denken, sich an das zu erinnern, was sie versprochen haben, und sich um die Einlösung der gegebenen Versprechen auch tatsächlich zu bemühen.

Zur Zeit, als ich Generalsekretär der ÖVP und damit immerhin ein Mann mit vielen Möglichkeiten war, habe ich niemals, wenn jemand mit einem Anliegen zu mir kam – und das waren damals sehr viele –, erklärt, daß nichts leichter sei, als seinen Fall zu regeln bzw. sein Anliegen positiv zu erledigen. Ich habe grundsätzlich immer nur Verwendungszusagen in der Richtung gegeben, daß ich mich redlich bemühen werde. Ich könne aber nicht sagen und schon gar nicht versprechen, ob es möglich sein werde, seinen Fall auch tatsächlich positiv zu erledigen. War es dann nach einer solchen Verwendungszusage möglich, den Fall positiv zu erledigen, dann war der Betroffene darüber umso erfreuter; gelang es aber nicht, eine positive Entscheidung herbeizuführen, dann hielt sich auch die Enttäuschung in Grenzen, da ich ja kein Versprechen auf Erfüllung seines Wunsches abgegeben hatte.

Was hier im Kleinen, im Einzelfall gilt, muß natürlich oder müßte zumindest noch viel mehr im Großen, also für die große Politik gelten.

Mir persönlich sind Menschen, noch viel mehr aber politische Parteien, die sich mit dem Versprechen von allem nur Möglichen sehr leicht tun, von Haus aus suspekt. Warum sollte es ein anderer Staatsbürger anders halten als ich, wenn es darum geht, Politiker und politische Parteien nach dem, was sie versprechen, und danach, was sie von dem Versprochenen auch tatsächlich erfüllen, zu beurteilen? Es ist ja für den Staatsbürger sehr einfach, das eine mit dem anderen zu vergleichen. Um diese Vergleiche anstellen zu können, bedarf es auf seiten des Wählers nur einer gewissen Geduld. Er muß nur einige Jahre warten können. Wundert es uns Politiker wirklich, wenn der Wähler nach vier Jahren geduldigen, aber schließlich vergeblichen Wartens auf die Einhaltung der ihm gemachten Versprechungen negativ reagiert und wenn er dann allen denjenigen, die gegebene Versprechungen nicht eingehalten haben, das Vertrauen entzieht? Das allein wäre an und für sich noch gar nicht das größte Malheur für die parlamentarische Demokratie selbst, sondern schlechtestenfalls für den Politiker und für jene politische Partei, die Versprechungen machten und nicht hielten. Erst richtig gefährlich wird der Fall dann, wenn der von seiner bisherigen Partei enttäuschte Wähler einer anderen Partei das Vertrauen schenkt und wenn er dann nach weiteren vier Jahren oder auch schon früher feststellen muß, daß er vom Regen in die Traufe gekommen ist.

In solchen Fällen wirkt sich die berechtigte Enttäuschung des Wählers nicht mehr nur zu Lasten einer politischen Partei, sondern eindeutig zum Nachteil der parlamentarischen Demokratie und ihrer Einrichtungen aus. Von hier bis zur Demokratieverdrossenheit ist es ein relativ kurzer Weg. Die Älteren unter uns haben Zeiten, in denen die Entwicklung über das Unverständnis gegenüber der parlamentarischen Demokratie bis zum Unwillen und schließlich zum Widerwillen führte, kennengelernt, miterlebt und heute noch in leidvoller Erinnerung. Eine Entwicklung, wie sie die parlamentarische Demokratie in der Ersten Republik genommen hat, darf sich nicht wiederholen.

Hängt es allerdings von uns ab, haben wir wirklich einen Einfluß darauf, daß sich die Entwicklung, wie sie in der Ersten Republik stattfand, in unseren Tagen nicht mehr und unter keinen Umständen wiederholt?

Ich bin fest davon überzeugt, daß diese Frage durchaus mit Ja beantwortet werden kann, wobei der Lauf der Dinge selbstverständlich keineswegs nur von den gewählten Vertretern des Volkes, aber weitgehend doch auch von ihnen bestimmt wird. Das System der parlamentarischen Demokratie beruht nun einmal in sehr hohem Maße auf der Vertrauensbasis, die zwischen den Wählern einerseits und den gewählten Volksvertretern, der Regierung und den sonstigen Gewalten andererseits gegeben sein muß. Diktaturen und sogenannte volksdemokratische Regime brauchen sich diesbezüglich nicht zu bemühen. Sie üben ja die Macht nicht auf Grund eines ihnen vom Volk erteilten Auftrages und auf Grund eines ihnen vom Wähler entgegengebrachten Vertrauensvorschusses aus, sondern kraft eigener okkupierter und arrogierter Machtvollkommenheit.

Ich kann mir durchaus vorstellen, daß hier der Einwand, der gar nicht ungerechtfertigt ist, kommen kann, wonach auch in parlamentarischen Demokratien nur beschränkte Kontroll- bzw. Korrekturmöglichkeiten bestehen. Der Wähler hat ja, so wird ins Treffen geführt, bis dato zumindest, keine wie immer geartete Möglichkeit, auf die Auswahl der Kandidaten direkt Einfluß zu nehmen. Nach dem bei uns geltenden Listenwahlrecht hat der Wähler tatsächlich nur die Möglichkeit, eine Partei zu wählen und sich dadurch zugleich, ob ihm die vorgeschlagene Liste der Kandidaten nun paßt oder nicht, geradezu zwangsläufig für die von der Partei aufgestellten Kandidaten zu entscheiden. Jeder, der sich mit diesem Fragenkomplex auseinandergesetzt hat, weiß, daß unserem System der faktisch starren Liste ohne Zweifel große Mängel anhaften. Ein Ausweg bietet sich ohne Zweifel dadurch an, daß dem Wähler oder doch zumindest den Mitgliedern einer Partei eine echte und ehrliche Einflußnahme auf die Aufstellung der

Kandidaten, etwa durch Vorwahlen, wie sie anläßlich verschiedener Landtagswahlen und nunmehr auch vor den Nationalratswahlen 1975 bereits praktiziert wurden, eingeräumt wird. Ich bin mir vollkommen darüber im klaren, daß es sich hiebei erst um erste Schritte handelt. Zweifelsohne hat zu diesen ersten Schritten bereits viel Mut gehört. Es wird aber gerade auf diesem Gebiete in der Zukunft noch viel mehr Mut notwendig sein, damit Lösungen gefunden werden, die eine echte Mitsprachemöglichkeit des Wählers sicherstellen. Man braucht kein Prophet zu sein, wenn man feststellt, daß das, was in der Frage von Vorwahlen bisher geschehen ist, nur erste, zaghafte Versuche waren, denen noch manche energische Schritte und Taten folgen müssen.

In diesem Zusammenhang möchte ich auf ein Problem zu sprechen kommen, mit dem ich mich schon als Generalsekretär der Partei, unter anderem auch auf einem Bundesparteirat, auseinandergesetzt habe. Es handelt sich hiebei um die Frage, ob ein Regierungsmitglied zugleich Abgeordneter sein soll bzw. sein kann. Diese Frage ist in den verschiedenen parlamentarischen Demokratien ganz unterschiedlich gelöst. Bei uns in Österreich besteht die Möglichkeit, daß ein Regierungsmitglied zugleich Abgeordneter sein kann. In diesem Zusammenhang ist die folgende Frage durchaus gerechtfertigt: Ist es mit dem Wesen der parlamentarischen Demokratie vereinbar, daß ein Mitglied der gesetzgebenden Körperschaft zugleich Mitglied jenes Organes ist, das die Gesetzesbeschlüsse des Parlaments zu vollziehen hat, daß also ein Regierungsmitglied seine ureigensten Beschlüsse, die es als Abgeordneter mitbeschlossen hat, durchführt?

Ich erinnere mich hier an die Zeit, da ich in den Jahren von 1966 bis 1970 Klubobmann der ÖVP und dann von 1968 bis 1970, somit gleichzeitig mit dem Klubobmann, als Vizekanzler Mitglied der Bundesregierung war. Nicht nur das, ich habe damals zu wiederholten Malen vom Rednerpult des Abgeordneten aus in meiner Eigenschaft als Klubobmann zu Regierungsvorlagen, zum Beispiel auch zu den jeweiligen Budgets, Stellung genommen. Es ist gar keine Frage, daß dagegen vom formaljuristischen Standpunkt keine Einwände geltend gemacht werden können.

Damit ist jedoch die Problematik, die ohne Zweifel damit verbunden ist, wenn ein Regierungsmitglied zugleich Abgeordneter ist, nicht gelöst. Wenn ich heute diese Frage aus einem gewissen zeitlichen und geistigen Abstand betrachte, muß ich sagen, daß mir eine strenge und reinliche Scheidung zwischen einem Mitglied einer gesetzgebenden Körperschaft und einem Vollzugsorgan zweckmäßig erscheint. Es hat sich noch immer für die parlamentarische Demokratie als vorteilhaft erwiesen, wenn auf eine strikte Gewaltentrennung Bedacht genommen wurde.

Ich habe deshalb schon vor Jahren auf dem von mir vorzitierten Bundesparteirat den Vorschlag auf Einführung von Abgeordneten auf Zeit gemacht. Dieser Vorschlag lief auf folgendes hinaus: Wird ein Abgeordneter zum Nationalrat in die Bundesregierung berufen, dann scheidet er für die Dauer seiner Zugehörigkeit zur Bundesregierung aus dem Nationalrat aus. Für den so auf Zeit, nämlich auf die Dauer seiner Regierungstätigkeit, ausscheidenden Abgeordneten rückt sein Ersatzmann als Abgeordneter auf Zeit nach, eben auch wieder nur so lange, als sein Vorgänger im Mandat Regierungsmitglied ist. Diese Vorgangsweise hätte verschiedene Vorteile. Der Regierungsmitglied gewordene Abgeordnete scheidet nicht endgültig und unwiderruflich, sondern nur auf bestimmte Zeit, nämlich solange er Mitglied der Bundesregierung ist, aus. Der für ihn nachrückende Abgeordnete auf Zeit erhält dadurch eine doch recht beachtliche Chance. Einerseits muß er sich darüber im klaren sein, daß er sofort wieder abzutreten hat, wenn die Regierungstätigkeit seines Vorgängers beendet ist. Andererseits hat er für den Fall seiner Bewährung seine Visitenkarte für die nächsten Wahlen abgegeben. Bewährt er sich hingegen nicht, dann ist seine Partei mit seiner Nominierung kein besonderes Risiko eingegangen, da er ja bei der nächsten Wahl automatisch wieder seinem Vorgänger Platz machen muß, vorausgesetzt, daß er von seiner Partei überhaupt noch einmal auf die Liste gesetzt wird, was ja für den Fall seiner Nichtbewährung nicht unbedingt angenommen werden muß. Die Tiroler haben im übrigen den Abgeordneten auf Zeit mittlerweile eingeführt.

Eingangs dieses Kapitels habe ich auf die große Bedeutung von Fernsehübertragungen aus dem Parlament, vor allem aber

darauf hingewiesen, daß derartige Übertragungen die Parlamentsarbeit keineswegs immer günstig beeinflussen. Ich möchte zum
Abschluß dieses Kapitels noch einmal auf diesen so ungemein
komplizierten Fragenkomplex zurückkommen.

Wenn immer wieder behauptet wird, es bestünde keine
lebendige Verbindung zwischen dem Wähler und dem Abgeordneten, so möchte ich dem ganz entschieden widersprechen. Es
besteht ein wesentlich besserer Kontakt zwischen dem Wähler
und seinem Abgeordneten, als manche glauben oder zumindest
zugeben wollen. Damit ist natürlich in keiner Weise gesagt, daß
dieser Kontakt auch schon gleichbedeutend mit Sympathie wäre.
Davon kann verallgemeinernd keineswegs die Rede sein. Es gibt
ohne Zweifel auch Kontakte mit sehr negativen Vorzeichen.

Immer wieder nimmt der Staatsbürger alle möglichen Anlässe
wahr, um nicht nur seine Wünsche und Anliegen vorzubringen,
sondern um auch seiner Kritik frei und offen Ausdruck zu
verleihen.

Eines steht jedenfalls fest: Eine unwahrscheinliche Wirkung
auf diesem Gebiete haben, worauf ich in diesem Kapitel bereits
hingewiesen habe, Fernsehübertragungen von allen möglichen
Anlässen, natürlich gerade auch von Parlamentssitzungen.

Ich bringe ein Beispiel für viele. Am 8. Juli 1972, einem
wunderschönen Sommertag, von dem wir im Parlament allerdings
wenig spürten, fand anläßlich der „Dringlichen Anfrage", die
die ÖVP in der hinlänglich bekannten Causa UNO-City eingebracht hatte, eine hitzige Debatte statt, die der an diesem Tage
herrschenden Außentemperatur durchaus angepaßt war, obwohl
wir im Hause Gott sei Dank über eine Klimaanlage verfügen.
Ich wundere mich heute noch immer, wie wir früher, als wir
noch im alten Sitzungssaal des Reichsrates ohne Klimaanlage
tagten, die heißen Julitage und das an solchen Tagen im Saal
herrschende Klima ohne wesentliche Schwierigkeiten und ohne
besondere Zusammenstöße überstanden haben. Bei der Brisanz
des Themas „UNO-City" herrschte jedenfalls am 8. Juli 1972
– es war noch dazu ein Samstag, und jeder von uns wußte, daß
wir auch am nächsten Tag, also am Sonntag, noch eine weitere
Sitzung vor uns hatten – eine explosive Stimmung.

Obwohl ich ursprünglich keineswegs die Absicht gehabt hatte, das Wort zu ergreifen, reizte mich nicht nur das Thema, sondern vor allem auch der Verlauf der Debatte zu einer Wortmeldung.

Als ich mich 1971 anläßlich der Neuwahl des Nationalrates entschlossen hatte, doch noch einmal zu kandidieren, hatte ich mir vorgenommen, erstens möglichst selten das Wort zu ergreifen und zweitens mich nicht mehr in das ärgste Kampfgetümmel zu stürzen, wie ich es – zugegebenermaßen mit viel Freude und großem Elan – in meiner Sturm-und-Drang-Zeit als junger Abgeordneter immer wieder getan hatte. Ich hatte mir vorgenommen, meinen nunmehr schon reiferen Jahren entsprechend, mehr Zurückhaltung zu üben und den kämpferischen Part mehr den jüngeren Abgeordneten in unseren Reihen zu überlassen. Ich wollte mich in erster Linie auf die Rolle eines Abgeordneten beschränken, der bei gegebener Gelegenheit aus seiner reichen Erfahrung heraus ein für alle Seiten des Hauses geltendes mahnendes Wort, für Freund und Gegner gleichermaßen bestimmt, spricht. Im Laufe der Jahre seit 1971 habe ich versucht, dieser Rolle gerecht zu werden, wobei ich aber ehrlicherweise eingestehen muß, daß man das, was man 20 Jahre hindurch praktiziert hat, nämlich harte und kämpferische Reden zu halten, nicht so ohne weiteres von heute auf morgen einfach lassen kann.

So war es dann auch am 8. Juli 1972. Auf Grund des Verlaufes der Debatte war eine Auseinandersetzung mit Dr. Kreisky fällig. Vor allem eine Frage war es gewesen, die mich auf den Plan rief. Dr. Kreisky hatte wenige Tage vor der Parlamentsdebatte vom 8. Juli 1972 wörtlich folgendes erklärt: „Ich bin bereit, mir die Immunität aberkennen zu lassen, damit ich mich gegen die im Schutz der Immunität erhobenen Beleidigungen auch wehren kann." Und weiters hatte Dr. Kreisky erklärt: „Ich werde den Abgeordneten Dr. König der Verleumdung zeihen. Ich appelliere an das Parlament, mir diese Gelegenheit zu geben."

Das war wieder einmal einer jener bekannten und typischen Kreisky-Gags. Er schätzte diese Gags immer ganz besonders und produzierte sie oft reihenweise, was ich von seinem Standpunkt aus durchaus verstehen kann, wußte er doch, daß sie ihm entsprechende Publizität und vor allem den Ruf verschafften, er sei ein Meister der Improvisation, der es verstehe, die Öffentlichkeit, vor allem aber die Journalisten zu faszinieren und sie ständig in Trab zu halten. Er wußte, daß manche Journalisten verläßliche und dankbare Abnehmer seiner Gags waren und daß sie, kaum daß er einen neuen Gag produziert hatte, schon wieder begierig auf den nächsten warteten.

Für Laien – die große Masse des Volkes ist auf diesem Gebiete ohne Zweifel, und ohne daß diese Feststellung einen Vorwurf bedeuten soll, Laie – klingt es sicherlich sehr gut, wenn ein Abgeordneter, noch dazu wenn dieser der Bundeskanzler ist, bombastisch erklärt: „Ich möchte mich gegen erhobene Beleidigungen wehren, und deshalb verzichte ich auf meine Immunität." Genausogut läßt sich der Satz verkaufen, daß er, Dr. Kreisky, jenen Abgeordneten, der ihn beleidigt habe, gerne gerichtlich belangen möchte. Das ginge jedoch deshalb nicht, weil der Abgeordnete Dr. König so wie alle anderen Abgeordneten die Immunität genieße. Deshalb bitte er, Dr. Kreisky, daß der Nationalrat dem Abgeordneten Dr. König die Immunität aberkenne, dann erst sei die Möglichkeit gegeben, daß Dr. Kreiskys von Dr. König angegriffene Ehre vor Gericht wiederhergestellt werde. Ich gebe zu, daß sich derartige Argumente an und für sich recht gut anhören, daß sie beim nicht sachverständigen Staatsbürger einen gewissen Eindruck machen und daß sie sich für die breite Öffentlichkeit gut verkaufen lassen.

Die ganze Geschichte hatte nur einen, und zwar einen ganz gewaltigen Haken, nämlich den, daß das Verlangen bzw. das Anbot Dr. Kreiskys auf Aufhebung der Immunität des Abgeordneten Dr. König bzw. auf den Verzicht seiner eigenen Immunität der Verfassungslage nicht nur nicht entsprachen, sondern daß sie zu ihr in direktem Widerspruch standen.

Das mußte Dr. Kreisky, der dem Nationalrat immerhin seit 1956 angehört, einfach wissen; auch alle anderen Abgeordneten wissen ganz genau, wie die Frage der Aufhebung der Immunität von Abgeordneten sowohl in der Ersten als auch in der Zweiten Republik ohne Widerspruch sowohl im Immunitätsausschuß als auch im Plenum des Nationalrates behandelt wurde und daß diese Frage außer jeder Diskussion stand. Es war daher eine

Zumutung ganz besonderer Art, daß Dr. Kreisky diesen Gag, den er schon einmal bei anderer Gelegenheit anzubringen versucht hatte, neuerlich an den Mann, das heißt an die österreichische Öffentlichkeit, zu bringen versuchte.

Diesem Versuch mußte daher mit aller gebotenen Entschiedenheit entgegengetreten werden, und diesem Zwecke diente nicht zuletzt meine Wortmeldung, in der ich zum Gegenstand unter anderem folgendes ausführte:

„Und dann sagten Sie, Herr Bundeskanzler, vor wenigen Tagen – ich lese das im ‚Kurier‘ vom Donnerstag dieser Woche:

‚Ich bin bereit, mir die Immunität aberkennen zu lassen, damit ich mich gegen die im Schutz der Immunität erhobenen Beleidigungen auch wehren kann.‘

Und weiters sagten Sie:

‚Ich werde den Abgeordneten Dr. König der Verleumdung zeihen. Ich appelliere an das Parlament, mir diese Gelegenheit zu geben.‘

Was heißt das? – Das heißt, Sie verzichten auf Ihre eigene Immunität. Das heißt weiters, Sie verlangen die Aufhebung der Immunität des Abgeordneten Dr. König. – Dazu möchte ich einige Feststellungen treffen:

Herr Bundeskanzler Dr. Kreisky! Sie sind viel zu lange Mitglied dieses Hohen Hauses, als daß Sie die Bestimmungen über die Immunität in der Bundesverfassung womöglich nicht kennen sollten. Sie wissen also ganz genau: Es gibt eine berufliche Immunität – sie bedeutet die parlamentarische Redefreiheit –, und es gibt Äußerungen eines Politikers in der Öffentlichkeit, die er in seiner Eigenschaft als Politiker macht.

Herr Bundeskanzler! Sie haben schon einmal ganz bombastisch – das liegt einige Jahre zurück – erklärt: ‚Ich begehre‘ – das war im Falle Nenning – ‚meine Auslieferung!‘, weil Sie damals Dr. Nenning einen ‚kleinen Wurstl‘ genannt hatten. Das hört sich sicherlich – das gebe ich zu – in der Öffentlichkeit sehr gut an. Es hört sich sehr gut an, wenn man sagt: Ich möchte ausgeliefert werden, ich möchte die Gelegenheit erhalten, meine Ehre zu verteidigen.

Aber hier gibt es einen großen Haken, Herr Bundeskanzler –

das wissen Sie sehr genau: Es gibt kein Recht des Abgeordneten – nämlich des einzelnen Abgeordneten –, darüber zu befinden, ob er ausgeliefert wird oder nicht, sondern es handelt sich hier um ein Recht des Parlaments, dem Sie genauso angehören wie ich. Ich kann nicht auf etwas verzichten, was mir nicht gehört. [Beifall bei der ÖVP. – Zwischenruf des Abg. Pölz.]

Wenn das einer trotzdem tut, Herr Pölz, macht sich das sehr gut. Sehen Sie: Das macht herrliche Schlagzeilen. Wenn das einer trotzdem tut, meine Damen und Herren, dann macht er es aus Propagandagründen. [Beifall bei der ÖVP.]

Wenn das nun, meine Damen und Herren, bereits ein zweites Mal geschieht, wie bei Ihnen, Herr Bundeskanzler, dann liegt hier eine glatte Irreführung der österreichischen Bevölkerung vor. [Beifall bei der ÖVP.]

Meine lieben Freunde! Ich bitte, mich nicht durch Applaus zu stören. [Heiterkeit.] 20 Minuten sind sehr kurz.

Es hat noch nie auch nur einen einzigen Fall gegeben, daß eine Auslieferung wegen politischer Äußerungen erfolgt wäre. Wenn Sie, meine Damen und Herren von der Sozialistischen Partei, die Sie jetzt die absolute Mehrheit haben, mit dieser hundertjährigen Praxis brechen wollen, dann müssen Sie das offen und ehrlich sagen. Dann müssen Sie auch begründen, warum Sie das tun wollen. [Abg. Pölz: Sie sind ein Wortverdreher, Herr Withalm! Der Kanzler hat gesagt, der König ist ein Verleumder, dafür soll er ihn klagen!]

Herr Abgeordneter Pölz! Ich gehe sonst sehr gern auf Zwischenrufe ein, möchte aber heute ganz bewußt – obwohl das sicher ein bedeutungsvoller Zwischenruf Ihrerseits war [Heiterkeit]; ich habe ihn nicht verstanden – wegen der Knappheit meiner Zeit bei meinem Thema bleiben und komme jetzt zur Ministeranklage. Der Bundeskanzler hat auch erklärt: Stellen Sie mich unter Ministeranklage.

Herr Bundeskanzler! Auch hier einige klare und deutliche Feststellungen. In Art. 142 der Bundesverfassung ist ganz genau festgelegt, weswegen und wie ein Regierungsmitglied unter Ministeranklage gestellt werden kann. Die Anklage – heißt es – kann erhoben werden gegen die Mitglieder der Bundesregierung wegen Gesetzesverletzung durch Beschluß des Nationalrates. Das gleiche gilt – Art. 143 der Bundesverfassung – wegen strafgerichtlich zu verfolgender Handlungen.

Meine Damen und Herren! In Art. 76 Abs. 1 der Bundesverfassung heißt es, daß die Regierung dem Parlament verantwortlich ist. Hier also, Herr Bundeskanzler, ist das Parlament. Hier also und nirgends sonst hat die Regierung Rede und Antwort zu stehen, und nicht vor irgendeinem Bezirksgericht." [Beifall bei der ÖVP.]

Die Parlamentssitzung vom 8. Juli 1972 wurde vom Fernsehen live übertragen. Es gab eine ungemein starke Reaktion auf meine Rede. Es ist offenbar beim Politiker gar nicht anders als beim Schauspieler oder Sänger. An einem Tag ist man ganz besonders gut disponiert, an einem anderen hinwiederum völlig indisponiert.

Am 8. Juli 1972 scheine ich nun tatsächlich besonders gut in Form gewesen zu sein – zumindest nach den Briefen zu schließen, die ich als Reaktion auf diese Parlamentsübertragung aus allen Teilen Österreichs erhielt.

Solche Briefe zeigen, daß die Bevölkerung am politischen Geschehen durchaus regen Anteil nimmt. Es kommt eben sehr darauf an, wie sich die Akteure benehmen und wie sie auftreten. Es ist auf der politischen Ebene zumindest nicht wesentlich anders als auf der sportlichen.

Ein gutes Fußballmatch kommt beim Fernsehpublikum normalerweise immer gut an. Es wird darüber hinaus aber geradezu mit wirklicher Begeisterung aufgenommen werden, wenn die 22 Mitwirkenden nicht nur gut, sondern auch noch fair spielen.

Warum sollte uns, den Politikern, nicht dasselbe – natürlich auf anderer Ebene und wahrscheinlich auch für einen anderen Kreis – gelingen, was Fußballern und anderen Sportlern immer wieder gelingt, nämlich gut, überzeugend und fair zu wirken.

Ich möchte hier noch einmal festhalten, was ich bereits bei anderer Gelegenheit zum Ausdruck brachte: Es sind nur wenige, die sich nach einer Fernsehübertragung oder nach der Zeitungslektüre hinsetzen und in persönlichen Schreiben ihrer Begeisterung oder auch ihrer Wut bzw. Empörung Ausdruck verleihen. Ich bin überzeugt, daß sich oft sehr viele, die eine Fernsehübertragung aus dem Parlament miterleben, sagen, heute würden sie einmal dem betreffenden Mandatar, über den sie sich entweder gefreut oder auch geärgert haben, brieflich ihre ganz ehrliche Meinung oder doch zumindest ordentlich die Meinung sagen. Viele nehmen sich das vor, nur wenige raffen sich dazu auch tatsächlich auf. Umso ernster müssen wir Politiker die relativ wenigen Briefe nehmen, die uns dann tatsächlich erreichen. Sie sprechen ja genau das aus, was sich wohl auch andere denken, ohne sich zu einem Brief aufzuraffen. Ich würde nur wünschen und hoffen – nicht zuletzt im Interesse von uns Politikern –, daß die Bevölkerung mehr und mehr von dieser Möglichkeit, ihre Meinung offen und ehrlich und wenn notwendig sehr deutlich zum Ausdruck zu bringen, Gebrauch macht. Genau diesen Kontakt mit ernstzunehmenden Briefschreibern können die Abgeordneten dringend brauchen. Ich habe solche Briefschreiber nie als Querulanten und Besserwisser betrachtet. Ich habe vielmehr versucht, mich mit ihren Argumenten auseinanderzusetzen, und ich habe mich, das gebe ich ganz ehrlich zu, immer ganz besonders darüber gefreut, wenn die Tätigkeit eines Politikers auch ab und zu – was ja sowieso nicht allzu häufig vorkommt – mit freundlichen Worten bedacht wurde.

Wenn die Parlamentarier anläßlich von Fernsehübertragungen aus dem Parlament nicht nur an sich selbst, nicht nur an die Wirkung ihrer mehr oder weniger langen Rede und an die Gags, die sie bei dieser Gelegenheit an den Mann zu bringen versuchen, sondern vor allem auch daran denken, daß gerade bei Live-Sendungen die an Parlamentsübertragungen interessierte Bevölkerung über das Medium Fernsehen bei den Sitzungen mehr oder weniger direkt dabei ist und daß sie damit an ihnen unmerklich teilnimmt, dann müssen sie sich darüber im klaren sein, daß mit solchen Übertragungen ein ganz großes Risiko verbunden ist. Ein negativer Eindruck kann viel zerstören und damit der parlamentarischen Demokratie großen Schaden zufügen und das Image des Parlaments schwer in Mitleidenschaft ziehen.

Auf der anderen Seite jedoch können solche Übertragungen

eine ganz große Chance bedeuten und einen sehr wesentlichen Beitrag zur Ausgestaltung des Kontaktes zwischen Wählern und Gewählten und damit zur Verlebendigung und Festigung der parlamentarischen Demokratie leisten, dies allerdings unter einer sehr wesentlichen Voraussetzung: wenn es die Akteure – das sind wir, die Parlamentarier – verstehen, glaubwürdig, seriös, ehrlich, tolerant und fair zu wirken.

Gibt es ihn, den idealen Abgeordneten?

Wenn die Fragestellung, ob es ihn, den idealen Abgeordneten, tatsächlich gibt, an sich überhaupt richtig bzw. in der heutigen Zeit noch aktuell ist, dann sollte man versuchen, sie von zwei verschiedenen Seiten her zu betrachten. Zuerst aus der Sicht des Wählers, des Staatsbürgers, und sodann aus dem Blickwinkel des Abgeordneten selbst.

Ein Abgeordneter, der es mit seiner Aufgabe ernst nimmt, legt sich immer wieder die Frage vor, was denn wohl der Wähler von ihm erwartet. Er kann ja Wünschen seiner Wähler nur dann gerecht werden und deren Erwartungen erfüllen, wenn er alle diese Wünsche, Erwartungen und Vorstellungen seiner Wähler auch tatsächlich zu kennen glaubt.

Hat es je Wähler gegeben, die sich von ihren Abgeordneten Idealvorstellungen gemacht haben? Wenn das wirklich jemals irgendwo der Fall gewesen sein sollte, dann gilt in diesem Fall gar nichts anderes als sonst im menschlichen Leben, daß nämlich bei großen, ja oftmals zu großen Erwartungen zwangsläufig auch die Enttäuschungen groß sein müssen.

Ich glaube, daß im speziellen Fall des Abgeordneten die konkrete Gefahr allzu großer Hoffnungen und Erwartungen kaum gegeben sein dürfte. Ich mache mir gar nichts vor, und ich gestehe mir auf Grund langjähriger Erfahrungen ganz nüchtern und sehr realistisch ein, daß von Idealvorstellungen in der Bevölkerung über ihre Abgeordneten nicht die Rede sein kann. Viel eher muß berechtigter-, wenn auch bedauerlicherweise vielfach von einem gestörten Verhältnis zwischen Wähler und Abgeordnetem gesprochen werden. Diese Feststellung mag sehr bedauerlich sein, was nichts daran ändert, daß sie leider zutreffend ist.

Vielleicht hat es dann und wann Wähler gegeben, die den Abgeordneten mit einem Maß gemessen haben, das einfach nicht zutreffend war, dem er daher auch nicht gerecht geworden ist und dem er auch gar nicht gerecht werden konnte.

In den kontinentaleuropäischen parlamentarischen Demokratien kommt zu all dem noch ein Wahlsystem hinzu, das ja nicht gerade dazu angetan ist, den Kontakt zwischen Wähler und Gewähltem besonders innig zu gestalten. Das englische und das amerikanische Wahlsystem schaffen geradezu zwangsläufig ganz andere Voraussetzungen als das etwa bei uns in Österreich geltende Listenwahlrecht.

Die meisten Staatsbürger legen an ihre Abgeordneten – wenn sie sich überhaupt mit ihnen gedanklich beschäftigen – einen sehr nüchternen Maßstab an. Für viele ist er ganz einfach ein Briefträger, von dem man erwartet, daß er die Interventionen, die man an ihn heranträgt, mit viel Fleiß und selbstverständlich immer nur erfolgreich durchführt, daß er eine positive Erledigung des beantragten Wohnbaudarlehens erreicht und daß er dem Sohn oder der Tochter diesen oder jenen Posten verschafft. Diesen oder ähnlichen Erwartungen kann der Durchschnitt der Abgeordneten auch durchaus gerecht werden.

Wesentlich schwieriger wird es allerdings dann, wenn die Erwartungen höher und höher geschraubt werden und wenn der Volksvertreter trotz besten Willens nicht in der Lage ist, allen diesen hochgespannten Erwartungen gerecht zu werden.

Es wird offensichtlich immer wieder darauf vergessen, daß das Parlament nicht eine Versammlung von Eliten und überragenden Persönlichkeiten, sondern das Spiegelbild unserer Gesellschaft, somit von ganz normalen Menschen mit allen ihren Schwächen ist. Es soll ja auch gar nichts anderes sein, es soll vielmehr im großen und ganzen dem Querschnitt der Bevölkerung entsprechen, soweit dies bei der zwangsläufig begrenzten Anzahl von Abgeordneten überhaupt möglich ist.

Das allein und gar nichts anderes kann der Maßstab sein, mit dem der Wähler den Abgeordneten mißt. Wenn er das tut, kommt er einer gerechten Beurteilung am nächsten, und nur so findet er sich selbst auch am ehesten in seinem Abgeordneten repräsentiert. Eine solche nüchterne und der Wirklichkeit am ehesten gerecht werdende Betrachtungsweise nimmt dann automatisch von irgendwelchen, keineswegs gerechtfertigten Idealvorstellungen ein für allemal Abschied und schafft damit die Grundlage für eine Beurteilung, die einer vernünftigen und realistischen Beziehung zwischen dem Volk und seinen Vertretern nur förderlich sein kann.

Wie sieht nun der Abgeordnete selbst seine Aufgabe?

Ich will den Versuch unternehmen, auf diese gar nicht leichte Frage eine Antwort zu geben, wobei diese Antwort selbstverständlich sehr stark aus meiner ureigensten Sicht und aus meinem ganz persönlichen Erleben geprägt sein wird.

Das Ideal wäre: im Parlament immer und überall einsatzfähig – im Plenum genauso wie bei der Ausschußarbeit; zugleich ein Mandatar, der in seinem Wahlkreis für seine Wähler jederzeit und darüber hinaus für jedermann, ohne Rücksicht auf die Parteizugehörigkeit, zu sprechen ist. Mit einem Wort, ein Abgeordneter, der immer und überall präsent ist.

Vielleicht mag ein Kandidat diese Idealvorstellungen vor seiner erstmaligen Wahl haben. Die Ernüchterung erfolgt jedoch sehr bald, wenn sich nämlich zeigt, daß er bei bestem Willen auch nicht annähernd in der Lage ist, alles das, was er sich in seinem Idealismus und in seinem Tatendrang für den Fall seiner Wahl vorgenommen und was er seinen Wählern womöglich auch versprochen hat, auch tatsächlich zu leisten.

Außer der parlamentarischen Tätigkeit in Wien soll der Abgeordnete in seinem Wahlkreis unter anderem folgenden Aufgaben gerecht werden:

1. Die Bevölkerung soll die Möglichkeit erhalten, mit ihren Anliegen jederzeit zum Mandatar zu kommen.

In meinem konkreten Fall hat sich das so abgespielt, daß die Leute zu mir in meine Notariatskanzlei kamen. Das war wiederum so lange möglich, als ich nur Abgeordneter war und meine Kanzlei selbst führte. Als ich dann später Staatssekretär, Generalsekretär etc. wurde und jeden Tag von Wolkersdorf nach Wien und abends wieder zurückfuhr, ergab sich die Notwendigkeit, daß Leute mit dringenden Anliegen bereits zeitig früh, bevor ich wegfuhr, oder dann abends, wenn ich von Wien wieder nach Hause kam, zu mir kamen.

2. Der Mandatar hält in seinem Wahlkreis regelmäßig Sprechtage ab. Ich hielt Jahr für Jahr und Samstag für Samstag meine Sprechtage ab. Dieser Tag eignete sich deshalb am besten, weil ich die Samstage von der Parteiarbeit in Wien freihalten konnte. Mehr als 20 Jahre hindurch hielt ich meine Sprechtage am ersten Samstag im Monat in Wolkersdorf, am zweiten Samstag in Laa/Thaya, am dritten in meiner Heimatgemeinde Gaweinstal und in Poysdorf und am vierten in Mistelbach. Unbestritten der schönste und erholsamste Samstag war der fünfte Samstag im Monat. Da gab es erfreulicherweise keinen Sprechtag. Es war nur schade, daß es allzu selten fünfte Samstage im Monat gibt.

Die Sprechtage, die ich peinlich genau und pünktlich abzuhalten bestrebt war, boten nicht nur die Gelegenheit, in konkreten Fällen zu helfen. Sie waren darüber hinaus eine wertvolle Informationsmöglichkeit über die Wünsche, Sorgen und die Stimmung der Bevölkerung. Wenn es mir aus irgendwelchen anderen Terminverpflichtungen in anderen Bundesländern oder im Ausland nicht möglich war, den Sprechtag persönlich abzuhalten, vertrat mich mein Sekretär, der die Anliegen der Vorsprechenden nicht nur entgegennahm, sondern der sie auch weiterhin bearbeitete. Ich hatte es mir zur Gewohnheit gemacht, daß jeder, der bei mir vorsprach, eine Antwort erhielt, ob nun sein Fall positiv oder negativ abgeschlossen worden war. Aus langjähriger Erfahrung weiß ich, daß die Bevölkerung gerade darauf ganz besonderen Wert legt. Sie will – vollkommen berechtigt – wissen, ob ihr Fall auch tatsächlich weiterbehandelt worden ist und zu welchem Abschluß er gebracht wurde.

3. Der Mandatar soll zur Bevölkerung kommen, um die Stimmung, die Wünsche und die Sorgen kennenzulernen.

Das kann vor allem auf dreierlei Art geschehen:
– durch Teilnahme an irgendwelchen Festlichkeiten und Veranstaltungen,
– durch Besuche von Betrieben und Geschäften,
– durch Abhaltung von Versammlungen und Konferenzen.

Mit besonderem Interesse registriert der Wähler den Zeitpunkt, wann der Abgeordnete Veranstaltungen und Betriebe besucht und ob er Versammlungen nur unmittelbar vor Wahlen oder auch in der Zwischenzeit abhält. Auf diesem Gebiet sind die Wähler sehr empfindlich; sie sehen es begreiflicherweise gar nicht gerne, wenn sich der Abgeordnete womöglich nur im Wahlkampf sehen läßt.

Was ich meinen Kolleginnen und Kollegen ganz besonders empfehlen möchte, sind Betriebsbesuche überhaupt und die Durchführung dieser Besuche vor allem in Zeiten, wo keine Wahlen unmittelbar vor der Türe stehen. Ich habe bei Betriebsbesuchen nie darauf Wert gelegt, daß mir die Direktoren und die Ingenieure den Produktionsvorgang des langen und breiten erklärt haben. Mir ist es vor allem darum gegangen, daß ich die Gelegenheit erhielt, mit den Arbeitern und Angestellten an ihrem Arbeitsplatz über ihre Anliegen sprechen zu können. Dabei gab es oft, wie auch nicht anders zu erwarten war, beinharte Auseinandersetzungen. Ich wurde keineswegs immer besonders freundlich aufgenommen. In diesem Zusammenhang erinnere ich mich an einen Besuch bei Schoeller-Bleckmann in Hönigsberg. Als ich in Hönigsberg eintraf, erwartete mich dort bereits der Vorsitzende des Aufsichtsrates, der sich einigermaßen verängstigt zeigte.

Vor dem Fabrikseingang hing ein Transparent, auf dem zu lesen stand: „Unsere Arbeit ist Euer Lohn, Ihr Besuch ist uns ein Hohn." Ich wäre unehrlich, wenn ich sagte, daß ich diese Art, mich zu empfangen, als übertrieben freundlich empfunden hätte. Einige Hallen, durch die wir dann gingen, waren fast leer, was mich jedoch nicht hinderte, mit den wenigen anwesenden Arbeitern demonstrativ Gespräche zu führen. Zur wesentlichen Erleichterung des Aufsichtsratsvorsitzenden ging der Besuch ohne irgendwelche Zwischenfälle vor sich und zu Ende. Für die wenigen Gesinnungsfreunde, die wir damals bei Schoeller-Bleckmann hatten, bedeutete, wie man mir nachher sagte, mein Besuch eine recht beachtliche Stärkung ihrer Position, weil damit bewiesen wurde, daß ein ÖVP-Mandatar den Mut aufbrachte, überhaupt in diese Höhle des Löwen zu gehen. Ich bekunde jedenfalls den wenigen Arbeitern, die sich in einem Betrieb mit mindestens 95 Prozent sozialistischen und kommunistischen Arbeitern zum

ÖAAB und damit zur ÖVP bekennen, was ihnen beileibe nicht leichtgemacht wird, meinen uneingeschränkten und tiefen Respekt. Einmal kam ich während eines Wahlkampfes zur Alpine nach Kindberg-Aumühl. Ich wurde dort von einem Vorstandsmitglied und vom Betriebsratsobmann (beide Sozialisten) begrüßt. Nach der Begrüßung begann der Rundgang durch die Fabrikshallen. Der Direktor und der Betriebsratsobmann hatten mich in ihre Mitte genommen. Sie beabsichtigten offensichtlich, mich so in sicherem Geleit durch die Hallen zu führen, damit ich nur ja keine Möglichkeit erhielte, mit den Arbeitern in direkten Kontakt zu kommen. Da ich immerhin einige Praxis in Betriebsbesuchen hatte, schüttelte ich bereits in der ersten Halle meine Begleiter ab und begab mich spießgerade zu Arbeitern an der Werkbank. Dort bildeten sich sogleich Trauben von Menschen, ein Betriebsrat benützte die Gelegenheit der Ansammlung von Arbeitern zu einer kurzen, selbstverständlich politischen Ansprache an seine Kollegen und an mich, was auch mir die einmalige Gelegenheit bot, meinerseits zu den Arbeitern zu sprechen. Dieser Vorgang wiederholte sich in einigen Hallen so lange, bis die sozialistischen Betriebsräte endlich, aber bereits zu spät dahinterkamen, daß sie mir dadurch eine großartige Möglichkeit geboten hatten, zu Arbeitern zu sprechen, die normalerweise für einen ÖVP-Mandatar unerreichbar waren. Jedesmal, wenn ich bei der Alpine in Kindberg-Aumühl vorbeifahre, erinnere ich mich mit großem Vergnügen an diesen heute schon lange zurückliegenden Besuch.

Zur Zeit, als ich Vizekanzler und Generalsekretär war, beschäftigte mich eines Tages die Idee einer neuen Kontaktmöglichkeit zwischen Wähler und Abgeordnetem. Ich weiß heute nicht mehr, wann genau und wie mir dieser Gedanke kam. Ich gab ihm den Namen „der Abgeordnete unterwegs". Eines schönen Tages sagte ich zu meinem Sekretär Dr. Hörmann, er und mein Fahrer Walter Bernhard mögen am nächsten Sonntagvormittag – es war dann ein wunderschöner Junisonntag – zu mir nach Wolkersdorf kommen, wir würden in meinem Wahlkreis eine Fahrt ins Blaue unternehmen, einmal da und dann wieder dort stehenbleiben, um mit Bauern auf dem Feld und mit Arbeitern und Geschäftsleuten ins Gespräch zu kommen.

So geschah es dann auch. Wir fuhren am Vormittag los. Der Tag war – wie sich bald zeigte – insofern nicht günstig gewählt, weil Sonntag war und dadurch weder Bauern auf den Feldern noch Arbeiter auf den Baustellen anzutreffen waren. Wir kamen trotzdem voll und ganz auf unsere Rechnung.

Unser Weg führte uns vorerst nach Groß-Rußbach. Ein Wiener, der sich einen Baugrund für ein Einfamilienhaus gekauft hatte, war mit einigen Arbeitern eifrig am Werk. Wir kamen ins Gespräch. Er sagte mir, daß er um ein Wohnbaudarlehen angesucht habe, daß aber nichts weitergehe. Ich sagte ihm meine Hilfe und Befürwortung zu. Da es ein glühend heißer Tag war, verabschiedete ich mich mit einem Fünfziger für die durstigen Kehlen des Bauherrn und seiner Helfer. Selbstverständlich ging bereits am nächsten Tag meine Befürwortung seines Wohnbaudarlehens an die niederösterreichische Landesregierung ab. Nach der Parteizugehörigkeit habe ich nicht gefragt.

Weiter ging die Fahrt in Richtung Ernstbrunn – Laa/Thaya. In einer kleinen Ortschaft vor Ernstbrunn war in einem Vorgarten eines Hauses eine Betonmischmaschine in Betrieb – für uns Grund genug, stehenzubleiben und mit dem Ehepaar, das schwer an der Arbeit war, ein Gespräch zu beginnen. Der Mann war Angestellter der Gemeinde Wien; er hatte sich unter großen Opfern das Haus gekauft, an dessen Vergrößerung und Instandsetzung er und seine Frau Samstag für Samstag und Sonntag für Sonntag arbeiteten. Bis zum Herbst solle das Haus, so sagte er, fix und fertig sein. Ich sagte ihm zu, daß ich, wenn es soweit sein werde, auf der Fahrt zu meinem Laaer Sprechtag vorbeikommen werde und daß wir dann aus Anlaß der Fertigstellung des Hauses mit einem Glas des von mir mitzubringenden Wolkersdorfer „Grünen Veltliners", den ich immer als den besten Wein von der Brünnerstraße zu bezeichnen pflege, auf seiner Frau und sein Wohl anstoßen werden. Ich habe dann im Herbst, wie versprochen, meinen Wolkersdorfer Wein bei dem Wiener Ehepaar abgeliefert.

Auf unserer weiteren Fahrt kamen wir in eine kleine Ortschaft hinter Ernstbrunn, wo sich gerade die Feuerwehrmänner zur Abhaltung einer Übung sammelten. Selbstverständlich nützten wir diese Gelegenheit ebenso wie eine halbe Stunde später die gleiche Chance in Unter-Stinkenbrunn, wo die komplette Feuerwehrmannschaft vor Übungsbeginn zwecks Aufnahme eines Gruppenfotos versammelt war. Ich wurde in diese Aufnahme gleich miteinbezogen. Das wohlgelungene Bild befindet sich in meinem Fotoarchiv.

Ich habe auf Grund meiner Erfahrungen an diesem Sonntag angeregt, daß die Landesparteileitungen diese Möglichkeit der Kontaktnahme zwischen Wähler und Mandatar überdenken und gegebenenfalls ins Auge fassen mögen. Soweit ich mich erinnere, wurde die Anregung nicht entsprechend aufgegriffen. Trotzdem bin ich nach wie vor der Meinung, daß gerade diese Möglichkeit eines spontanen Kontaktes nicht ungenützt gelassen werden sollte. Es wurde ins Treffen geführt, daß „der Abgeordnete unterwegs" insofern zu zeitaufwendig sei, als bei dieser Gelegenheit wesentlich weniger Leute angesprochen werden könnten als bei den herkömmlichen Versammlungen. Was die Zahl der angesprochenen Personen anbelangt, will ich dem gar nicht widersprechen. Trotzdem glaube ich, daß dem spontanen Kontakt im Gegensatz zur Versammlung, wo ja infolge der Zeitknappheit ein persönliches Gespräch fast nie möglich ist, deshalb besondere Bedeutung zukommt, weil sich solche Kontakte herumsprechen; es kommt ihnen daher eine nicht zu unterschätzende Multiplikatorwirkung zu.

Und nun einige Bemerkungen zur herkömmlichen Versammlung, sei es nun eine Wählerversammlung, eine Kundgebung, eine Funktionärskonferenz oder was sonst immer. Wie oft saßen wir in der Zeit, da ich Generalsekretär war, in der Kärntnerstraße oder auf Landesparteisekretärekonferenzen beisammen und debattierten über die Frage, ob denn die Versammlungen alten Stils überhaupt noch eine Daseinsberechtigung hätten. Die einen erklärten, daß die Zeiten der Versammlungen endgültig vorbei seien, die anderen sprachen sich entschieden für die Beibehaltung aus. Wie überall im menschlichen Leben scheint auch in dieser Frage der goldene Mittelweg der richtige zu sein. Ich für meine Person bin überzeugt, daß die Versammlungen auch in Zukunft ihren festen Platz im Rahmen der verschiedenen Möglichkeiten, wie der Wähler am besten angesprochen werden kann, einnehmen werden. Ohne Zweifel spielen sie im Zeitalter der Massenmedien nicht mehr die gleiche dominierende Rolle, wie das früher einmal der Fall war. Trotzdem sind sie nach wie vor von großer Bedeutung. Nicht jeder Mandatar hat ja die Möglichkeit, über das Fernsehen bekannt zu werden. Der Wähler hat aber ein Recht darauf, seinen Abgeordneten von Zeit zu Zeit zu sehen, mit ihm zu sprechen, und dazu bietet die Versammlung immer noch und auch in Zukunft eine Möglichkeit. Im Laufe meiner politischen Tätigkeit habe ich bei Tausenden Versammlungen, Kundgebungen, Jugendparlamenten etc. gesprochen und damit die Möglichkeit gehabt, Hunderttausende Menschen anzusprechen. Immer wieder ist es mir passiert, daß mich Zuhörer, wenn ich im Zuge einer Wahlkampagne wieder in denselben Ort kam, in dem ich schon vor Jahren gesprochen hatte, in allen Details an die damalige Versammlung erinnerten, woraus wohl berechtigterweise der Schluß gezogen werden konnte, daß die Leute das, was man damals gesagt hatte, und auch den Redner selbst nicht ganz vergessen hatten.

Ich habe als Redner in Wahlversammlungen und auch am Rednerpult im Parlament nie besonderen Wert auf Applaus gelegt. Mir war es immer lieber, wenn mir die Zuhörer aufmerksam und womöglich gespannt zuhörten. Am wohlsten fühlte ich mich immer dann, wenn es im Saal so mäuschenstill war, daß man eine Stecknadel hätte fallen hören; dann konnte man das Gefühl haben, daß es einem gelungen war, die Zuhörer wirklich zu packen. In solchen Fällen verzichtete ich nicht nur gerne auf Applaus, ich habe ihn in solchen Situationen geradezu als störend empfunden.

Ganz anders war natürlich die Situation bei großen Kundgebungen. Hier gehört der Applaus nicht nur dazu, hier ist er geradezu eine Notwendigkeit. Wenn ich etwa an meine Rede anläßlich des Katholikentages 1958 im vollbesetzten Wiener Stadion oder an die große Kundgebung auf dem Stephansplatz am 27. April 1955 zurückdenke, dann erinnere ich mich mit Stolz und Freude an die Begeisterung und an den Beifall, die mir damals entgegenbrandeten und die sehr wohl in der Lage sind, einen Redner zu beflügeln.

Wenn ich im vorstehenden auch nur andeutungsweise von der parlamentarischen Tätigkeit des Abgeordneten im Plenum und in den Ausschüssen und von den verschiedenen unmittelbaren Kontaktmöglichkeiten mit den Wählern gesprochen habe, ersieht man allein schon daraus, daß die Tätigkeit des Abgeordneten vor allem auch ein ungemein schwierig zu bewältigendes zeitliches Problem ist.

Hiebei gehe ich von der Annahme aus, daß der Abgeordnete eben nur Abgeordneter ohne sonstige Funktionen in irgendwelchen Interessenvertretungen, in einer Gemeinde etwa als Bürgermeister etc., ist.

Um bei meinem eigenen Beispiel zu bleiben: Im Jahre 1953 wurde ich zum erstenmal in den Nationalrat gewählt. Einige Jahre hindurch war ich sodann Abgeordneter und zugleich aktiver Notar, da ich ja meinen Beruf als Notar damals voll und ganz neben meiner Tätigkeit als Abgeordneter ausüben konnte und auch tatsächlich ausübte.

Zu dieser Tätigkeit als Abgeordneter gehörte außer meinen parlamentarischen Obliegenheiten – damals war ich sehr stark in der Ausschußarbeit engagiert, vor allem im Justizausschuß, dessen Obmann ich für ganz kurze Zeit war, nämlich in der Zeit nach den Wahlen 1956 bis zu meiner Berufung zum Staatssekretär im Bundesministerium für Finanzen im Oktober 1956 – die Betreuung meines eigenen Wahlkreises. Sie schloß die Abhaltung der schon erwähnten Sprechtage genauso wie die Teilnahme an Versammlungen, Bezirksparteitagen und den normalerweise in den Monaten Jänner und Februar stattfindenden Jahreshauptversammlungen ein.

Als ich 1956 eine Regierungsfunktion erhielt, bedeutete dies meine automatische und zwangsläufige Beurlaubung von meiner Kanzlei, was jedoch keineswegs gleichbedeutend mit einer zeitlichen Entlastung war.

Nunmehr begann für mich die Arbeit auf der Bundesebene. Mein Aufgabegebiet war die Verwaltung und Liquidierung des sogenannten Deutschen Eigentums. Da es Betriebe des Deutschen Eigentums fast in allen Bundesländern gab, erforderte meine Tätigkeit oftmalige Reisen zu den einzelnen Betrieben. Ich hatte mir vorgenommen, jeden einzelnen Betrieb zu besuchen, ein Vorsatz, den ich dann auch konsequent verwirklichte.

Ab dem Jahre 1960 war ich nach meiner Wahl zum Generalsekretär nicht nur bei Nationalratswahlkämpfen eingesetzt – ich legte oft bis zu 10.000 Kilometer bei einem einzigen Nationalratswahlkampf zurück, bei dieser Gelegenheit lernte ich Österreich wirklich gründlich kennen –, sondern auch bei Landtagswahlen und Landesparteitagen, bei Hauptbezirksparteitagen und Funktionärskonferenzen. Selbstverständlich hatte ich auch weiterhin meinen eigenen Wahlkreis bestmöglich zu betreuen.

Ich habe mir nicht nur einmal den Vorwurf anhören müssen, daß durch meine Funktion auf der gesamtösterreichischen Ebene die Betreuung meines eigenen Wahlkreises in Mitleidenschaft gezogen werde, eine Feststellung, deren Richtigkeit ich gar nicht bestreiten kann. Zwangsläufig steht einem Mandatar, der den Großteil seiner Arbeitszeit in Wien und in den Bundesländern zubringen muß, weniger Zeit für seinen eigenen Wahlkreis zur Verfügung. Das ist eine Tatsache, die mir als unmittelbar betroffenem Mandatar keine Freude bereitet hat, die jedoch einfach deshalb zur Kenntnis genommen werden mußte, weil es eben auch Mandatare geben muß, die auf der Bundesebene arbeiten. Mein Wahlkreis, das Viertel unter dem Manhartsberg, war zeitweise dadurch besonders stark betroffen, weil Hartmann, Prader, Minkowitsch und ich als Abgeordnete des Weinviertels gleichzeitig Regierungsämter innehatten. Die eventuelle Ehre, daß aus einem einzigen Wahlkreis so viele Regierungsmitglieder stammen, war nur ein schwacher Trost für den doch sehr stark ins Gewicht fallenden zumindest teilweisen Ausfall der zuständigen Mandatare. Unter diesem Aspekt gewinnt die von mir seinerzeit zur Debatte gestellte und im Kapitel „Das Parlament und der Abgeordnete" dieses Buches behandelte Frage des „Abgeordneten auf Zeit" besondere Aktualität.

Aus all dem vorher Gesagten geht doch wohl deutlich hervor, daß der Beruf eines Politikers ein sehr harter Job ist. Es drängt sich daher die Frage auf: Was veranlaßt denn eigentlich einen Menschen, der ja wissen muß, was mit einem Politikerleben gewiß auch an Schönem, vor allem aber an Hartem und Undankbarem verbunden sein kann, dazu, sich dieser Aufgabe zu widmen? Es wird ja keiner von den Politikern zu dieser Aufgabe gezwungen. Wenn man lange genug in der Politik tätig war, hat man nicht nur viele Kolleginnen und Kollegen kennengelernt, man glaubt dann auch die Motive zu kennen, die sie veranlaßt haben, in die Politik zu gehen. Diese Motive sind ganz unterschiedlicher Natur. Ich glaube, daß es bei den wenigsten Abgeordneten finanzielle Beweggründe sind. Obwohl heute die Bezahlung der Abgeordneten als durchaus angemessen bezeichnet werden kann, ist sie keineswegs so hoch, daß der Abgeordnetenbezug das ausschlaggebende oder womöglich gar das ausschließliche Moment für die Entscheidung, in die Politik zu gehen, sein könnte. Noch immer ist es heute so, daß in der Wirtschaft für eine annähernd gleichwertige Tätigkeit wesentlich höhere Gehälter bezahlt werden, wobei ich völlig außer Betracht lasse, daß jeder Privat- oder Staatsangestellte selbstverständlich seinen freien Samstag und Sonntag hat, was beim Politiker fast nie der Fall ist, ein Umstand, den ich immer besonders schwer empfunden habe und der durch Geld überhaupt nicht aufzuwiegen ist.

Es müssen daher, wenn es der finanzielle Grund nicht ist, andere Beweggründe sein, die den Menschen veranlassen, in die Politik zu gehen, damit vieles auf sich zu nehmen und auf so manches zu verzichten. Ist es der Ehrgeiz, ist es die Geltungssucht, sind es andere Motive wie etwa Idealismus, Vaterlandsliebe, Verantwortungsbewußtsein, die den Menschen veranlassen, sich für eine Betätigung in der Politik zur Verfügung zu stellen?

Ich habe viele Politiker im Laufe meines Politikerlebens kennengelernt, und ich glaube, daß ich durchaus in der Lage bin, richtige Einstufungen nach dem einen oder nach dem anderen Motiv vornehmen zu können. Ich möchte nach all meinen Erfahrungen noch einmal festhalten, daß eventuelle finanzielle Überlegungen nur bei den allerwenigsten den Ausschlag gegeben haben.

Ich für meine Person bleibe dabei, und das nehme ich mit aller Entschiedenheit für mich in Anspruch: Ich habe in der Politik nie einen Beruf erblickt, sondern immer nur die Berufung gesehen, eine Aufgabe, der man sich, wenn die entsprechenden Voraussetzungen in seiner Person im großen und ganzen zutreffen, einfach zu unterziehen hat. Was ich für mich persönlich in Anspruch nehme, halte ich dem überwiegenden Teil meiner Kolleginnen und Kollegen – und zwar ohne Unterschied der Parteizugehörigkeit –, die ich im Laufe meiner jahrzehntelangen Zugehörigkeit zum Nationalrat kennengelernt habe, genauso zugute.

Ob wir der Aufgabe, der wir uns unterzogen haben und für die wir uns zur Verfügung gestellt haben, gerecht geworden sind, wird nicht von uns, sondern von anderen in späteren Tagen beurteilt werden. Wir müssen uns nur mit Recht sagen können, daß wir redlich bemüht waren, unser Bestes zu geben. Wenn wir unsere Wähler von unserem ehrlichen Wollen überzeugen können, dann haben wir einen wesentlichen Beitrag zum besseren Verständnis zwischen Volk und Volksvertretern geleistet.

Und damit werfe ich noch einmal die eingangs gestellte Frage „Gibt es ihn, den idealen Abgeordneten?" auf und versuche zugleich, eine Antwort zu geben:

Nein, es gibt ihn nicht. Es kann ihn auch gar nicht geben, und es wird ihn auch niemals geben. Der Abgeordnete ist eben auch nur ein Mensch mit all seinen Schwächen und Fehlern. Wer sich etwas anderes einzureden versucht – sei es nun der Abgeordnete oder der Wähler –, läuft Gefahr, sich Illusionen hinzugeben.

Es wird daher gut sein, sich von allen Illusionen freizumachen und freizuhalten. Das wird umso leichter möglich sein, wenn der Wähler seine Erwartungen nicht zu hoch spannt und wenn der Gewählte nicht mehr verspricht, als er zu halten in der Lage ist.

Die zweite Kammer

Jede Institution, sei es im gesellschaftlichen, sei es im politischen Leben, bedarf, wenn sie von denen, für die sie letzten Endes geschaffen wurde, als sinnvoll angesehen und anerkannt werden soll, einer echten Aufgabe. Allerdings ist es mit der Aufgabenstellung allein noch nicht abgetan. Die Aufgabenstellung als solche mag sehr schön und sehr eindrucksvoll sein, sie sagt aber für sich allein noch gar nichts, wenn es nicht gelingt, der gestellten Aufgabe auch tatsächlich gerecht zu werden; entscheidend ist, daß es gelingt, den demokratischen Institutionen wirklich Leben einzuhauchen und sie mit pulsierendem Leben zu erfüllen.

Die parlamentarische Demokratie ist ein ungemein heikles Gebilde, dessen klagloses oder zumindest doch relativ reibungsloses Funktionieren von einer Vielfalt von Voraussetzungen abhängt. Eine der unumgänglichen Voraussetzungen und Bedingungen ist eine voll funktionsfähige gesetzgebende Körperschaft. Wir Österreicher haben im Laufe dieses Jahrhunderts am eigenen Leib erfahren, was das Vorhandensein, das Funktionieren, aber auch das Nichtfunktionieren des Parlaments, sein Verlust und damit schließlich und endlich das Ende der Demokratie bedeuteten.

Nach den Erfahrungen, die das österreichische Volk gerade in der Ersten Republik machen mußte, wissen wir alle, daß zur Funktionsfähigkeit der parlamentarischen Demokratie vor allem eine gesetzgebende Körperschaft gehört, die der ihr gestellten Aufgabe gerecht wird. Nur wenn diese Voraussetzung gegeben ist, kann mit Fug und Recht von einer voll funktionsfähigen parlamentarischen Demokratie gesprochen werden.

Ich habe mich in meinen Büchern „Aufzeichnungen" und „Antworten" zum Teil sehr ausführlich mit den Voraussetzungen für das Funktionieren der parlamentarischen Demokratie auseinandergesetzt. Als einer, der die Praxis kennt, weiß ich natürlich ganz genau, daß im Laufe des mehr als halben Jahrhunderts des Bestandes der österreichischen Bundesverfassung die Verfassungswirklichkeit die Verfassungsnorm in manchen Punkten einfach überrollt hat. Ich möchte mich nicht überflüssigerweise wiederholen. Aber gerade in diesem Zusammenhang muß ich doch an dieser Stelle noch einmal etwas betonen, was mir als altem Parlamentarier ganz besonders am Herzen liegt und was mir manche Sorge bereitet.

Der rasante Entwicklungsprozeß gerade der letzten 50 Jahre ist auch an den Parlamenten nicht spurlos vorübergegangen.

Die Hauptaufgabe der Parlamente in parlamentarischen Demokratien im letzten Drittel des 20. Jahrhunderts besteht neben der selbstverständlichen gesetzgeberischen Tätigkeit vor allem darin, daß die vollziehende Gewalt, das heißt somit in erster Linie die Regierung, wirkungsvoll kontrolliert wird. Diese wirkungsvolle Kontrolle der Regierung durch das Parlament ist eine ganz entscheidende Voraussetzung für das Funktionieren der parlamentarischen Demokratie.

Wenn diese Feststellung wohl als unbestritten gelten kann, dann steht aber auch schon im gleichen Atemzug die Frage im Raum, welche Institutionen bei uns in Österreich in der Lage sind, diese Kontrollfunktionen auch tatsächlich wirkungsvoll auszuüben. Ist es der Nationalrat, ist es der Bundesrat, sind es beide gesetzgebenden Körperschaften gemeinsam?

Nach der derzeitigen Situation ist der Nationalrat, selbst nach der Reform der Geschäftsordnung, keineswegs in ausreichendem Maße dazu in der Lage, und der Bundesrat ist es schon gar nicht.

Es kann nicht oft genug gesagt werden: Nicht der Nationalrat als solcher, das heißt also in der Praxis die Mehrheit des Nationalrates, sondern die jeweilige Minderheit des Nationalrates, und zwar eine qualifizierte Minderheit, muß die Möglichkeit haben, die Bundesregierung, die ja im Regelfall von der Mehrheit des Nationalrates gestützt und getragen wird, wirkungsvoll zu kontrollieren. Glaubt denn wirklich jemand ernstlich, daß ausgerechnet die Regierungspartei die Regierung kontrollieren wird?

In diesem Zusammenhang erhebt sich die Frage nach dem Sinn und Zweck der zweiten Kammer in Österreich. Diese Frage wird eigentlich immer schon, solange es einen Bundesrat gibt, gestellt. Hat der Bundesrat in seiner jetzigen Zusammensetzung und Aufgabenstellung überhaupt eine Daseinsberechtigung? Brauchen wir denn eigentlich eine zweite Kammer?

Ich möchte die Antwort auf diese Frage nicht vorschnell geben, obwohl es erhebliche Teile der Bevölkerung, vor allem aber viele politisch Interessierte und Politiker gibt, die diese Frage rebus sic stantibus mit einem klaren und eindeutigen Nein beantworten.

Vom Verfassungsgeber war dem Bundesrat die Aufgabe zugedacht, die Rolle des Wahrers der Länderrechte zu übernehmen. Es ist leider unbestritten, daß der Bundesrat diese Aufgabe zeit seines Bestehens niemals so richtig, wenn überhaupt jemals, wahrnehmen konnte. Woran lag das? Lag es an der Konstruktion, die viele als Fehlkonstruktion von Haus aus bezeichnen, lag es daran, daß die Entscheidungen ja doch immer wieder nicht nach föderalistischen Gesichtspunkten, somit in erster Linie im Hinblick auf die Auswirkungen der einzelnen Gesetze auf die Bundesländerinteressen, sondern schließlich und endlich genauso, wie das im Nationalrat zum überwiegenden Teil geschieht, nämlich nach parteipolitischen Gesichtspunkten, erfolgten?

Wenn diese Feststellung richtig und der darin notwendigerweise enthaltene Vorwurf berechtigt ist, dann erhebt sich wirklich die Frage nach der Daseinsberechtigung der zweiten Kammer in ihrer jetzigen Form. Es kann ja nicht Sinn und Zweck einer zweiten gesetzgebenden Körperschaft sein, daß auch sie die Gesetze ausschließlich nach den gleichen, meistens parteipolitischen Gesichtspunkten beurteilt, wie dies für die erste Kammer unbestrittenermaßen Geltung haben kann. Wenn heute ein Einspruch des Bundesrates erfolgt, dann kaum je wegen der Wahrung bedrohter Länderrechte, sondern fast ausschließlich in Ausnützung temporär gegebener Mehrheiten, um einen Gesetzesbeschluß des Nationalrates, der lediglich mit den Stimmen der Regierungspartei gefaßt wurde, auf eine gewisse Zeit aufzuschieben. Ich gestehe offen ein, daß ich weder in der normalen Tätigkeit des Bundesrates, nämlich in der üblicherweise serienweise erfolgenden Bestätigung der Gesetzesbeschlüsse des Nationalrates, noch darin, daß ab und zu, beileibe nicht zwecks Wahrung der Länderrechte, sondern aus parteipolitischen Gründen, Einsprüche gegen Beschlüsse des Nationalrates erhoben werden, eine echte Aufgabenstellung des Bundesrates erblicken kann. Wie ich schon eingangs dieses Kapitels sagte, wird der Staatsbürger nur dann eine Institution, sei sie ein Organ der Gesetzgebung oder der Vollziehung, zur Kenntnis nehmen und hinter dieser Institution stehen, wenn er deren Tätigkeit für sinnvoll ansieht.

Der Sinn einer zweiten Kammer kann doch nur darin bestehen, daß für sie bei Prüfung der ihr vorliegenden Gesetzesbeschlüsse des Nationalrates andere Gesichtspunkte als diejenigen, die für den Nationalrat vorlagen, maßgebend sind.

Es war fast noch immer so, daß die Vorsitzenden des Bundesrates, wie etwa Hans Heger, Jörg Iro und manche andere, bei Antritt ihres Amtes neue Gedanken in der Richtung zu entwickeln versuchten, wie die Tätigkeit des Bundesrates befruchtet und belebt werden könnte.

Zweifelsohne wurden hier oft gute Ideen entwickelt, und immer war unbestrittenermaßen ein ehrlicher Wille vorhanden. Alle Bemühungen blieben jedoch, wie sich immer wieder zeigte, ohne nachhaltigen Erfolg. Allen diesen Bemühungen mußte allerdings ein Erfolg geradezu zwangsläufig versagt bleiben. Es kann auch nicht an den Personen, die in den Bundesrat entsandt wurden und werden, liegen. Immerhin gehörten Politiker wie Gschnitzer, Koref, Eckert, Krainer und Marek, um nur einige zu nennen, dem Bundesrat an. Sie alle und viele andere waren Politiker nicht nur mit viel Erfahrung, sondern auch mit großer Durchschlagskraft. Wenn ein Mann wie Krainer, der als aktiver Landeshauptmann dem Bundesrat eine Zeitlang angehörte, binnen kurzer Zeit resignierte, zwingt dies geradezu den Schluß auf, daß auch noch so große Tatkraft und persönliche Initiative die Mängel, die dem Bundesrat offensichtlich institutionell anhaften, nicht beseitigen können.

Die Frage, die sich im Zusammenhang mit dem Bundesrat aufdrängt, lautet daher: Brauchen wir überhaupt eine zweite

Kammer? Wenn ja, wie soll sie beschaffen sein, wenn sie tatsächlich einen wirkungsvollen Beitrag zur Sicherung und Verlebendigung der parlamentarischen Demokratie in Österreich leisten soll?

Zuerst zur grundsätzlichen Frage: Brauchen wir überhaupt eine zweite Kammer? Zwei Demokratien aus dem skandinavischen Raum haben diese Frage für sich bereits mit Nein beantwortet. In Dänemark gibt es seit dem Jahre 1953 keine zweite Kammer mehr, in Schweden wurde sie mit Wirkung vom 1. Jänner 1971 abgeschafft. Abgesehen von diesen beiden Staaten, die vom Zweikammersystem zum Einkammersystem übergegangen sind, bekennen sich alle übrigen maßgeblichen Demokratien des freien Westens nach wie vor zum Zweikammersystem, ob es sich nun um Einheits- oder um Bundesstaaten handelt.

Ich möchte mich hier nicht in Details verlieren, wie die Frage der Aufrechterhaltung des Zweikammersystems in den einzelnen Staaten gesehen und diskutiert wird. Abgesehen von Frankreich, wo zu Zeiten de Gaulles die Abschaffung des Senates ernstlich in Erwägung gezogen worden war, geht es in fast allen parlamentarischen Demokratien mit Zweikammersystem nicht so sehr um die Frage: zweite Kammer – ja oder nein, sondern vielmehr um die Frage der zeitgemäßen Reform der zweiten Kammer, einer Reform, die der gesellschaftlichen und der Verfassungswirklichkeit Rechnung trägt.

Großbritannien, das Mutterland der modernen parlamentarischen Demokratie, beschäftigt sich mit der Frage der Reform des Oberhauses eigentlich schon die ganzen Jahrzehnte vom Beginn des 20. Jahrhunderts bis in unsere Tage. Noch immer sind dort die Reformbestrebungen nicht zum Abschluß gekommen. Sie sind aber doch schon so weit gediehen, daß einige grundsätzliche Erkenntnisse für alle politischen Parteien Großbritanniens und für die gesamte englische Öffentlichkeit außer Streit zu stehen scheinen.

Als unbestritten gilt, daß sich die große Mehrheit in beiden Häusern des englischen Parlaments, in den englischen Parteien und auch in der Öffentlichkeit stets für die Beibehaltung und zugleich für die Reform des Oberhauses ausgesprochen hat.

Interessant ist in diesem Zusammenhang, daß sich die Labour-Regierung Wilson in einem Weißbuch, das im Winter 1968/69 erschienen ist, nicht gegen, sondern für die Beibehaltung des Oberhauses ausgesprochen hat.

Im großen und ganzen geht es bei den Reformdiskussionen in Großbritannien vor allem um zwei Problemkreise: Wie soll das Oberhaus zusammengesetzt sein, und welche Kompetenzen und Funktionen soll das Oberhaus erhalten bzw. behalten?

Während früher in verschiedenen Ländern die Frage diskutiert wurde, ob beide Kammern in jeder Beziehung gleichberechtigte gesetzgebende Organe sein und bleiben sollen, wurde diese Frage in Großbritannien mittlerweile in der Richtung ausdiskutiert, daß das Oberhaus nicht ein Konkurrent des Unterhauses, sondern eine sinnvolle und wirkungsvolle Ergänzung sein soll. Dies ergibt sich vor allem auch daraus, daß die Zusammensetzung des Unterhauses durch Volkswahl erfolgt, während die Mitglieder des Oberhauses ernannt werden. Daraus leite sich, wie in der Reformdiskussion immer wieder ins Treffen geführt wurde, eine jeweils andere, unterschiedliche Legitimation ab. Wenn für jede der beiden Kammern des englischen Parlaments die gleiche Legitimation, somit die Volkswahl, sowohl für das Unterhaus als auch für das Oberhaus, Geltung hätte, dann bedeutete das nicht nur die Gefahr einer effektiven Verdoppelung der Volksvertretung, sondern gegebenenfalls auch eine keineswegs bedeutungslose Behinderung des Regierungsprozesses. Aus allen diesen Gründen ergäbe sich, daß die Mitglieder des Oberhauses nach wie vor durch Ernennung und nicht durch Volkswahl zu berufen seien.

Und nun zur wichtigen Frage des Tätigkeitsbereiches des Oberhauses selbst. Die Tätigkeit des Oberhauses könne durchaus sinnvoll sein, wenn sich seine Kompetenzen im wesentlichen etwa auf die folgenden Punkte beschränkten:

Das Oberhaus solle die Gesetze, die das Unterhaus weitergeleitet hat, einer gründlichen Prüfung und Revision unterziehen. Jeder Parlamentarier weiß, daß bei der Hast der gesetzgeberischen Tätigkeit, wie sie in unseren Tagen üblich ist, trotz bestem Willen so manche Fehler und Ungenauigkeiten einfach nicht ausgeschlossen werden können. Eine Institution jedoch, die Zeit und Muße habe, Gesetzesbeschlüsse einer genauen Revision zu unterziehen, könne damit sehr wertvolle Arbeit leisten.

Ein Weiteres sei die Gesetzesinitiative auf solchen Gebieten der Politik, die relativ wenig gegensätzlich sind.

Ein Drittes: die freie und wirklich erschöpfende Behandlung von allgemein wichtigen politischen Problemen, zu denen das Unterhaus infolge der Befassung und Überlastung mit tagespolitischen Aufgaben bei bestem Willen nicht in der Lage sei.

Dieser Problemkreis scheint mir besonders interessant zu sein, und er könnte ungemein bedeutungsvoll gerade dann werden, wenn es gelänge, zu wichtigen politischen Problemen nicht so sehr vom tages- bzw. parteipolitischen, sondern vor allem vom staatspolitischen Standpunkt Stellung zu nehmen. Voraussetzung dafür wäre natürlich eine Zusammensetzung der zweiten Kammer nicht nur nach parteipolitischen Gesichtspunkten.

Schließlich müsse nach den bisherigen Ergebnissen der englischen Reformdiskussion dem Oberhaus das aufschiebende Veto gegen alle Gesetzesbeschlüsse des Unterhauses verbleiben, wobei die Frage offenbleiben müsse – eine Frage, die in England noch lange nicht ausdiskutiert ist –, ob eventuell das Volk selbst zu dieser oder jener Frage um seine Meinung gefragt werden solle.

Die jahrzehntealte Diskussion einer Reform des englischen Oberhauses hat somit die Existenzberechtigung einer zweiten Kammer bejaht, sie hat eine Antwort auf die Frage der Zusammensetzung gefunden und schließlich zu dem Ergebnis geführt, daß das Oberhaus keineswegs ein Konkurrent des Unterhauses sein dürfe, sondern eine gesetzgebende Körperschaft mit ganz bestimmten festgelegten Aufgaben, die eine wirkungsvolle Ergänzung der Tätigkeit des Unterhauses sein solle.

Ich bin mir vollkommen darüber im klaren, daß das, was für ein einheitsstaatlich organisiertes parlamentarisches Regierungssystem gilt, nicht ohne weiteres auf einen Bundesstaat wie Österreich oder auf die Schweiz übertragen werden kann. Dort und hier liegen gänzlich andere Voraussetzungen vor.

Trotzdem bin ich der Meinung, daß auch wir in Österreich viel Nutzen aus der jahrzehntelangen Diskussion über die Reform des Oberhauses in Großbritannien ziehen können.

Ich für meine Person gehe davon aus, daß die in Großbritannien völlig außer Diskussion stehende Grundvoraussetzung, wonach eine zweite Kammer nicht nur unbestritten ist, sondern daß sie nach wie vor ihre Daseinsberechtigung und einen festgefügten Platz im Rahmen des parlamentarischen Regierungssystems hat, durchaus auch in Österreich Geltung hat.

Es geht also eigentlich nur um die Frage der Zusammensetzung, um den Aufgabenkreis und um die Kompetenzen der zweiten Kammer in Österreich.

Bevor ich versuche, eine Antwort auf diese Frage zu geben, muß folgende Feststellung, die ich wirklich nicht gerne mache, getroffen werden. Der Bundesrat ist auf Grund jahrzehntelanger Erfahrungen trotz aller immer wieder unternommenen Bemühungen nicht in der Lage, der ihm gestellten Aufgabe, im Rahmen des Gesetzgebungsprozesses in erster Linie auf die Länderinteressen Bedacht zu nehmen, gerecht zu werden.

All die Jahrzehnte hindurch, die der Bundesrat besteht, hat sich immer wieder gezeigt, daß die Mitglieder des Bundesrates auch bei bestem Willen nicht in der Lage waren, aus ihrer parteipolitischen Haut herauszuschlüpfen und das zu tun, dessentwegen sie in erster Linie in den Bundesrat entsandt wurden, nämlich bei Ausübung ihres Mandates in erster Linie auf die Interessen der Bundesländer und auf den föderalistischen Aufbau Österreichs Bedacht zu nehmen.

Wenn es drum und drauf ankam, fielen die Entscheidungen im Bundesrat immer noch und immer wieder nach parteipolitischen Gesichtspunkten, somit genau nach der Praxis des Nationalrates. Das kann jedoch nicht Sinn und Zweck einer Länderkammer sein. Und genau aus diesem Grunde mußten bisher alle noch so wohlgemeinten Vorschläge zu einer Verlebendigung der Tätigkeit des Bundesrates scheitern. Seit der Zeit der Alleinregierungen, somit ab 1966, ist die Praxis des Bundesrates, ausschließlich oder zumindest doch vorwiegend parteipolitisch zu entscheiden, noch viel ausgeprägter als zu Zeiten der Koalitionsregierungen.

Die sozialistischen Mitglieder des Bundesrates verhielten sich in der Zeit der Oppositionsstellung ihrer Partei von 1966 bis 1970 genauso wie ihre Kollegen im Nationalrat. Hatten die

Sozialisten im Nationalrat gegen eine Gesetzesvorlage der ÖVP-Alleinregierung votiert, dann taten die sozialistischen Mitglieder des Bundesrates in der zweiten Kammer genau das gleiche. Für die ÖVP als Oppositionspartei ab 1970 galt und gilt haargenau dieselbe Praxis, wie sie die Sozialisten anwandten.

Hier liegen das Übel und die ganze Misere des Bundesrates begründet. Der Bundesrat agiert bei seinen Beschlüssen und Einsprüchen im Widerspruch zu seiner ureigensten Aufgabe so, als ob er die gleichen Aufgaben zu erfüllen hätte wie der Nationalrat. Ich höre hier schon den an und für sich durchaus naheliegenden Einwand, daß diesem Übel, falls es in dem von mir behaupteten Umfang tatsächlich gegeben sein sollte, am besten und wirkungsvollsten dadurch gesteuert werden könnte, wenn sich der Bundesrat eben auf seine ureigenste Aufgabe, in erster Linie Wahrer und Hüter der Länderinteressen zu sein, besinnt und zurückzieht. Hier muß ich ganz ehrlich sagen: Ich halte ein solches Zurückziehen und ein solches Besinnen nach einer mehr als fünfzigjährigen Praxis nicht für möglich, dies vor allem nicht in einer Zeit der harten Konfrontation zwischen einer alleinregierenden Partei, der eine starke Opposition gegenübersteht. Wenn es zu Zeiten von Koalitionsregierungen nicht gelungen ist, daß der Bundesrat sich in erster Linie als Ländervertretung bewähren konnte, dann seit den geänderten politischen Verhältnissen ab dem Jahre 1966 schon gar nicht, wie ja die Praxis in der Zeit der Alleinregierungen der ÖVP und SPÖ beweist. Hier ist also kein Ausweg zu finden. Er kann, wenn wir die Existenzberechtigung einer zweiten Kammer in Österreich genauso grundsätzlich bejahen, wie das die Engländer für das Oberhaus in Großbritannien tun, nur darin bestehen, daß wir uns ernsthafte Gedanken über eine umfassende Reform des Bundesrates machen. In diese Überlegungen muß die Zusammensetzung ebenso einbezogen werden wie der Fragenkomplex des Aufgabenbereiches und der Kompetenzen. Es muß aber allen, die berufen sind, sich mit dieser Frage zu beschäftigen, klar sein, daß es mit einer Symptomkur nicht abgetan ist. Symptomkuren sind schon viel zu lange und immer wieder erfolglos versucht worden. Es muß eine Reform werden, die bis an die Wurzeln geht.

Die nachstehend angeführten Gedanken speziell zur Frage der Zusammensetzung sollen keineswegs konkrete Vorschläge, sondern lediglich Anregungen zu einer Diskussion sein, die ja doch eines schönen Tages sehr ernsthaft beginnen muß. Grundsätzlich ist es insbesondere für einen Bundesstaat durchaus richtig, daß die zweite Kammer in erster Linie dazu da ist, die Länderinteressen zu vertreten.

In Art. 50 des Grundgesetzes für die Bundesrepublik Deutschland vom 23. Mai 1949 heißt es etwa: „Durch den Bundesrat wirken die Länder bei der Gesetzgebung und Verwaltung des Bundes mit." Was nun die Zusammensetzung der Volksvertretung in Österreich, somit des Nationalrates und des Bundesrates, anbelangt, bin ich der Auffassung, daß nach Möglichkeit beide Kammern das ganze Volk, seinen Willen, seine Wünsche, die gesellschaftliche Wirklichkeit und alle gesellschaftlichen Veränderungen repräsentieren und widerspiegeln sollen. Das Leben weist nun einmal eine beträchtliche Vielfalt auf, und diese Vielfalt soll gerade dort, wo die bedeutungsvollsten Entscheidungen für das ganze Volk getroffen werden, nämlich in den gesetzgebenden Körperschaften, ihren Niederschlag und ihren Ausdruck finden.

Diese Gedanken können bei der Zusammensetzung des Nationalrates, der ja durch Volkswahl berufen wird, relativ leicht berücksichtigt werden.

Schwieriger scheint mir dies bei der derzeitigen Konstruktion des Bundesrates zu sein. Deshalb sollten Überlegungen in der Richtung angestellt werden, ob es nicht zweckmäßig wäre, den Bundesrat nicht nur aus Ländervertretern, die sie letzten Endes ja doch nur formal sind, zusammenzusetzen, sondern bei der Zusammensetzung der zweiten Kammer vor allem auch auf die gesellschaftliche Wirklichkeit in Österreich Bedacht zu nehmen. Zu dieser gesellschaftlichen Wirklichkeit gehört der sicherlich sehr bedeutungsvolle Umstand, daß Österreich ein aus neun Bundesländern bestehender Bundesstaat ist, genauso wie die weitere Tatsache, daß die Sozialpartner in Österreich seit Jahrzehnten eine ungemein große und bedeutungsvolle Rolle spielen, eine Rolle, der es nicht zuletzt zu verdanken ist, daß in unserem Land im Gegensatz zu vielen anderen Ländern über alle tages- und parteipolitischen Gegensätze hinweg der soziale Friede bis zum heutigen Tag erhalten werden konnte. Es erschiene mir daher keineswegs abwegig, wenn wir uns entschließen könnten, auch hier der gesellschaftlichen Wirklichkeit in Österreich Rechnung zu tragen und einen via facti geschaffenen und derzeit weitgehend außerhalb bzw. neben der Verfassung bestehenden Zustand zu legalisieren.

Im schweizerischen Ständerat ist jeder Kanton mit zwei Abgeordneten, im Senat der Vereinigten Staaten von Amerika jeder Einzelstaat gleichfalls mit zwei Senatoren vertreten. Die Größe der einzelnen Kantone bzw. Einzelstaaten spielt hiebei keine Rolle. Jeder Kanton bzw. Einzelstaat hat sich mit zwei Vertretern zufriedenzugeben.

Ich könnte mir durchaus vorstellen, daß das, was für die Schweiz und für die USA recht ist, für Österreich durchaus billig sein könnte. Ich könnte mir weiter, worauf ich im vorstehenden bereits hingewiesen habe, durchaus vorstellen, daß die Sozial- und Wirtschaftspartner in der zweiten Kammer vertreten sind, wobei ich in diesem Zusammenhang meine Meinung unmißverständlich dahingehend zum Ausdruck bringe, daß mir ein verfassungsmäßig geregelter Zustand wesentlich zweckmäßiger und unbedenklicher erscheint als offene und ungeregelte Zustände, die mehr oder weniger im luftleeren Raum schweben.

Wenn es uns mehr als ein Schlagwort bedeutet, daß die gesetzgebenden Körperschaften tatsächlich die gesellschaftliche Wirklichkeit widerspiegeln sollen, dann könnte ich mir bei der Bedeutung, die der Bildung und Forschung schon heute zukommt und die in der Zukunft noch größer sein wird, durchaus vorstellen, daß in der zweiten Kammer auch die Universitäten vertreten sind, wie dies etwa in der Verfassung Irlands vorgesehen ist. Ich habe schon immer den Standpunkt vertreten, daß die Entwicklung der parlamentarischen Demokratien und der in ihnen wirkenden politischen Parteien weitgehend davon abhängen wird, ob und inwieweit es gelingt, einen lebendigen und ständigen Kontakt zwischen Wissenschaft und Politik herzustellen.

Ich hielte es ferner für durchaus gerechtfertigt, daß die Frauen, vor allem auch die alten Menschen, die Familien, die freien Berufe, die ehemaligen Bundeskanzler, um nur einige Anregungen zu geben, in der zweiten Kammer vertreten sind. Gerade mit Rücksicht darauf, daß die alten Menschen an Zahl und Bedeutung von Jahr zu Jahr zunehmen, während sie auf Grund der von den großen politischen Parteien eingeführten Altersklauseln mehr und mehr aus den gesetzgebenden Körperschaften verdrängt bzw. dort kaum mehr eingelassen werden, hielte ich eine Vertretung der alten Menschen in der zweiten Kammer für unumgänglich notwendig. Wer soll denn wirklich glaubwürdige Aussagen zu Problemen der alten Menschen machen, wenn nicht ein Angehöriger eben dieser älteren Generation?

Ich möchte noch einmal betonen, daß vorstehende Gedanken keineswegs konkrete und schon bis ins letzte ausgereifte Vorschläge bedeuten, sondern daß sie lediglich Denkanstöße geben sollen, dazu geeignet, eine Diskussion einzuleiten und sie zu beleben.

Ein Weiteres möchte ich in diesem Zusammenhang mit allem Nachdruck betonen: Wenn ich in diesem Kapitel Gedankengänge darüber entwickle, wie die zweite Kammer in Österreich mit Leben erfüllt werden kann, dann lasse ich mich hiebei keineswegs von parteipolitischen Gesichtspunkten oder gar von parteitaktischen Absichten leiten. Das wird hoffentlich auch jeder, der dieses Kapitel liest, spüren, daß es mir hiebei um mehr, nämlich um Lebensfragen der parlamentarischen Demokratie geht. Wenn es aber um Lebensfragen der parlamentarischen Demokratie geht, dann haben alle parteipolitischen Erwägungen zurückzustehen. Sie dürfen hier einfach keinen Platz haben.

Was mir bei der künftigen Zusammensetzung der zweiten Kammer vor Augen schwebt, ist insbesondere das, daß sie nicht zuletzt kraft ihrer Zusammensetzung in der Lage sein soll, über bloß parteipolitische Gesichtspunkte hinaus die Dinge von einer anderen, einer höheren Warte, quasi aus einer Gesamtschau heraus, zu betrachten und vor allem die Staatspolitik in den Vordergrund zu stellen.

So könnte im Sinne der Reformbestrebungen, wie sie in Großbritannien zu einer Neubelebung des englischen Oberhauses angestellt werden, auch die zweite Kammer in Österreich zu einer

echten, sinnvollen Ergänzung der ersten Kammer, des Nationalrates, werden. Nur darum kann es ja letzten Endes gehen, und
nur insofern sind Reformbestrebungen sinnvoll und gerechtfertigt,
wenn es gelingt, das latente Unbehagen mit der zweiten Kammer
endgültig aus der Welt zu schaffen.

Es gibt nichts Gefährlicheres in parlamentarischen Demokra-
tien als das ständige Infragestellen der Zweckmäßigkeit von
Institutionen. Wir haben das alles schließlich in der Ersten
Republik schon leidvoll erlebt.

Entweder gelingt es, wie ich einleitend zu diesem Kapitel
schrieb, die vorhandenen Institutionen mit Leben zu erfüllen,
oder es müssen die entsprechenden Konsequenzen gezogen werden.
Es hat keinen Sinn, Institutionen nur deshalb mitzuschleppen,
weil sie schon durch mehr als 50 Jahre existieren. Damit ist die
Existenzberechtigung, wie das Beispiel des Bundesrates beweist,
noch lange nicht nachgewiesen.

Ich bin fest davon überzeugt, daß es durchaus möglich sein
wird, aus dem Bundesrat durch eine entsprechende Reform ein
Instrument zu machen, dem im Rahmen des parlamentarischen
Regierungssystems ein durchaus geachteter und bedeutungsvoller
Platz zukommt.

Ob allerdings ein reformierter Bundesrat, der eine wesentlich
andere Zusammensetzung als der bisherige aufweisen würde, noch
den Namen „Bundesrat" führen sollte bzw. könnte, ist eine Frage,
die gleichfalls in Diskussion gezogen werden müßte. Ich für meine
Person sähe keineswegs ein Hindernis, eine zweite Kammer, die
weitgehend die gesellschaftliche Wirklichkeit Österreichs im aus-
gehenden 20. Jahrhundert und die tatsächlichen Gegebenheiten
unserer Tage widerspiegelt, als das zu bezeichnen, was sie dann
tatsächlich wäre, nämlich als den österreichischen Senat.

Das Verhältnis zur FPÖ

Im Zusammenhang mit der Frage, ob ich für den am 10. Oktober 1971 zu wählenden Nationalrat noch einmal kandidieren werde, erhielt ich, nicht zuletzt auf Grund der Parlamentsrede, die ich am 7. Juli 1971 anläßlich der Behandlung der von der ÖVP eingebrachten „Dringlichen Anfrage" wegen der vorzeitigen Parlamentsauflösung gehalten hatte, eine ganze Menge von Briefen. Einen möchte ich hier auszugsweise wiedergeben. Er lautete:

„Wie ich der ‚Presse' vom 23. Juli 1971 entnehmen konnte [Artikel: Kandidiert Withalm doch?], scheint noch nicht endgültig entschieden zu sein, ob Sie wirklich aus dem politischen Leben ausscheiden werden.

Ich möchte in diesem Zusammenhang die herzliche Bitte an Sie richten, doch wieder zu kandidieren. Die ÖVP hat nicht so viele Männer mit einem steifen Rückgrat, daß man auf einen alten, bewährten Kämpfer wie Sie so einfach verzichten könnte.

Sie müssen ja nicht unbedingt Bundeskanzler sein oder werden. Es gibt so viele Agenden in der Partei, die eine prononcierte Persönlichkeit bitter nötig haben. Also bitte geben Sie Ihrem Herzen einen Stoß und kandidieren Sie wieder!

Gewiß, Sie könnten viel bequemer leben, als Notar, als Privatmann. Aber wollen Sie das wirklich? Ich kann mir das bei Ihnen einfach nicht vorstellen! Gewiß, manchmal waren Sie zu impulsiv, zu unvorsichtig in Ihren Äußerungen gegenüber Reportern, und das hat man Ihnen dann vorgehalten. Das ließe sich ja in Zukunft besser machen. Letzten Endes sind Sie ja doch nur das Opfer einer unrichtigen Einstellung, die von Raab über Gorbach und Dr. Klaus auch Sie selbst noch weitergeführt haben.

Ich meine: ‚Das Inhalieren der FPÖ'."

Speziell durch diesen letzten Satz fühle ich mich sehr direkt und höchstpersönlich angesprochen, da er ja mein Verhältnis zur Freiheitlichen Partei betrifft. Bevor ich jedoch dazu Stellung nehme, scheint es mir notwendig zu sein, einige historische und grundsätzliche Überlegungen anzustellen.

Die Wahlpartei der Unabhängigen – wie die Vorgängerpartei des VdU (Verband der Unabhängigen) und der Freiheitlichen Partei Österreichs in der ersten Zeit hieß – wurde im Jahre 1949 mit starker Favorisierung durch die Sozialistische Partei Österreichs gegründet. Einer der besonderen Initiatoren und Förderer auf der sozialistischen Seite war der damalige Innenminister Helmer.

Diese massive Unterstützung der neuen Parteigründung beruhte keineswegs darauf, daß die Sozialistische Partei womöglich besondere Sympathien für die Gründer der neuen Partei oder für diese selbst empfunden hätte. Eher war genau das Gegenteil der Fall. Von Sympathie konnte jedenfalls in keiner Weise gesprochen werden. Die Ursachen für die Unterstützung lagen ganz woanders. Sie gingen vor allem auf den Schock zurück, den der Ausgang der ersten Nationalratswahlen in der Zweiten Republik für die SPÖ bedeutet hatte und den sie lange Zeit hindurch einfach nicht überwinden konnte.

Die Besatzungsmächte hatten im Jahre 1945 für die ersten nach der Befreiung stattfindenden Nationalratswahlen nur drei Parteien zugelassen: die ÖVP, die SPÖ und die KPÖ.

Die Wahlen vom 25. November 1945 endeten mit einer Riesenüberraschung. Entgegen allen Erwartungen errang die ÖVP an diesem Tage mit 85 Mandaten die absolute Mehrheit; die Sozialisten, die zuversichtlich damit gerechnet hatten, daß sie als stärkste Partei aus diesen Wahlen hervorgehen würden, mußten mit der zweiten Stelle, die ihnen dann bis zum Jahre 1970 treu bleiben sollte, vorliebnehmen. Sie mußten sich mit 76 Mandaten zufriedengeben. Die Kommunisten erzielten zu ihrer eigenen und vor allem zur maßlosen Enttäuschung der sowjetischen Besatzungsmacht überhaupt nur vier Mandate.

Damit waren die Weichen für die Zukunft gestellt. Es ist heute vollkommen müßig, darüber zu streiten, wohin der Weg Österreichs geführt hätte, wenn die Entscheidung am 25. November 1945 anders ausgefallen wäre. Ich für meine Person kann nur immer wieder feststellen, daß es eine schicksalhafte Entscheidung war, die das österreichische Volk damals getroffen hat.

Entscheidend für den Ausgang der Wahlen vom 25. November 1945 war der Umstand, daß das sogenannte bürgerliche Lager nicht zersplittert, sondern daß es nur mit einer einzigen Partei, der Sammelpartei ÖVP, in die Wahl gegangen war. Hätte es damals neben der ÖVP noch eine zweite bürgerliche Partei welcher Richtung immer gegeben, wäre wahrscheinlich nicht zu verhindern gewesen, daß die Sozialistische Partei die stärkste Partei geworden wäre.

Alle diese Umstände und Überlegungen hatten den Sozialisten viel zu schaffen gemacht. Das alles riefen sie sich ins Gedächtnis, als es darum ging, die nächsten Nationalratswahlen, die im Herbst 1949 fällig waren, vorzubereiten. Bei den Sozialisten stand vor allem eines fest: Das, was sich im Jahre 1945 ereignet hatte, dürfe sich ein zweitesmal nicht mehr wiederholen. Es dürfe unter keinen Umständen mehr eine absolute Mehrheit der ÖVP geben. Es müsse daher alles getan werden, damit bei den Nationalratswahlen 1949 die absolute Mehrheit der ÖVP gebrochen werde. Alle Überlegungen in der SPÖ und bei ihren führenden Männern wurden auf dieses Ziel hin angestellt. Das, was im Jahre 1945 versäumt worden sei bzw. infolge der gegebenen Umstände zwangsweise versäumt werden mußte, müsse nun im Jahre 1949 nachgeholt werden. Alle diese Überlegungen liefen, vom Standpunkt der Sozialisten aus gesehen, geradezu zwangsläufig auf die Gründung einer zweiten bürgerlichen Partei hinaus.

So kam es also im Jahre 1949 mit tatkräftigster Unterstützung und unter maßgeblicher Förderung der Sozialistischen Partei, insbesondere durch Helmer, zur Gründung der WdU. Wenn die Sozialisten bei dieser Parteigründung die Patenstellung übernommen hatten, dann beileibe nicht – wie ich schon sagte – aus Sympathie oder aus einem besonderen Demokratieverständnis heraus, sondern ganz nüchtern und aus sehr realistischen Gründen deshalb, weil die SPÖ die neugegründete WdU als wichtiges und brauchbares Mittel zum Zweck, nämlich als Instrument zur Brechung der absoluten Mehrheit der ÖVP, betrachtete.

Fürs erste ging diese Rechnung der SPÖ auch tatsächlich auf. Das Nahziel, die Brechung der absoluten Mehrheit der ÖVP, wurde bei den Wahlen vom 9. Oktober 1949 erreicht. Die ÖVP verlor von ihren 85 Mandaten acht Sitze, die SPÖ erlitt einen Verlust von neun Mandaten und zog nur mehr mit 67 Sitzen in den Nationalrat ein. Die WdU erzielte einen in diesem Ausmaß von niemandem erwarteten Erfolg. Auf Anhieb erreichte sie 16 Mandate. Die Kommunisten konnten zu ihren vier Mandaten, die sie am 25. November 1945 erreicht hatten, ein Mandat hinzugewinnen.

Am Abend des 9. Oktober 1949 präsentierte sich die politische Landschaft Österreichs völlig anders als auf Grund des Wahlergebnisses vom 25. November 1945. Bei den Sozialisten herrschte über den Wahlausgang keineswegs eitel Freude, sie betrachteten jedenfalls das Wahlergebnis – berechtigterweise – mit einem lachenden und einem weinenden Auge. Wohl war die absolute Mehrheit der ÖVP verlorengegangen, womit ja das Hauptwahlziel der SPÖ erreicht war. Die Sozialisten mußten jedoch darüber hinaus feststellen, daß sie selbst gleichfalls in jene Grube geraten waren, die sie ausschließlich anderen zugedacht hatten. Ihre Verluste waren noch größer als die der ÖVP.

Der Neuling auf Österreichs politischer Bühne hatte sich mehr und lauter bemerkbar gemacht, als manchem sozialistischen Förderer recht war.

Theoretisch hatte nach den Wahlen vom 9. Oktober 1949 sowohl die Möglichkeit einer Koalitionsregierung zwischen ÖVP und WdU als auch zwischen SPÖ und WdU bestanden. Praktisch kamen diese Möglichkeiten jedoch nicht in Frage. Noch hatten wir die vier Besatzungsmächte im Lande. Die Kommunisten hatten im übrigen noch lange nicht alle Hoffnungen aufgegeben, wie der Putschversuch in den ersten Oktobertagen 1950 zeigen sollte.

Daß die Chancen für eine andere als eine Große Koalition gleich Null waren, zeigte sich sodann bei den nächsten Nationalratswahlen im Jahre 1953.

Der Vorschlag Raabs, den VdU in eine Regierungsbildung miteinzubeziehen, wurde von Körner, dem damaligen Bundespräsidenten, ganz entschieden abgelehnt.

Ich bin heute mehr denn je davon überzeugt, daß bis zum Abschluß des Staatsvertrages die Zusammenarbeit der beiden großen Parteien die einzig mögliche und zur Erringung der endgültigen Freiheit unumgänglich notwendige Regierungsform für Österreich war. Weder eine Kleine Koalition ÖVP/VdU noch eine solche zwischen SPÖ und VdU wäre dazu imstande gewesen.

Interessanterweise herrschte aber auch noch nach 1955 im österreichischen Volk ganz offensichtlich die Überzeugung vor, daß die Große Koalition der beste Garant für eine ruhige Fortentwicklung und für eine Stärkung der Demokratie in Österreich sei.

Wenn 1953 ins Treffen geführt wurde, daß Raab sein Angebot auf Einbeziehung des VdU in die Regierung nicht ernst gemeint, sondern nur als taktischen Schachzug betrachtet habe, um nach dem schlechten Ausgang der Nationalratswahlen 1953 günstig über die Hürden der Regierungsbildung zu kommen – worüber man sicher unterschiedlicher Meinung sein kann –, dann bin ich der Auffassung, daß zehn Jahre später – anläßlich der sogenannten Habsburg-Krise – die Sozialistische Partei ihrerseits das Spiel mit der FPÖ in Richtung einer Kleinen Koalition zwischen SPÖ und FPÖ in erster Linie als taktischen Schachzug betrachtete und keineswegs als ernstgemeinte Absicht, mit der ÖVP als Koalitionspartner endgültig zu brechen. Die FPÖ war zu diesem Zeitpunkt vielen maßgeblichen Sozialisten nach wie vor ausgesprochen suspekt und als Koalitionspartner geradezu undenkbar und indiskutabel.

Wesentlich anders hat diese Frage wohl Franz Olah betrachtet, der vielleicht zum damaligen Zeitpunkt wirklich geglaubt hat, eine Kleine Koalition zwischen SPÖ und FPÖ könne den Weg zu einem Bundeskanzler Olah freilegen.

Die Zeit war aber offensichtlich für eine Kleine Koalition, wie sich sehr bald zeigen sollte, keineswegs reif.

Zuerst mußte offenbar der Weg einer Alleinregierung beschritten werden, damit schließlich auch die bei beiden großen Parteien noch immer vorhandenen latenten Vorbehalte gegenüber einer Kleinen Koalition, ob nun zwischen ÖVP und FPÖ bzw. zwischen SPÖ und FPÖ, abgebaut werden konnten.

Im nachhinein betrachtet, sehen sich die Dinge wesentlich anders und vor allem viel unkomplizierter an als zu dem Zeitpunkt, da die Politiker und die Öffentlichkeit nach und nach mit dieser Frage konfrontiert wurden.

Ursprünglich wurde der Freiheitlichen Partei, bzw. ihrer Vorgängerin, die Koalitionsfähigkeit, wie das Verhalten des damaligen Bundespräsidenten Körner zeigte – das ja nicht nur seine höchstpersönliche Einstellung widerspiegelte –, rundweg abgesprochen.

Im Jahre 1963 wurde diese Frage zumindest bereits in Anfängen und dann sogar heftig diskutiert, wobei es vorerst nur dabei blieb, daß die SPÖ gemeinsam mit der FPÖ die ÖVP in der Causa Habsburg überstimmte.

Nach dem 6. März 1966, dem Tag des großen Sieges der ÖVP, an dem sie mit 85 Mandaten wieder die absolute Mehrheit errang, stellte sich lediglich die Frage, ob die seit 20 Jahren bestandene Koalition zwischen den bisherigen Koalitionspartnern fortgesetzt werden sollte, nicht jedoch die Frage einer eventuellen Koalition mit der FPÖ, noch dazu, wo ja auch die FPÖ bei den Wahlen vom 6. März 1966 von ihrem bisherigen Mandatsstand von acht Mandaten zwei hatte abgeben müssen. (Der Mandatsstand betrug nach den Wahlen vom 18. November 1962: 81 ÖVP, 76 SPÖ, 8 FPÖ – nach den Wahlen vom 6. März 1966: 85 ÖVP, 74 SPÖ, 6 FPÖ.)

Eine ganz andere Frage in diesem Zusammenhang ist die nach dem Klima, das zwischen der ÖVP und der FPÖ herrschte.

Unbestrittenermaßen war dieses Klima vom Zeitpunkt der Gründung der WdU über den VdU bis herauf zur FPÖ nie das allerbeste. Verständlicherweise hat die Gründung der WdU im Jahre 1949, die ja naturgemäß in erster Linie gegen die ÖVP gerichtet sein mußte, bei der Österreichischen Volkspartei alles, nur keine helle Begeisterung ausgelöst. Davon und dadurch blieb das Verhältnis beider Parteien lange Zeit hindurch belastet. Ebenso verständlich war es, daß Bemerkungen der Art, wie Raab sie machte, daß der VdU von der ÖVP inhaliert werden müsse, nicht gerade dazu angetan waren, bei den Anhängern und Wählern des VdU besondere Sympathien für die ÖVP hervorzurufen.

Was mich persönlich anbelangt, gestehe ich frei und unumwunden ein, daß die Verhaltensweise der FPÖ im Jahre 1963 nicht dazu beigetragen hat, das Verhältnis zwischen ÖVP und FPÖ womöglich besonders herzlich zu gestalten. Es konnte sicher nicht die Aufgabe des Generalsekretärs der Österreichischen Volkspartei sein, womöglich tatenlos zuzusehen, wie Bemühungen unternommen wurden, die stärkste Partei aus der Koalition und damit aus der Regierung hinauszudrängen. Daß diesem von maßgeblichen Sozialisten, allen voran Franz Olah, und natürlich auch von Freiheitlichen verfolgten Plan nur mit entschiedenster Härte begegnet werden konnte, war für mich eine ausgesprochene Selbstverständlichkeit. Nicht zuletzt deshalb, weil meine Partei von ihrem Generalsekretär Härte und Entschiedenheit verlangte, war ich ja auf den Posten des Generalsekretärs berufen worden.

Dann kam die Zeit der Alleinregierung der ÖVP. Wenn ich heute die Stenographischen Protokolle der Alleinregierungszeit der ÖVP von 1966 bis 1970 durchlese, dann wird mir wieder so richtig bewußt, wie beinhart wir damals, ganz speziell auch ich persönlich, von der FPÖ attackiert wurden. Die härtesten Angriffe, die nicht zuletzt mir als dem damaligen Klubobmann der Regierungspartei galten, kamen von Zeillinger und zum Teil auch von Peter. Daß bei der Härte der Angriffe auch die Reaktion beinhart ausfallen mußte, ist in Anbetracht des Umstandes, daß in der Zeit von 1966 bis 1970 zum erstenmal die echte und harte Konfrontation zwischen einer alleinregierenden Partei und einer faktisch gleichstarken Opposition erfolgte, nicht nur nicht verwunderlich, sondern durchaus verständlich, ja geradezu selbstverständlich.

Das alles andere überragende Ziel der FPÖ war es, alles zu tun, damit bei den nächsten Wahlen die absolute Mehrheit der ÖVP gebrochen werde und daß für die Zukunft absolute Mehrheiten überhaupt verhindert werden. Zwangsläufig wird ja der Spielraum der kleinen Oppositionspartei durch eine absolute Mehrheit einer der beiden Großparteien eingeengt, weil der Schwerpunkt der Oppositionspolitik naturgemäß bei der großen Oppositionspartei liegt.

Zum erstenmal ergab sich für die FPÖ, nachdem nach den Wahlen vom 6. März 1966 das Zeitalter der Großen Koalition zu

Ende gegangen war, die Chance, eine echte Rolle innerhalb einer Opposition zu spielen, der nunmehr eine ganz andere Bedeutung zukam als zu Zeiten einer Großen Koalition, die ja über fast 95 Prozent der Mandate im Nationalrat und über 100 Prozent der Mandate im Bundesrat verfügt hatte. Jetzt konnte von einem echten parlamentarischen Gleichgewicht der Kräfte gesprochen werden.

Zum erstenmal hatte die FPÖ die Ausbruchsmöglichkeit aus dem Ghetto, in dem sie sich infolge der innenpolitischen Konstellation befand, im Jahre 1963 wahrzunehmen versucht. Diesem Ausbruchsversuch konnte zum damaligen Zeitpunkt kein nachhaltiger Erfolg beschieden sein. Die Zeit war einfach noch nicht reif dafür, weil sich damals noch niemand vorstellen konnte, daß es trotz der Unzufriedenheit mit der Koalition und mit dem Proporz etwas anderes geben könnte als eben diese Koalition zwischen den beiden großen Parteien.

Wie sehr dieses Koalitionsdenken gerade auch bei den Politikern der beiden großen Parteien verankert war, zeigt der Umstand, daß es trotz der absoluten Mehrheit, die die ÖVP am 6. März 1966 errang, beiden großen Parteien als Selbstverständlichkeit erschien, Verhandlungen zur Bildung einer gemeinsamen Regierung aufzunehmen. Ich kann nur immer wieder wiederholen und nachdrücklichst betonen, daß es ernstgemeinte und keine Alibi- und Scheinverhandlungen waren. Daß diese Verhandlungen der Natur der Sache nach bei Vorhandensein der absoluten Mehrheit für einen Verhandlungspartner letzten Endes geradezu zwangsläufig scheitern mußten und daher zu keinem Erfolg führen konnten, war den unmittelbar Beteiligten zu Beginn der Verhandlungen nicht bewußt. Das gestehe ich als einer derjenigen, die damals dabei waren, ganz offen ein. Es wurde ihnen erst im Laufe der Verhandlungen mehr und mehr zur Gewißheit.

Eine vom Volk mit absoluter Mehrheit ausgestattete Partei kann eben nicht ohne weiteres auf das entscheidende Recht verzichten, das mit der absoluten Mehrheit verbunden ist, nämlich auf das Recht, von der Mehrheit auch tatsächlich Gebrauch zu machen. Nicht zuletzt deshalb weist ja der Wähler der einen oder anderen Partei bei einer Wahl die absolute Mehrheit zu.

Als nach dem Scheitern der Koalitionsverhandlungen feststand, daß die ÖVP in der XI. Gesetzgebungsperiode allein regieren werde, begann damit gerade für jenen Zeitabschnitt der neuen Legislaturperiode, solange sich die Sozialistische Partei noch nicht von dem Schock des 6. März 1966 erholt hatte, eine große Zeit für die oppositionsgewohnte und -erfahrene FPÖ. War die Opposition der FPÖ in der Zeit der Großen Koalition, wie ja an Hand der Wahlresultate der FPÖ und ihrer Vorgängerparteien seit dem spektakulären und seither nie wieder erreichten Erfolg des Jahres 1949 mit 16 Mandaten bis herab zu den sechs Mandaten des Jahres 1966 leicht nachzuweisen ist, eine nicht besonders dankbare, jedenfalls aber keine besonders bedankte Arbeit, so eröffneten sich mit der neuen Konstellation einer starken Regierungspartei und einer ebenso starken Opposition zum erstenmal ganz neue Aspekte. Das Scheitern der Regierungsverhandlungen 1966 und die dann folgende Zeit der Alleinregierung bedeuteten das Ende eines Tabus, das bisher in Österreich niemand hatte ernstlich gefährden können, trotz aller Kritik, die es an der starren Koalition immer wieder gegeben hatte.

Wenn 1966 das Ende der Großen Koalition gekommen war, warum sollte es dann nicht auch möglich sein, daß nach einem eventuellen Scheitern einer Alleinregierung vielleicht auch die Zeit einer Kleinen Koalition kommen könnte? Damit war das Ziel für die FPÖ ganz klar gesteckt.

Kann man es der FPÖ verdenken, daß sie nach dem gelungenen Ausbruch, den das Ende der Großen Koalition für sie bedeutet hatte, nunmehr ihre Chance wahrzunehmen bemüht war, die darin bestand, mit allen Mitteln zu versuchen, ihren Beitrag dazu zu leisten, daß beiden großen Parteien bei den nächsten Wahlen die absolute Mehrheit versagt blieb?

Dieses Ziel wurde bei den Wahlen am 1. März 1970 auch tatsächlich erreicht, wobei völlig dahingestellt bleiben mag, welche der drei im Parlament vertretenen Parteien den wesentlichen Beitrag dazu geleistet hat.

Die FPÖ hat das Ziel, regierungsfähige Partei zu werden, seit ihrer Gründung konsequent und systematisch angestrebt.

Umso unverständlicher war es daher, warum sie ausgerechnet

zu einem Zeitpunkt, als die psychologischen Barrieren, die bislang einer Kleinen Koalition im Wege gestanden waren, bereits gefallen waren, auf eine Kleine Koalition ausschließlich mit der ÖVP setzte und ein Zusammengehen mit der SPÖ für die XII. Gesetzgebungsperiode durch den Wahlschlager „FPÖ garantiert: Kein roter Bundeskanzler" kategorisch ausschloß.

Es ist klar, daß die FPÖ mit diesem Wahlschlager Stimmen aus dem ÖVP-Lager an sich ziehen wollte. Wie das für die FPÖ äußerst unbefriedigende Wahlresultat vom 1. März 1970 zeigt, gelang dies in keiner Weise.

Statt dessen hatte sich die FPÖ knapp vor Erreichung des seit vielen Jahren herbeigesehnten und mit allen Mitteln angestrebten, durchaus legitimen Zieles durch diese einseitige Festlegung selbst aus dem Rennen geworfen.

Einerseits wollte und konnte die FPÖ ihrem Wahlversprechen „Kein roter Bundeskanzler" nicht untreu werden. Das war für sie der Grund, daß für sie nach dem Scheitern der Regierungsverhandlungen zwischen ÖVP und SPÖ eine offizielle Regierungsbeteiligung nicht in Frage kam. Andererseits konnte Dr. Kreisky seine sozialistische Minderheitsregierung nur dank der Duldung durch die Freiheitliche Partei überhaupt erst bilden, und nur mit ihrer parlamentarischen Unterstützung war es ihm möglich, eine Zeitlang über die Runden zu kommen. Die FPÖ befand sich in einem echten Dilemma. Sie hatte garantiert: kein sozialistischer Bundeskanzler. Nun gab es aber doch, und zwar ausschließlich dank der Duldung durch die FPÖ, einen sozialistischen Bundeskanzler, wobei versprochen worden war, daß es ihn nicht geben werde. Zu all dem kam hinzu, daß die FPÖ wieder nicht, obwohl zum erstenmal die Möglichkeit bestanden hätte, zu einer Regierungsbeteiligung kam, sondern daß sie von der Regierungsbeteiligung ausgeschlossen blieb, weil sie sich selbst ausgeschlossen hatte.

Dr. Kreisky war sich völlig darüber im klaren, daß seine Minderheitsregierung keine Dauereinrichtung sein werde. Er wollte mit ihr auch nur so lange über die Runden kommen, als er glaubte, nach einer gewissen Zeit den Ritt über den Bodensee wagen, den Nationalrat auflösen und über vorzeitige Neuwahlen die absolute Mehrheit für die SPÖ erreichen zu können. Im Sommer 1971 hielt er diesen Zeitpunkt für gekommen. Der Nationalrat wurde vorzeitig aufgelöst, die Wahlen fanden am 10. Oktober 1971 statt. An diesem Tage ging die Rechnung Dr. Kreiskys auch tatsächlich auf. Er errang, wenn auch nur knapp, die absolute Mehrheit.

Damit waren die Hoffnungen der FPÖ, die sich dem Ziel schon ganz nahe gesehen hatte, vorläufig in nichts zerronnen. Die Felle, die sie schon in greifbarer Nähe gewähnt hatte und die auch tatsächlich greifbar nahe gewesen waren, waren wieder einmal davongeschwommen.

Die Entwicklung der FPÖ und ihrer Vorgängerparteien seit der Gründung der WdU im Jahre 1949 bis zum heutigen Tag ist für jeden Kundigen nicht nur durchschaubar, sondern im großen und ganzen auch durchaus logisch und konsequent. Von der kategorischen Ablehnung des VdU als Regierungspartei durch den damaligen Bundespräsidenten im Jahre 1953 über den gescheiterten Versuch Olahs zehn Jahre später, zwischen der SPÖ und der FPÖ eine Kleine Koalition zu bilden, führt ein Weg, der vielleicht nicht immer gerade, aber ohne Zweifel konsequent verlaufen ist.

Heute bestreitet der FPÖ niemand mehr die Regierungsfähigkeit.

Bis es allerdings soweit war, bedurfte es eines langen demokratischen Reifeprozesses auf allen Seiten.

Das Herausführen der FPÖ aus dem Ghetto, in dem sie sich mehr als zwei Jahrzehnte hindurch befand, blieb in sehr starkem Maße der Sozialistischen Partei vorbehalten. Es hatte schließlich schon mit der Hilfestellung bei der Gründung der WdU begonnen. Eigentlich war auch wirklich nur die SPÖ befähigt und in der Lage, diese Hilfestellung zu leisten. Nur die SPÖ konnte es sich im Jahre 1963 bei aufrechter Großer Koalition, die eben erst wieder geschlossen und besiegelt worden war, leisten, nicht nur mit dem Gedanken einer Kleinen Koalition zwischen SPÖ und FPÖ zu spielen, sondern, wie dies bei Olah als dem damals noch mächtigsten Mann in der SPÖ ohne Zweifel der Fall war, sehr ernstgemeinte Überlegungen in dieser Richtung anzustellen.

Nur die SPÖ konnte sich im damaligen Zeitpunkt solche Überlegungen und Absichten leisten. Hätte die ÖVP Gleiches oder auch nur Ähnliches gewagt, wäre sofort die Gefahr des „Bürgerblockes" an die Wand gemalt worden. Das Herausführen der FPÖ aus dem politischen Ghetto mußte daher zwangsläufig der SPÖ vorbehalten bleiben.

Wenn man heute im nachhinein die innenpolitische Entwicklung in der Zweiten Republik betrachtet, scheint sie im Gegensatz zur Ersten Republik einen vollkommen logischen, organischen und konsequenten Ablauf genommen zu haben.

Der Konzentration der Kräfte unter Einschluß der KPÖ in der Zeit von 1945 bis 1947 folgte die Koalition der beiden staatstragenden Kräfte, die immerhin bis 1966 dauern sollte. Heute erscheint es wohl für jedermann vollkommen logisch und überzeugend, daß im Jahre 1947, als es darum ging, letzte Entscheidungen zu treffen, welchen Weg Österreich endgültig und unwiderruflich gehen solle, die KPÖ aus der Regierung ausscheiden mußte.

Das Jahr 1966 brachte sodann das Ende der Großen Koalition, deren Verdienste um Österreich völlig unbestritten sind. Es kann aber auch nicht geleugnet werden, daß mit einer Koalition, hinter der immerhin mehr als 90 Prozent der Abgeordneten im Nationalrat standen, zwangsläufig Nachteile verbunden sein mußten.

An anderem Ort habe ich darauf verwiesen, daß mit der Alleinregierung der ÖVP in der Zeit von 1966 bis 1970 das Trauma, das bis dahin bei manchen Sozialisten noch immer bestanden hatte, daß nämlich die Alleinregierung der ÖVP einen Rückfall in die dreißiger Jahre bedeuten könnte, endgültig und unwiderruflich aus der Welt geschafft wurde. Über das im Jahr 1970 nach der Wahlniederlage der ÖVP begonnene Experiment einer sozialistischen Minderheitsregierung habe ich meine sehr dezidierten Auffassungen immer wieder darzutun versucht, wonach eine Minderheitsregierung kein taugliches und kein geeignetes Instrument in einer parlamentarischen Demokratie ist. Sie ist für jeden Politiker und für jede politische Partei, wann und wo immer von dieser Möglichkeit Gebrauch gemacht wird, letzten Endes ja doch nur ein Mittel zum Zweck. Eine solche „Nur-Mittel-zum-Zweck-Politik" tut aber der parlamentarischen Demokratie nie und nimmer gut. Ich habe gar nichts dagegen einzuwenden, daß die Taktik in der Politik selbstverständlich eine große Rolle spielen muß. Taktik darf aber nicht das Um und Auf in der Politik sein. Letzten Endes müssen gerade auch in der Politik die Grundsätze den Vorrang vor der Taktik haben.

Ich bin heute noch immer der Überzeugung, daß im Jahre 1970 außer der sozialistischen Minderheitsregierung, zu der sich der Bundespräsident ohne jeden zwingenden Grund überraschend schnell bestimmen ließ, durchaus auch andere Möglichkeiten bestanden hätten. Wenn schon der Bundespräsident sich der Auffassung Dr. Kreiskys angeschlossen hat, daß weitere Bemühungen um das Zustandekommen einer Großen Koalition aussichtslos seien – er hat jedenfalls von sich aus keinerlei Versuch unternommen, die Verhandlungspartner noch einmal an den Verhandlungstisch zu bringen –, dann hätte doch durchaus die Möglichkeit bestanden, zumindest den Versuch zu unternehmen, eine Kleine Koalition zwischen SPÖ und FPÖ zustande zu bringen. Ich höre hier schon den Einwand, den ich allerdings nicht gelten lasse, daß sich die FPÖ vor den Wahlen die Hände so sehr gebunden hätte, daß sie nach den Wahlen eine Verbindung mit der SPÖ einfach nicht eingehen konnte. Dieser Einwand galt ohne Zweifel für die FPÖ selbst, keineswegs aber für den Bundespräsidenten. Ich kann es mir einfach nicht vorstellen, daß es sich die FPÖ hätte leisten können, sich einem sehr bestimmt geäußerten Wunsch des Bundespräsidenten in Richtung einer Regierungsbildung zwischen SPÖ und FPÖ zu verschließen. Wenn der Bundespräsident einen derartigen Wunsch in unmißverständlicher Form geäußert und einen Auftrag in dieser Richtung erteilt hätte, hätten die Wähler der FPÖ sicherlich Verständnis dafür aufgebracht, daß die Führung der FPÖ entgegen dem gegebenen Wahlversprechen in eine Regierung mit Dr. Kreisky als Bundeskanzler eingetreten wäre. Hier hätte der Bundespräsident von der starken moralischen Autorität, die nicht zuletzt aus der Volkswahl des Bundespräsidenten erfließt, Gebrauch machen können.

Das ist die theoretische oder meinetwegen auch grundsätzliche Seite des Problems. Rein persönlich kann ich vom parteipolitischen Standpunkt als ÖVP-Politiker dazu allerdings nur sagen, daß ich es begrüße, daß sich der Bundespräsident im Jahre 1970 zu einem solchen Auftrag nicht entschließen konnte.

Nach vielen Erfahrungen, die im Laufe der letzten Jahrzehnte gemacht werden konnten, und nach vielen Erkenntnissen, die jedem, der in der österreichischen Innenpolitik in der Zweiten Republik tätig war, zuteil wurden, kann heute gesagt werden, daß alle Tabus beseitigt sind. Heute steht jeder Partei jeder Weg offen.

Alle, die die große Zeit, den Niedergang und das Ende der Großen Koalition miterlebt haben, wissen um die Vor- und Nachteile dieser Regierungsform, desgleichen auch darüber Bescheid, wie sich die Alleinregierungen der ÖVP und der SPÖ für Österreich und das österreichische Volk ausgewirkt haben.

Eines Tages mag und wird wahrscheinlich auch die Zeit einer Kleinen Koalition dieser oder jener Färbung kommen. Vielleicht wird es auch einmal eine Konzentrationsregierung geben, was ich persönlich nicht als Dauerlösung, aber für eine bestimmte, begrenzte Zeit, um die Wirtschaft zur Ruhe kommen zu lassen und sie nicht dauernd zu überfordern, sehr begrüßen würde.

Eines steht jedenfalls fest: Nachdem Österreich verschiedene Entwicklungsstadien an Regierungsformen bereits hinter sich und einige vielleicht bzw. wahrscheinlich noch vor sich hat – noch haben wir nicht alle Möglichkeiten ausprobiert, so daß eine Aussage darüber, welche der verschiedenen Möglichkeiten aller Voraussicht nach die für Österreich beste ist, derzeit noch nicht möglich ist –, kann auf Grund bisher gemachter Erfahrungen festgestellt werden, daß sowohl die Große Koalition als auch die Alleinregierungen, letztere noch mehr als die Koalitionsregierungen, die politischen Parteien, ob es nun die Koalitionspartner oder im Falle der Alleinregierungen die Regierungspartei einerseits und die Oppositionsparteien andererseits waren, zur Lizitation mehr oder weniger provozierten und der Gefälligkeitsdemokratie damit Tür und Tor öffneten und ihr geradezu Vorschub leisteten. Nicht anders wäre es auch im Falle von Kleinen Koalitionen. Die dringend notwendige Erholungspause, die Österreichs Volkswirtschaft benötigt, könnte nur eine Konzentrationsregierung bringen, in der das Verantwortungsbewußtsein für Staat und Volk jede Popularitätshascherei verdrängen und aus dem Felde schlagen müßte.

Ausschließlich aus diesem Grund trete ich für eine zeitweilige, keineswegs jedoch für eine zeitlich unbegrenzte und schon gar nicht für eine womöglich verfassungsmäßig verankerte Konzentration aller Kräfte ein. Deshalb halte ich auch den zu Beginn des Jahres 1975 in die Debatte geworfenen sogenannten „Niederl-Plan" für nicht zielführend. Jede Verfassungsänderung muß gründlich und sehr reiflich überlegt werden. Eine Verfassungsänderung, noch dazu wenn sie so fundamentale Fragen wie die Regierungsform betrifft, kann doch nicht so ohne weiteres von heute auf morgen beschlossen werden. Vor allem muß bei jeder Verfassungsreform daran gedacht werden, daß Verfassungsbestimmungen, selbst wenn sich die Nichtbewährung binnen kürzester Zeit herausstellen sollte, nicht mehr so leicht aus der Welt geschafft werden können. Ich möchte daher, ganz abgesehen vom konkreten Anlaßfall, dringend vor übereilten und unüberlegten Verfassungsänderungen warnen.

Von welcher Möglichkeit immer in Zukunft Gebrauch gemacht werden wird, über eines gibt es jedenfalls keine Diskussion mehr: Niemand in Österreich kann durch die eine oder die andere der bestehenden Möglichkeiten geschreckt werden. Es können keine Gespenster der Vergangenheit an die Wand gemalt werden. Gedanklich haben wir in Österreich das Normalstadium der parlamentarischen Demokratie und des demokratischen Denkens längst erreicht. Es bedarf jeweils nur mehr der Umsetzung dieser Gedanken in die Praxis.

Von welcher der verschiedenen Möglichkeiten nach durchgeführten Nationalratswahlen Gebrauch gemacht wird, sollte letzten Endes nur dadurch bestimmt werden und davon abhängen, ob die eine oder die andere Möglichkeit dem offensichtlichen Willen des Wählervolkes am ehesten entspricht und ob sie vor allem auch dem Wohl des ganzen Volkes am besten zu dienen in der Lage ist.

Das letzte Wort spricht in der parlamentarischen Demokratie immer der Wähler, und dieser Entscheidung des Wählers haben sich die politischen Parteien und die Politiker bedingungslos und ohne jeden Widerspruch zu unterwerfen.

Die „Europäer"

Wenn ich mich in diesem Buch vor allem mit dem Parlament und den Parlamentariern beschäftige, dann wäre dieses Buch in jeder Beziehung unvollständig, wenn ich mich nicht auch zumindest kurz mit den „Europäern" beschäftigte. Die „Europäer" sind jene Abgeordneten zum Nationalrat und jene Mitglieder des Bundesrates, die Österreich beim Europarat in Straßburg vertreten. Zu jener Zeit, als ich meine ersten Schritte im Nationalrat tat und mich daher zwangsläufig auf die Rolle eines interessierten Zuhörers beschränkte, war Österreich noch nicht Mitglied des Europarates. Zuerst war es darum gegangen, ob Österreich als Beobachter nach Straßburg gehen solle, was dann auch tatsächlich geschah. Bevor es jedoch soweit war, gab es manche harte Auseinandersetzung nicht nur zwischen den damaligen Koalitionspartnern ÖVP und SPÖ, sondern auch innerhalb der Parlamentsfraktionen. Im ÖVP-Klub gab es ebenso heftige Gegner einer Mitarbeit in Straßburg, wie es auf der anderen Seite glühende und begeisterte Verfechter des Europaratsgedankens gab. Die einen hielten jeden Groschen, der für den Europarat und daher auch für die Reisen nach Straßburg und für die Teilnahme an Tagungen in Straßburg ausgegeben werden mußte, für hinausgeworfenes Geld. Nicht zuletzt aus diesen Gründen entstand das in diesem Fall ja nicht gerade besonders schmückende Beiwort von den „Speseneuropäern". Mit diesem wirklich nicht schmeichelhaften, sondern eher doch verächtlichen Ausdruck wollten diejenigen, die ihn gebrauchten, vor allem zum Ausdruck bringen, daß sie von der Tätigkeit des Europarates aber schon gar nichts hielten, daß sie ihn für eine völlig überflüssige Institution ansahen und daß daher eine Mitarbeit und vor allem ein Beitritt vollkommen überflüssig seien.

Vor dem Abschluß des Staatsvertrages spielte bei allen Diskussionen pro und contra den Beitritt insbesondere eine Frage eine sehr beachtliche Rolle, inwiefern nämlich eine Mitarbeit Österreichs in Straßburg die Staatsvertragsverhandlungen beeinflussen könnte. Als dann Österreich im Jahre 1955 den Staatsvertrag schließlich und endlich errungen hatte, war deshalb die Debatte noch lange nicht beendet, denn jetzt ging es erst recht um die ohne Zweifel sehr bedeutungsvolle Frage, ob eine Vollmitgliedschaft Österreichs in Straßburg mit der immerwährenden Neutralität vereinbar sei.

Im Jahre 1956 war es dann endlich und endgültig soweit. Als die Frage der absoluten Vereinbarkeit der Mitgliedschaft mit dem Neutralitätsstatus Österreichs geklärt war, stimmte der Ministerrat in seiner Sitzung vom 21. Februar 1956 dem Vorschlag des damaligen Außenministers Leopold Figl, Österreich möge dem Europarat als Vollmitglied beitreten, zu.

Seither ist Österreich ein geachtetes Mitglied innerhalb jener Gemeinschaft europäischer Staaten, die sich ohne jede Einschränkung zur parlamentarischen Demokratie bekennen. Seither redet auch kein Mensch mehr davon, daß die Mitgliedschaft in Straßburg den Neutralitätsstatus auch nur im geringsten gefährden könnte.

Ich möchte jetzt gar nicht im Detail darauf eingehen, ob die Hoffnungen und Erwartungen, die die Gründer des Europarates in das Wirken der von ihnen initiierten Institution gesetzt hatten, in allem und jedem auch tatsächlich in Erfüllung gegangen sind. Ohne jeden Zweifel ist das nicht der Fall. Bei den hochgesteckten Zielen, die in den Statuten des Europarates enthalten sind, ist das auch gar nicht möglich, jedenfalls nicht innerhalb eines Zeitraumes von 25 Jahren, die der Europarat im Jahre 1974 alt wurde.

Es wird doch auch hoffentlich niemand behaupten wollen, daß womöglich die Vereinten Nationen allen überschwenglichen Erwartungen, die man da und dort in ihre Gründung gesetzt hatte, bis jetzt auch nur annähernd gerecht geworden wären. Trotz aller Rückschläge, die die Vereinten Nationen gerade in den letzten Jahren verzeichnen mußten, schließe ich mich keineswegs der Meinung jener an, die heute schon wieder, wie es seinerzeit beim

Völkerbund der Fall war, davon reden, daß die Vereinten Nationen aber schon für gar nichts gut seien. Trotz aller nicht zu leugnenden Mängel und Mißerfolge haben sie große und wichtige Aufgaben erfüllt. Ich bin davon überzeugt, daß ihnen die größeren und schwierigeren Aufgaben erst noch bevorstehen. Wenn die Vereinten Nationen sonst nichts wären als jenes Weltgesprächsforum, in dem jeder, dem in seinem Land Macht übertragen ist, mit den anderen Mächtigen dieser Erde zu jeder Zeit reden kann, dann wäre damit allein schon ihre Existenzberechtigung nachgewiesen.

Ich habe das einmal anläßlich einer Generalversammlung der Vereinten Nationen, an der ich als Mitglied der österreichischen Parlamentarierdelegation teilgenommen hatte, eindrucksvoll erlebt. Ich gestehe unumwunden ein: Der Umstand, daß mich unser damaliger UNO-Botschafter, der jetzige Generalsekretär der Vereinten Nationen, Kurt Waldheim, an einem einzigen Vormittag mit einem Dutzend Außenministern bekannt machte, darunter mit dem amerikanischen Außenminister Dean Rusk, mit Gromyko, Manescu, dem kanadischen und australischen Außenminister, um nur einige anzuführen, ließ mich nicht unbeeindruckt.

Im Grundsätzlichen gar nicht anders verhält es sich mit dem Europarat in Straßburg. Abgesehen davon, daß im Europarat in dem Vierteljahrhundert seines bisherigen Bestandes ungeheuer viel an sachlicher Arbeit geleistet wurde, ist die Parlamentarische Versammlung, die aus immerhin 147 Abgeordneten aus 18 freigewählten europäischen Parlamenten besteht, ein Instrument, das geradezu unersetzlich und heute und auch für die Zukunft aus unserem alten Kontinent, soweit er sich zur parlamentarischen Demokratie bekennt, einfach nicht mehr wegzudenken ist.

Ich gestehe sehr freimütig ein, daß ich diese Erkenntnis und Überzeugung nicht schon so lange habe, als ich Mitglied der gesetzgebenden Körperschaft eines Mitgliedstaates des Europarates bin, sondern daß mir die Bedeutung des Europarates und die Wichtigkeit der Mitarbeit gerade auch unseres Landes in Straßburg erst dann so richtig bewußt wurde, seitdem ich selbst dem Europarat angehöre.

Es war eben schon immer so, und seit den Zeiten des ungläubigen Thomas hat sich daran nichts geändert: Derjenige, der an etwas glauben sollte, hat sich mit dem Glauben immer dann wesentlich leichter getan, wenn er das, woran er glauben sollte, auch tatsächlich gesehen und kennengelernt hat.

Durch die Mitarbeit an Ort und Stelle gelangte ich mehr und mehr zur Überzeugung, daß der Europarat trotz aller Mängel, die ihm anhaften und die ihm infolge seiner Konstruktion – Ministerkomitee und Parlamentarische Versammlung –, die keineswegs eine ideale Konstruktion ist, geradezu anhaften müssen, ein Instrument darstellt, das durchaus in der Lage ist, die europäischen Völker, vorerst leider eingeschränkt auf diejenigen, die sich zur parlamentarischen Demokratie bekennen, einander näherzubringen und damit den Europagedanken zu fördern.

Wie kam ich nun in den Europarat? Es war zum Ausklang der Herbstsession 1971/72. Da fragte mich eines Tages mein Sitznachbar im Parlament, Robert Graf, in seiner Eigenschaft als Vorsitzender der Arbeitsgemeinschaft der Wirtschaftsbundabgeordneten, ob ich nicht Lust hätte, als Mitglied der österreichischen Delegation zum Europarat nach Straßburg zu gehen. Er würde dies sehr begrüßen, da er glaube, daß ich nicht zuletzt auf Grund meiner jahrelangen Mitarbeit in der Europäischen Union christlicher Demokraten manche Voraussetzungen mitbrächte. Vor allem der Umstand, daß ich viele Freunde und Bekannte im Ausland hätte, würde mir sehr zugute kommen. Nach einer kurzen Bedenkzeit sagte ich Robert Graf zu, und so kam ich anläßlich der Frühjahrstagung 1972 zum erstenmal nach Straßburg.

Dort traf ich tatsächlich eine Menge von Freunden und Bekannten, vor allem aus Italien, der Bundesrepublik Deutschland, aus den Beneluxstaaten, aus der Schweiz und auch aus den skandinavischen Staaten. Ich hatte ja schließlich im Laufe meiner zehnjährigen Tätigkeit als Generalsekretär reichlich Gelegenheit gehabt, im Rahmen der Europäischen Union christlicher Demokraten und auch in der sogenannten Interpartykonferenz, wo sich Konservative und christliche Demokraten zur Pflege eines Gedankenaustausches trafen und bis heute treffen, mitzuarbeiten. Bei dieser Gelegenheit habe ich viele Gesinnungsfreunde kennengelernt und im Lauf der Jahre so manchen Freund unter ihnen gewonnen. Hier wurde mir bestätigt, wovon ich schon immer überzeugt war, daß nämlich die Zusammenarbeit auf internationaler Ebene nicht nur nicht nutzlos, sondern von allergrößtem Wert war und nach wie vor ist. In meinem ersten Buch, den „Aufzeichnungen", habe ich darauf hingewiesen, daß die mit unseren italienischen Freunden immer wieder und auf allen Ebenen gepflogenen Kontakte und stattgefundenen Gespräche letzten Endes doch Früchte getragen haben.

Was diejenigen, die auf internationaler Ebene tätig sind, vor allem brauchen, ist ein gesunder Idealismus, viel Zähigkeit und eine kräftige Portion Realismus. Jeder, der in internationalen Organisationen – und das gilt vor allem auch für den Europarat – mitarbeitet, muß sich in aller Nüchternheit und ohne jede Illusion darüber im klaren sein, daß weder der Europarat in Straßburg noch eine bedeutungsvolle Weltorganisation wie die Vereinten Nationen von heute auf morgen perfekte Lösungsmöglichkeiten anzubieten haben, sondern daß die Wege, die zu den gesteckten Zielen führen sollen, dornenvoll und mit allen nur möglichen Hindernissen geradezu gespickt sind. Hier wie dort muß mühsam Stück für Stück und Stein um Stein zusammengetragen werden, bis es dann eines Tages so weit ist, daß man ein im Entstehen begriffenes Mosaik erkennen kann.

Einen ganz wesentlichen Beitrag auf diesem Weg leisten die menschlichen, die persönlichen Beziehungen zwischen den Delegierten aus den einzelnen Mitgliedsnationen. Diese persönlichen Kontakte sind durch nichts zu ersetzen, auch nicht durch noch so wertvolle sachliche Arbeit. Ohne menschliche Kontakte bleibt alles Stückwerk. Es hat sich immer noch und immer wieder gezeigt – das gilt für die Innenpolitik genauso wie für die Außenpolitik –, daß die unumgängliche Voraussetzung für die Lösung von Problemen das „Miteinander-reden-Können" ist. Gerade dafür bieten sowohl die Vereinten Nationen als auch der Europarat in Straßburg geradezu einmalige und unbezahlbare Möglichkeiten.

Nun möchte ich noch auf eine Nebenwirkung der Tätigkeit der österreichischen Delegation beim Europarat zu sprechen kommen, die nach meiner Meinung gar nicht hoch genug veranschlagt werden kann. Ich meine die gewissen Ausstrahlungsmöglichkeiten, die sich aus der Solidarität und der selbstverständlichen Kameradschaft innerhalb der österreichischen Delegation in Straßburg auf die innenpolitische Szene in Österreich ergeben können. Ich möchte diese Möglichkeit keineswegs überschätzen, ich veranschlage sie allerdings auch nicht gering. Die Wirkung hängt selbstverständlich weitgehend davon ab, wen die einzelnen Parlamentsfraktionen nach Straßburg entsenden.

Aus eigener Erfahrung bestätige ich gerne, daß die Mitglieder der österreichischen Delegation ohne Rücksicht auf ihre Fraktionszugehörigkeit, die natürlich auch in Straßburg eine Rolle spielt, in entscheidenden Fragen jederzeit und eigentlich ausschließlich einen österreichischen und keinen parteipolitischen Standpunkt vertreten. Wenn hier der Einwand kommen sollte, daß dies doch eine ausgesprochene Selbstverständlichkeit sei, möchte ich denn doch darauf hinweisen, daß wir bei anderen Delegationen sehr wohl die Transponierung mancher innenpolitischer Gegensätzlichkeiten auf die Straßburger Ebene erlebt haben.

Was mir jedoch in diesem Zusammenhang besonders erfreulich und beachtlich zu sein scheint, ist folgendes, und das gilt jetzt nicht bloß für die Tagungen des Europarates, sondern auch für die Generalversammlung der Vereinten Nationen und für die Konferenzen der Interparlamentarischen Union, wann und wo immer österreichische Delegationen im Ausland in Erscheinung treten:

Dort, sei es nun in Straßburg, in New York oder wo eben sonst internationale Konferenzen stattfinden, bietet sich den Mitgliedern der österreichischen Delegationen die Möglichkeit zu persönlichen Kontakten, die eben nur dort und nicht auch gleichermaßen anläßlich von Parlamentssitzungen oder sonstigen Anlässen in Wien möglich sind. Im Ausland redet es sich offensichtlich über innenpolitische Probleme wesentlich leichter als an Ort und Stelle, wo die Gegensätze heftig aufeinanderprallen und wo die Probleme schließlich auch gelöst werden müssen.

Wiederum aus eigener Erfahrung kann ich bestätigen, daß die Möglichkeit, einander anläßlich internationaler Tagungen, bei denen man aufeinander angewiesen ist, näherzukommen, denn doch von einiger Bedeutung ist. Abgeordnete, die irgendwann einmal im Ausland gemeinsam den österreichischen Standpunkt vertreten haben, bringen einen gewissen kameradschaftlichen Geist mit nach Hause, der auch härtesten Belastungsproben, wenn die Wogen im Parlament auch noch so hoch gehen mögen, standhält. Hier hat sich die Gemeinsamkeit und die Gemeinschaft der „Europäer" schon oft bewährt. Das kann nach meiner Auffassung nicht nur nicht schaden, es fördert vielmehr das gegenseitige demokratische Verständnis ganz wesentlich. Je heftiger gerade bei der Konstellation, wie sie seit 1966 gegeben ist, im Parlament die Meinungen aufeinanderprallen, desto wichtiger scheint mir die Rolle der „Europäer" zu sein. Ich schätze also die innenpolitischen Nebenwirkungen, die mit der Tätigkeit unserer Europaratsdelegation verbunden sind, keineswegs gering ein. Ich habe mit Kollegen von den anderen Fraktionen anläßlich von internationalen Konferenzen schon viele Gespräche geführt, ob es nun in Straßburg, in Tokio, in New York, in Helsinki oder in Kamerun war. So manche dieser Gespräche haben sehr wesentlich zu einem besseren menschlichen Verstehen beigetragen. Zwei dieser Gespräche habe ich in besonderer Erinnerung. Am 8. und 9. November 1968 fand in Den Haag die Jubiläumskonferenz der Europäischen Bewegung statt. Die österreichische Delegation, der unter anderem Pittermann, Peter und ich angehörten, war in Scheveningen untergebracht. Wir verbrachten dort nicht zuletzt dank des unerschöpflichen Anekdotenschatzes Pittermanns einen bis 3 Uhr früh dauernden Abend in ungetrübter Heiterkeit. Dort in Scheveningen, weit weg vom Schuß, störten uns weder die bereits hinter uns liegenden noch die unmittelbar bevorstehenden heftigen innenpolitischen Auseinandersetzungen des Budgetherbstes 1968 und mich persönlich, der ich auch damals schon als ausgesprochener Frühschlafengeher bekannt war, keineswegs der Umstand, daß der Abend immer länger und damit die Schlafenszeit immer kürzer wurde.

Ich möchte einen zweiten Abend kurz erwähnen: Es war im Jänner 1973 in Helsinki. Wir saßen im Hotel Marski beim Abendessen beisammen – Probst, Fischer, Peter, Karasek und ich. Wir ließen damals die ganze österreichische Innenpolitik Revue passieren. Ganz besonders beschäftigten wir uns mit der Geschäftsordnungsreform des Nationalrates.

Gespräche dieser Art wie in Scheveningen und in Helsinki vergißt man nicht so bald, da sie doch sehr wesentlich zu besserem menschlichen Verständnis beigetragen haben.

Ich möchte wünschen und hoffen, daß Österreich auch in Zukunft internationalen Institutionen nicht nur angehört, sondern daß es auch wirklich mit Freude und mit echter Anteilnahme mitarbeitet, wie das heute beim Europarat in Straßburg unbestrittenermaßen der Fall ist.

Ich habe eingangs darauf hingewiesen, daß Österreichs Mitarbeit geachtet, anerkannt und geschätzt wird. Diese Anerkennung kommt wohl am sichtbarsten darin zum Ausdruck, daß derzeit zwei Österreicher ganz entscheidende Positionen einnehmen. Karl Czernetz ist Präsident der Parlamentarischen Versammlung des Europarates, Franz Karasek bekleidet die Position des Präsidenten der Kulturkommission. Er ist außerdem Generalberichterstatter in der Politischen Kommission.

Wir Österreicher haben im Laufe gerade der letzten Jahrzehnte so manche wertvolle Erkenntnis gewonnen, so zum Beispiel die Einsicht, daß wir aber schon gar keinen Grund haben, irgendwelche Minderwertigkeitskomplexe, wie sie uns speziell in der Ersten Republik eigen waren, zu haben. Wir sind mittlerweile auch daraufgekommen, und diese Tatsache ist gar nicht hoch genug einzuschätzen, daß wir auf die Geschichte unseres Vaterlandes, die nicht erst mit dem Jahre 1918 beginnt, berechtigterweise stolz sein können. Nicht zuletzt aus diesem Geschichtsbewußtsein und aus der Tatsache heraus, daß unser größeres Vaterland ein vorweggenommenes kleineres Europa war, bringen wir Österreicher geradezu ideale Voraussetzungen für eine Mitarbeit in internationalen Organisationen mit. Die Aufgabe, die uns gestellt ist, ist dank der gegebenen Voraussetzungen nicht nur eine schöne und eine große Aufgabe; sie ist auch durchaus erfüllbar und bewältigbar. Darüber hinaus bedeutet sie für uns Österreicher geradezu eine Verpflichtung, der wir uns als vermittelnder und ausgleichender Faktor einfach zur Verfügung zu stellen haben, wo und wann immer wir gebraucht werden.

II. Teil

Vier Parlamentsreden

Wenn ich mir heute in einer ruhigen Stunde so manche meiner
Parlamentsreden, die ich im Laufe von mehr als zwei Jahrzehnten gehalten habe, durchlese und wenn ich sie mir damit wieder
ins Gedächtnis rufe, dann wird mir erst so richtig bewußt, wie
gerade auch für die Politik und für den Politiker der Satz „tempora mutantur et nos mutamur in illis" immer wieder und uneingeschränkt Geltung hat.

Es wäre auch wirklich nicht gut, wenn dem nicht so wäre.
Damit will ich keineswegs zum Ausdruck bringen, daß der Poli-
tiker womöglich keine Grundsätze haben oder daß er im Laufe der
Jahre von ihnen abrücken soll. Genau das Gegenteil ist richtig.
Gerade ein Politiker, der es mit seiner Aufgabe ernst nimmt und
dem die Politik mehr ist als nur irgendein Beruf oder ein Hobby,
braucht eine weltanschauliche Basis mit festgefügten Grundsätzen.
Das schließt jedoch keineswegs aus, daß er nicht im Laufe der
Jahre und Jahrzehnte viel dazulernt; das gilt vor allem für die
Toleranz gegenüber dem politisch Andersdenkenden und für das
Verständnis, das man Auffassungen, die mit den eigenen im
Widerspruch stehen, entgegenbringt. Gerade dem Politiker wird
im Laufe seiner politischen Betätigung immer von neuem bewußt,
wie sehr im menschlichen Leben alles ständig im Fluß ist.

Diese Gedanken stelle ich dem Kapitel, mit dem ich beginne,
einige meiner Parlamentsreden wiederzugeben, ganz bewußt und
mit voller Absicht voraus.

Ich halte an und für sich gar nichts davon, wenn Politiker
eigene Reden, die sie anläßlich der verschiedensten Anlässe gehalten haben, in Buchform veröffentlichen, noch dazu wenn diese
Reden ohne jeden Kommentar und zusammenhanglos wieder-

gegeben werden. Reden von Parlamentariern, die im Parlament gehalten wurden, sind zudem für die Nachwelt in den Stenographischen Protokollen festgehalten, so daß sie politisch und historisch Interessierten jederzeit zur Verfügung stehen.

Wenn ich in diesem Buch, das sich in erster Linie und ganz besonders mit dem Parlament und den Parlamentariern beschäftigt, trotzdem einige meiner Parlamentsreden veröffentliche, dann vor allem aus folgendem Grund: An Hand solcher Reden kann der Entwicklungsprozeß, den ein Politiker im Laufe seiner politischen Laufbahn durchmacht, plastisch und eindrucksvoll dargelegt werden. Außerdem lassen sich durch die Wiedergabe von Reden, wenn in ihnen zu gewissen grundsätzlichen Problemen des Rechtsstaates und des gesellschaftlichen Zusammenlebens Stellung genommen wird, bestimmte Entwicklungsstufen der parlamentarischen Demokratie in Österreich verfolgen. Wenn es richtig ist, daß unser Lernprozeß nie abgeschlossen ist, dann können wir aus allem und jedem immer noch und immer wieder nur dazulernen, im konkreten Fall derjenige, der die Rede gehalten hat, genauso wie diejenigen, die ihm seinerzeit zugehört und die sich möglicherweise als Zwischenrufer betätigt haben, wobei sich vielleicht manche von ihnen heute mit einem gewissen Mißbehagen oder auch mit einem Schmunzeln an verschiedene Zwischenrufe, die sie damals gemacht haben, erinnern mögen.

Besonders froh wäre ich allerdings, wenn vor allem eines erreicht werden könnte – ich muß nicht besonders betonen, daß mich gerade das ganz besonders freuen würde –, wenn nämlich so manche jungen Menschen, ob sie nun schon in der Politik tätig sind oder ob sie eines Tages in der Politik tätig werden wollen, daraus einiges lernen könnten.

Ich beschränke mich in diesem Buch ganz bewußt auf die Wiedergabe von vier Reden. Alle diese Reden hielt ich im Parlament zu ganz verschiedenen Zeiten. Ich beginne mit der wohl stürmischsten Rede, die ich je gehalten habe; es war die „Habsburgrede" vom 4. Juli 1963.

DER „HABSBURG-KANNIBALISMUS"
Rede vom 4. Juli 1963

Ich gebe diese Rede ebenso wie die drei anderen Reden genau so wieder, wie sie mit allen Zwischenrufen in den Stenographischen Protokollen des Nationalrates verzeichnet sind.

Ich habe in meinem ersten Buch, den „Aufzeichnungen", die Habsburgkrise des Jahres 1963 bereits kurz dargestellt. Ich kann es mir daher ersparen, auf die Hintergründe dieses Falles noch einmal in aller Breite zurückzukommen. Einiges muß ich jedoch auch hier zur Auffrischung des Gedächtnisses noch einmal wiederholen.

Nachdem das Erkenntnis des Verwaltungsgerichtshofes am 24. Mai 1963 ergangen war, in dem festgestellt worden war, daß die Verzichtserklärung Dr. Otto Habsburg-Lothringens für ausreichend erkannt und damit seine Landesverweisung beendet sei, brach eine schwere innenpolitische Krise, vor allem zwischen den Koalitionspartnern ÖVP und SPÖ, aus, die ihren Höhepunkt anläßlich der beiden Parlamentssitzungen vom 5. Juni 1963 und vom 4. Juli 1963 erreichte.

Für die Parlamentssitzung vom 4. Juli 1963 war ich als einer der Redner der ÖVP in Vorschlag gebracht worden.

Ich möchte im nachstehenden kurz schildern, wie ich mich auf diese Rede, die eine meiner stürmischsten Parlamentsreden, wenn nicht die stürmischste überhaupt, werden sollte, vorbereitet habe.

Am Sonntag, dem 30. Juni 1963, war ich als Hauptredner bei dem im Gasthof Sailer in Innsbruck stattfindenden Bezirksparteitag Innsbruck-Land eingeteilt. Da ich bereits wußte, daß ich bei der am 4. Juli 1963 stattfindenden Nationalratsdebatte über die Causa Habsburg als Redner eingeteilt war, bat ich, man möge die Tagesordnung so umstellen, daß nicht mir das Schlußreferat zufallen sollte, wie es ursprünglich vorgesehen war, sondern daß als Schlußredner der beim Bezirksparteitag gleichfalls anwesende Landeshauptmann Dr. Tschiggfrey eingeteilt werde.

Ich wollte nämlich unter allen Umständen den kurz nach Mittag von Innsbruck abgehenden Arlbergexpreß erreichen, um mich im Zug in das Material für meine Habsburgrede einlesen und einarbeiten und sodann eine Rededisposition machen zu können.

Längere Eisenbahnfahrten habe ich immer nicht zuletzt deshalb besonders geschätzt, weil sie die Gelegenheit zu ruhiger Arbeit ohne Störung durch Telefon etc. boten.

Es geschah also, wie ich es gewünscht hatte, die Tagesordnung wurde umgestellt. Nachdem ich mein Referat gehalten hatte, verabschiedete ich mich nach einer lebhaften Debatte, die meinem Referat gefolgt war – der Klagenfurter Parteitag des Herbstes 1963 hatte bereits begonnen, seine Schatten vorauszuwerfen –, von Landeshauptmann Dr. Tschiggfrey. Wir wußten und ahnten nicht, daß es ein Abschied für immer sein sollte.

Der 30. Juni 1963 war ein glühendheißer Tag. Man brachte mich zum Bahnhof. Der Arlbergexpreß war nur schwach besetzt. Dank dieses Umstandes war ich von Innsbruck bis Wien allein in einem Abteil, was mir ein ideales Arbeiten an meiner Rede ermöglichte. Knapp vor Linz war ich mit meiner Rededisposition fertig.

Als der Zug in Linz einfuhr, wurde mein Name über den Lautsprecher ausgerufen. Zu mir ins Abteil kam ein Eisenbahner, der mir ein dringendes Telegramm überreichte. Dieses Telegramm enthielt die Mitteilung, daß Landeshauptmann Tschiggfrey soeben einem Herzschlag erlegen sei. Von diesem Moment an war es begreiflicherweise mit einer weiteren Arbeit an meiner Rede vorbei. Die Nachricht war ja wirklich kaum zu fassen. Ich hatte mich von Tschiggfrey wenige Stunden vorher mit allen guten Wünschen verabschiedet, und innerhalb dieser wenigen Stunden Bahnfahrt von Innsbruck nach Linz war er, wie vom Blitz gefällt, abberufen worden. Ich gestehe ein, daß mir noch niemals in meinem Leben, weder vorher und auch seither nicht mehr, die Vergänglichkeit des Irdischen so eindringlich vor Augen geführt wurde wie an diesem für mich so denkwürdigen 30. Juni 1963.

Den nächsten Tag hatte ich wegen der Vorbereitung meiner Parlamentsrede vom 4. Juli 1963 von allen Veranstaltungen und Terminen freigehalten. Der 1. Juli war ein strahlend schöner Tag. Ich nützte diesen herrlichen Tag und arbeitete stundenlang unter dem alten Nußbaum in unserem Garten an meiner Habsburgrede.

Ich glaube ohne Übertreibung sagen zu können, daß ich mich auf diese Rede ganz besonders gründlich vorbereitet habe. Ich habe in sie eine Fülle von Zitaten hineingearbeitet. Das war immer meine ganz besondere Spezialität. Ich habe mich vor allem in meinen jüngeren Abgeordnetenjahren auf Zitate geradezu gestürzt. Wie ich an Hand ihrer Wirkung feststellen konnte, können Zitate, vor allem wenn sie aus dem Sprachschatz des apostrophierten politischen Gegners stammen, leichter erregbare Abgeordnete geradezu in Weißglut bringen. Ich habe es immer wieder erlebt, daß Abgeordnete aus dem gegnerischen Lager, wenn ich sie mit Zitaten förmlich eingedeckt habe, geradezu außer Rand und Band geraten sind. Ich gebe ohne weiteres zu, daß es angenehmere Dinge gibt als die Zitierung von Aussprüchen, die man irgendwann einmal gemacht hat und an die man sich in dem Moment, wo sie gebracht werden, nicht mehr mit allergrößtem Vergnügen erinnert. Bei solchen Gelegenheiten wird man sehr eindrucksvoll an die Richtigkeit des Satzes „tempora mutantur ...“ und insbesondere daran erinnert, daß der Mensch von Unfehlbarkeit weit entfernt ist.

Je ärger meine politischen Gegner in Rage kamen, desto ruhiger wurde ich selbst. Diese Eigenschaft besaß ich bereits als Student im Gymnasium und erst recht dann später als Hörer an der Universität. Je näher eine Prüfung heranrückte, desto ruhiger wurde ich. Während der Prüfung selbst saß ich dann dort wie ein Eisklumpen. Es konnte mich überhaupt nichts aus der Ruhe bringen. Ich gebe zu, daß diese Eigenschaft für einen Politiker geradezu unbezahlbar ist. Nicht zuletzt diese Eigenschaft war es, die mir nicht selten seitens meiner politischen Kontrahenten, die vergeblich versuchten, mich während meiner Parlamentsreden durch Zwischenrufe aus der Fassung zu bringen, den Ruf eingetragen hat, ich sei ein ausgesprochen präpotenter Mensch – was ich ganz entschieden in Abrede stelle und was ich, wie ich glaube, auch wirklich nicht bin. Ich freue mich, feststellen zu können, daß mich heute nicht zuletzt mit jenen politischen Gegnern, die mich seinerzeit mit Zwischenrufen ja nicht gerade besonders freundlich bedachten, durchwegs gute menschliche Beziehungen verbinden, was wieder einmal mehr bestätigt, daß die politischen Auseinandersetzungen durchaus hart geführt werden können, wenn sie nur immer auf dem Boden der Fairneß bleiben.

Nach dieser kurzen Vorgeschichte bringe ich nun die Rede vom 4. Juli 1963 in vollem Wortlaut in der Fassung der Stenographischen Protokolle des österreichischen Nationalrates:

„Hohes Haus! Meine sehr geehrten Damen und Herren!

Bevor ich zum heutigen Gegenstand spreche, möchte ich zwei Feststellungen treffen. Wohl geht es um den Anlaßfall Dr. Otto Habsburg-Lothringen, es geht dabei aber, wie bereits Minister Broda in seiner Parlamentsrede am 5. Juni 1963 festgestellt hat – und hier, aber auch nur hier pflichte ich ihm bei –, um viel mehr: Es geht um Grundsatzfragen der österreichischen Demokratie, des österreichischen Rechtsstaates, aber auch um Grundsätze des österreichischen Verfassungsstaates. Es gibt, so sagte Dr. Broda, keinen Rechtsstaat ohne funktionierenden Verfassungsstaat.

Das war die eine Feststellung. Und die zweite: Wenn meine Partei nun nochmals zu den Fragen Stellung nimmt, die uns seit nunmehr vier Wochen intensivst beschäftigen, dann als eine Partei, die sich seit eh und je uneingeschränkt zur demokratischen Republik Österreich bekannt hat. [Lebhafter Beifall bei der ÖVP. – Abg. Marie Emhart: Seit ‚eh und je‘ nicht!] Uneingeschränkt, meine sehr geehrten Damen und Herren! Wir haben aus diesem Republikbekenntnis nie ein Hehl gemacht, und niemand in diesem Staate und auch niemand in diesem Saale hat einen Monopolanspruch auf diese Republik! [Neuerlicher Beifall bei der ÖVP.] Wir bestreiten niemandem die Ehrlichkeit seines Bekenntnisses. Wir nehmen aber mit aller Entschiedenheit das gleiche Recht auch für uns in Anspruch. [Abg. Prinke: Richtig!]

Seit dem Wirksamwerden des Gesetzes vom 3. April 1919, dem Landesverweisungsgesetz, haben Mitglieder des Hauses Habsburg-Lothringen die gemäß § 2 geforderte Loyalitätserklärung abgegeben, worauf sie ihr Vaterland betreten und sich ohne weiteres in Österreich niederlassen konnten. An die gemäß § 2 Abs. 2 des Gesetzes vom 3. April 1919 abzugebenden

Erklärungen wurden keine Bedingungen geknüpft, die im Gesetz selbst nicht vorgesehen waren. Es genügte der ausdrückliche Verzicht auf die Mitgliedschaft zum Hause Habsburg-Lothringen und auf alle aus ihr gefolgerten Herrschaftsansprüche sowie das Bekenntnis, als getreuer Staatsbürger der Republik Österreich leben zu wollen.

Was prominente Sozialisten unter einer derartigen Erklärung verstanden wissen wollten, geht klar und deutlich aus Schreiben und Reden hervor, deren einige ich nun zitieren möchte. Ich nehme hier ganz bewußt davon Abstand, Briefe zu zitieren, die der jetzige Herr Bundespräsident in seiner damaligen Eigenschaft als Vizekanzler an verschiedene Personen richtete.

Vizekanzler DDr. Pittermann richtete am 11. März 1959 unter der Zahl Dr. Ze/Kr 328 ein Schreiben an den Ring der österreichischen goldenen Tapferkeitsmedaille, in dem er folgendes ausführte: ‚Bezugnehmend auf Ihr Schreiben kann ich Ihnen mitteilen, daß ich an meiner Auffassung weiterhin festhalte, es sei gegen eine Rückkehr der Habsburger nichts einzuwenden, wenn sie auf die Mitgliedschaft zum Hause verzichten und eine entsprechende Erklärung abgeben.‘ [Abg. DDr. Pittermann: Stimmt!]

Die ‚Arbeiter-Zeitung‘ vom 3. Dezember 1958 schrieb: ‚Infolgedessen muß Herr Dr. Otto Habsburg, wenn er den Wunsch hat, nach Österreich zurückzukehren, tun, was das Gesetz von ihm verlangt.‘ [Abg. Rosa Jochmann: Das tut er aber nicht!] ‚Er muß auf die Mitgliedschaft zum ›Hause‹ Habsburg-Lothringen verzichten und sich damit begnügen, ein einfacher Angehöriger dieser Familie zu sein, er muß auf alle Herrschaftsansprüche, an die er wohl selbst nicht mehr glaubt, ausdrücklich verzichten, und er muß sich als getreuer Staatsbürger der Republik bekennen.‘ [Abg. Kostroun: Er verzichtet nicht und er glaubt nicht!]

Am 4. Dezember 1958, also einen Tag, nachdem die ‚Arbeiter-Zeitung‘ zu dieser Frage Stellung genommen hatte, sprach Zentralsekretär Probst, der nunmehrige Verkehrsminister, im Nationalrat und führte folgendes aus:

‚Die Familie Dr. Otto Habsburg durfte bisher deshalb nicht nach Österreich einreisen, weil Dr. Otto Habsburg seinen Verzicht nicht ausgesprochen hat. Und ich glaube, uns kommt eine österreichische Initiative nicht zu. Das muß er tun. Ja, das ist die Verfassungs- und die Rechtslage!' Und Zentralsekretär Probst fuhr damals fort, das war der Schlußsatz: ‚Und ohne jede weitere Bedingung kann er kommen, wenn er diese formelle Verzichtserklärung unterzeichnet.' [Hörthörtrufe bei der ÖVP.]

Mein geschätzter Vorredner Dr. van Tongel war eben jetzt anderer Meinung. Aber ich habe Verständnis dafür, meine sehr geehrten Damen und Herren, wenn in der kurzen Zeit der Zusammenarbeit zwischen Ihnen und dem geschätzten Vorredner beziehungsweise dessen Partei die Übereinstimmung noch nicht so hergestellt zu sein scheint. [Heiterkeit und Beifall bei der ÖVP. – Abg. DDr. Pittermann: Sie haben sich seit längerem darum bemüht!] Seit längerem? Nein, das kann man nicht sagen. Als wir wirklich die Monate und Jahre durchgingen (Abg. Probst: Aber Sie haben sich auch bemüht!], da sind wir zu unserer Überraschung daraufgekommen – es war wirklich eine Überraschung für uns –, daß Sie sich schon wesentlich länger bemühen, meine sehr geehrten Herren! Das war eine echte Überraschung für uns, das gebe ich ohne weiteres zu. [Abg. DDr. Pittermann: Kognak!] Das liegt sehr kurz zurück. Sie wissen ganz genau, Herr Vizekanzler, daß Sie auch schon zur Winterszeit bereits – da war der Kognak notwendiger – Gelegenheit hatten, mit den Freiheitlichen Kognak zu trinken. [Beifall bei der ÖVP.]

Dr. Otto Habsburg tat dann tatsächlich, um mit der ‚Arbeiter-Zeitung' zu sprechen, was das Gesetz von ihm verlangte, und gab die Verzichtserklärung ab. In der Bundesregierung kam eine Einigung nicht zustande, worauf sich der Verfassungsgerichtshof mit dem Fall zu beschäftigen hatte. Mit Beschluß vom 16. Dezember 1961 wies der Verfassungsgerichtshof die Beschwerde Dr. Otto Habsburgs zurück, weil er sich im gegenständlichen Fall für unzuständig hielt. Dr. Gredler hat dazu in seiner Parlamentsrede vom 5. Juni 1963 unter anderem folgendes ausgeführt: ‚In den Kreisen so gut wie aller Staats-, Verfassungs- und Verwaltungsjuristen hat diese Entscheidung, besonders ihre Begründung, Erstaunen erregt.' ‚Man hat das Gefühl' – so fuhr Dr. Gredler fort –, ‚das Höchstgericht hat sich hier nicht gerade ungern einer echten Entscheidung entzogen. Sie wissen' – so sagte Dr. Gredler weiter –, ,daß auch Dr. Antoniolli nicht begeistert war über diesen Spruch. Wo immer Sie stehen, werden Sie doch dieses Gefühl haben.' So sagte Dr. Gredler. Ich pflichte ihm in dieser Frage voll und ganz bei.

Auch ich, meine sehr geehrten Damen und Herren, gestatte mir in aller Bescheidenheit, aber doch als Jurist und Parlamentarier, der immerhin einige Jahre im Justizausschuß und im Verfassungsausschuß mitgearbeitet hat, Kritik an den Entscheidungsgründen des Beschlusses des Verfassungsgerichtshofes vom 16. Dezember 1961 zu üben, weil ich diese Begründung für verfehlt erachte. Ich halte mich allerdings bei dieser Kritik an das, was der verstorbene Präsident Adamovich unter Kritik verstand, wenn er sagte – und hier zitiere ich Adamovich: ,Niemand wird ernstlich daran denken, richterliche Urteile einer sachlichen, kritischen Stellungnahme entziehen zu wollen. Aber eine sachliche Kritik muß es eben sein und bleiben, sie darf nicht in persönliche Angriffe und Verdächtigungen ausarten' – das sagte Adamovich –, ,die nicht nur die Autorität des richterlichen Amtes, sondern auch die wahre innere Unabhängigkeit der Richter ernstlich zu gefährden und die ganze Rechtsordnung in ihren Fundamenten zu erschüttern vermag.' In diesem Sinne übe ich Kritik an dem Beschluß des Verfassungsgerichtshofes vom 16. Dezember 1961. Ich denke aber nicht daran, Herr Minister Dr. Broda, deshalb, weil ich die Begründung für nicht richtig halte, womöglich Anklage zu erheben gegen die Richter des Verfassungsgerichtshofes [lebhafter Beifall bei der ÖVP], daß sie, die Richter des Verfassungsgerichtshofes, aus Unkenntnis oder böser Absicht gehandelt hätten. Infolge der Unzuständigkeitserklärung des Verfassungsgerichtshofes und der weiter andauernden Säumnis der Bundesregierung wurde schließlich der Verwaltungsgerichtshof angerufen. Die Bundesregierung wurde zur Aktenvorlage an den Verwaltungsgerichtshof aufgefordert, welchem Verlangen sie nachkam. Mir ist nicht bekanntgeworden, daß sich auch nur ein einziges Mitglied der Bundesregierung gegen diese Aktenvorlage ausgesprochen hätte. Das läßt wohl den zwingenden Schluß zu, daß im damaligen Zeitpunkt die gesamte Bundesregierung die Zuständigkeit des

Verwaltungsgerichtshofes als gegeben anerkannte. [Ruf bei der ÖVP: Auch die Sozialisten!]

Versuche, wie sie die ‚Arbeiter-Zeitung' etwa am 2. Juni 1963 unternahm, als sie folgendes schrieb – ich zitiere wörtlich, ich zitiere heute überhaupt sehr viel, meine sehr geehrten Damen und Herren [Abg. Kindl: Aber nur im Zusammenhang!], und werde mich immer wieder auf Gewährsmänner berufen: ‚Durch sein Erkenntnis im Falle Otto Habsburg hat der Verwaltungsgerichtshof in unzulässiger Weise' – in unzulässiger Weise! – ‚eine Zuständigkeit wegen behaupteter Verletzung verfassungsgesetzlich gewährleisteter Rechte in Anspruch genommen', solche Versuche gehen ins Leere. Diese Zuständigkeit hat dem Verwaltungsgerichtshof – ich muß wieder Minister Broda zitieren – nicht einmal Minister Dr. Broda bestritten, als er nämlich am 5. Juni 1963 hier von dieser Stelle aus in seiner Parlamentsrede ausführte: ‚Das Verfahren tritt in den vorigen Stand zurück, jetzt soll der Verwaltungsgerichtshof neu entscheiden, und er soll vor allem den Hauptausschuß befassen.' [Abg. Dr. Broda: Das wäre auch gut gewesen!] Aber Sie haben damit anerkannt, daß der Verwaltungsgerichtshof zuständig ist, wenn er neu entscheiden soll. [Abg. Dr. Broda: Wenn Sie unsere Vorschläge angenommen hätten!] Und wenn das meinetwegen auch nicht der Justizminister, sondern immerhin der Abgeordnete zum Nationalrat Dr. Broda ausspricht, dann bedeutet mir das schon einiges, Herr Minister Dr. Broda!

Meine sehr geehrten Damen und Herren! Als dann bekannt wurde, daß der also ordnungsgemäß befaßte Verwaltungsgerichtshof demnächst seine Entscheidung fällen werde, von der es gerüchteweise hieß, sie werde für den Beschwerdeführer positiv ausfallen, schrieb Oscar Pollak am 19. Mai 1963 in der ‚Arbeiter-Zeitung' – wörtlich zitiert: ‚Die Sozialistische Partei hat zu dieser Möglichkeit bereits offen Stellung genommen. Als Regierungspartei eines Rechtsstaates hat sie selbstverständlich nicht erklärt, daß sie eine solche Entscheidung eines der höchsten Gerichte nicht anerkennen würde – aber sie würde alles tun, um sie anzufechten. Sie weiß natürlich . . .' – schreibt Dr. Otto Pollak – pardon, Oscar! [Lebhafte Heiterkeit. – Abg. Probst: Alles ist nicht Otto!

– Abg. Dr. Neugebauer: Wes das Herz voll ist, des geht der Mund über!] Meine Damen und Herren! Wenn das alles ist, wenn Sie mir nicht mehr vorwerfen, als daß ich mich verspreche und statt ‚Oscar‘ ‚Otto‘ sage, dann hätten wir an und für sich keine besonderen Meinungsverschiedenheiten. [Zwischenrufe.] O nein, der Oscar Pollak ist bestimmt kein Trauma bei uns, davon können Sie überzeugt sein.

Dr. Pollak fuhr fort: ‚Sie weiß natürlich, daß es gegen eine Entscheidung eines solchen Höchstgerichtes keines der gewöhnlichen Rechtsmittel, keine Berufung an eine höhere Instanz gibt.‘

Und weil ich gerade bei Herrn Dr. Oscar Pollak bin: Er schrieb zum gleichen Gegenstand in der Doppelnummer 11/12 der ‚Zukunft‘ aus 1963, also in der Mai-Juni-Nummer, die zum Parteitag erschienen ist, folgendes: ‚Falls der Verwaltungsgerichtshof durch seine Entscheidung Dr. Otto Habsburg das Recht zur Rückkehr nach Österreich zuerkennt, wird die Sozialistische Partei diese Entscheidung eines Höchstgerichtes anerkennen, aber sie ist entschlossen, diese Entscheidung in der verfassungsmäßig einzig möglichen Form anzufechten, nämlich durch Anrufung des Volkes, von dem nach unserer Verfassung alles Recht ausgeht!‘ [Rufe bei der SPÖ: Jawohl!] Jawohl, sagen Sie, meine Herren. Sie wissen ganz genau, daß für eine Volksabstimmung laut Bundesverfassung keine Möglichkeit gegeben ist. [Ruf bei der SPÖ: Sie wollen ja nicht! – Abg. Czettel: Wenn Sie wollen, ja!] Das wissen Sie doch ganz genau! Dann ändern wir die Verfassung. Sie wissen, daß derzeit laut Bundesverfassung diese Möglichkeit einfach nicht gegeben ist. [Abg. DDr. Pittermann: Mit Ihren Stimmen schon!]

Am 24. Mai 1963 hat der Verwaltungsgerichtshof seinen Spruch gefällt, am 31. Mai 1963 wurde das Erkenntnis dem Beschwerdeführer und der Bundesregierung zugestellt, womit es in Rechtskraft erwachsen ist.

Seit dieser Stunde steht für jedermann, der vom Rechtsstaat spricht und der sich zu ihm bekennt, fest, daß dieser Spruch durch niemanden und durch nichts aus der Welt zu schaffen ist, ob uns dieser Spruch nun paßt oder nicht.

Meine sehr geehrten Damen und Herren! Ich zitiere wieder

Adamovich. Adamovich sagte: ‚Als eine unzulässige Einmengung in die Unabhängigkeit der Rechtsprechung muß es aber angesehen werden, wenn ein Akt der Gesetzgebung sich ausschließlich die Aufgabe stellt, ein bereits gefälltes richterliches Urteil zu vernichten oder die Entscheidung eines konkreten, bei einem Gericht anhängigen Rechtsstreites durch einen Akt der Gesetzgebung unmöglich zu machen.'

Ich zitiere Universitäts-Dozent Dr. Marcic. Er sagt: ‚Der letzte Spruch eines Gerichts besitzt volle Rechtskraft. Eben diese Rechtskraft wirkt nicht bloß gegen andere Akte der Rechtsprechung und der Verwaltung, sondern gleichermaßen gegen Akte der Gesetzgebung, mehr: gegen Akte des Verfassungsgesetzgebers und gegen Akte der Volksgesetzgebung.' Marcic fährt fort: ‚Ein Rechtsstaat läßt es nicht zu, daß in einem konkreten Fall gegen einen konkreten Gerichtsspruch mit einem konkreten Individualgesetz der Akt der Justiz vernichtet wird – selbst dann nicht, wenn eine Volksabstimmung solch ein Ausnahmegesetz deckte.'

Ich zitiere weiter den ehemaligen Abgeordneten dieses Hohen Hauses, Universitätsprofessor Dr. Pfeifer [Abg. Olah: Brav!], der sagte: ‚Eine rechtskräftige Entscheidung eines Gerichtes darf nach dem Grundsatz der Gewaltenteilung selbst durch den Verfassungsgeber nicht mehr aufgehoben werden; denn damit würde der Gesetzgeber in die Gerichtsbarkeit eingreifen.' [Abg. Dr. Migsch: Warum zitieren Sie nicht Professor Merkl, warum nicht Professor Adamovich über Rechtskraft?] Herr Kollege Dr. Migsch, was wollen Sie mehr? Ich zitiere jetzt den Adamovich, ich zitiere den Marcic, ich zitiere den Ihnen offensichtlich nunmehr sehr nahestehenden Universitätsprofessor Dr. Pfeifer [Heiterkeit], mehr kann ich wirklich nicht tun. [Beifall bei der ÖVP. – Ruf bei der ÖVP: Der ist schon hinausgewählt worden! – Abg. Dr. Migsch: Sie suchen nur die Rosinen heraus! – Abg. Weikhart: Pfeifer pfeift bei Ihnen!] Pfeifer sagte abschließend, Herr Kollege Dr. Migsch: ‚Denn damit würde der Gesetzgeber in die Gerichtsbarkeit eingreifen. Das wäre das Ende des Rechtsstaates.' [Abg. Weikhart: Da ist der Pfeifer der Richtige dazu!]

Und weil ich gerade bei Professor Dr. Pfeifer war, Herr Kollege Dr. Gredler, ich darf Sie noch einmal zitieren, den

Sprecher der Opposition am 5. Juni 1963. [Abg. Kindl: Im Zusammenhang!] Sie haben damals folgendes ausgeführt, und ich freue mich, daß Kollege Dr. Tongel sich einige Male auf Sie, den Kollegen und Freund Dr. Gredler, berufen hat [Abg. Dr. Kandutsch: Das gibt's bei uns! – Heiterkeit] und daß er Ihre Ausführungen in dem Punkt voll bestätigt hat. [Abg. Weikhart: Mir scheint, das paßt Ihnen nicht!] Das paßt mir sehr gut, ich hebe das besonders hervor, Herr Staatssekretär Weikhart. [Abg. Weikhart: Ich kann es mir denken, warum!] Im übrigen, wenn Sie ein kleines Momenterl warten, ich werde auch Sie dann zitieren, Herr Staatssekretär. [Lebhafte Heiterkeit. – Beifall bei der ÖVP. – Abg. DDr. Pittermann: Aber bei Goethe hören Sie auf!] Herr Abgeordneter Dr. Gredler sagte am 5. Juni 1963... [Abg. Dr. Prader: In Ruhe wollen wir den Gredler zitiert hören! – Abg. Dr. Gredler: Ruhe, wenn er mich zitiert! – Der Präsident gibt das Glockenzeichen. – Abg. Probst: Wann werden Sie sich selbst zitieren?] Ich tue alles, ich bemühe mich sehr, mich verständlich zu machen, wenn Sie mich durch mehr oder weniger... [Abg. Probst: Ich meine, wann werden wir Sie sich selber zitieren hören?] Ja, ja, das kommt, das kommt am Schluß. [Zwischenruf des Abg. Prinke.] Ich habe das Gefühl, Herr Minister, die Zitate sind Ihnen nicht ganz angenehm, aber ich berufe mich darauf. [Beifall bei der ÖVP. – Abg. Probst: Nein, wir wollen hören, was Sie sagen!] Das kommt schon. Original Withalm kommt dann am Schluß. Das kommt bestimmt. [Abg. Olah: Alle sollen zitiert werden!]

Also lassen wir jetzt Dr. Gredler sprechen. Wir haben das ja gehört, aber es scheint mir doch beachtenswert, und deshalb gestatten Sie diese Wiederholung; es sind immerhin vier Wochen vergangen, vielleicht hat es der eine oder der andere von uns nicht mehr so ganz im Gedächtnis. Gredler – Dr. Gredler, verzeihen Sie, Herr Kollege –, Dr. Gredler sagte damals: ‚Der Spruch eines Höchstgerichtes ist da. Er besitzt volle Rechtskraft: Res iudicata ius facit inter omnes!' Dr. Gredler fuhr fort – das ist alles noch von Dr. Gredler [Abg. DDr. Pittermann: Das Zitat nicht!]: ‚Es muß klar gesagt werden, daß eine rückwirkende Beseitigung eines solchen Spruches auch im Wege einer Volksabstimmung' – Kollege Czettel, sagte Dr. Gredler [Abg. Czettel: Professor Gredler!] – ,unmöglich ist. Wie immer eine Entscheidung eines Höchstgerichtes fällt, erfordert es die Achtung der Rechtsgrundsätze, diese zu respektieren.' Das, was Dr. Gredler hier ausgesprochen hat – Dr. van Tongel hat es heute bestätigt –, sind an und für sich, meine sehr geehrten Damen und Herren, solche Selbstverständlichkeiten, daß weitere Debatten darüber völlig überflüssig sein müßten.

Es sind schon manche Erkenntnisse von Höchstgerichten erflossen, die sicherlich auch unserer Partei keine helle Freude bereitet haben. Ich denke etwa an die Erkenntnisse des Verfassungsgerichtshofes in der Frage Rundfunk, Rechnungshofgesetz oder Budgetrecht. Wir haben alle diese Erkenntnisse widerspruchslos und selbstverständlich zur Kenntnis genommen, obwohl, das möchte ich... [Abg. DDr. Pittermann: Das Rechnungshofgesetz heute noch nicht!] Ja, Herr Vizekanzler Dr. Pittermann, na schön, da müssen wir uns darüber einigen, das ist doch eine politische Frage. [Abg. Rosa Jochmann: Das ist keine politische Frage! – Abg. Probst: Da schon!] Ich rede doch vom Rechtsstaat. Da wird doch nicht behauptet, daß wir diese Erkenntnisse nicht anerkennen. Natürlich sind die Erkenntnisse richtig, sie sind da, wir haben uns zu bemühen, ihnen gerecht zu werden. [Abg. Jonas: Jetzt sollten Sie Withalm zitieren! – Abg. Czettel: Zitieren Sie Withalm!] Das möchte ich, meine sehr geehrten Damen und Herren, Herr Bürgermeister... [Zwischenrufe.] Ja, was soll ich zitieren? Sie werden sehen, er kommt schon. Ob Ihnen das dann helle Freude bereitet, Herr Kollege Czettel, ist eine andere Frage, wenn ich mich selbst zitiere. Das hat uns bestimmt kein reines Vergnügen gemacht, aber das sind Erkenntnisse, die wir selbstverständlich zur Kenntnis zu nehmen haben, obwohl wir auch die Auffassung vertreten haben, daß uns manches in den Begründungen dieser Erkenntnisse nicht ganz gepaßt hat, daß wir nicht immer der Auffassung waren, daß diese Erkenntnisse, was die Entscheidungsgründe anbelangt, absolut schlüssig waren. [Abg. Suchanek: Aber Sie haben widersprechende Erkenntnisse zweier Gerichte gehabt! – Abg. E. Winkler: Siehe Grundsteuer!]

Meine sehr geehrten Damen und Herren! Was geschah nun am 31. Mai 1963, an dem Tag der Zustellung des Erkenntnisses vom 24. Mai 1963, und in den Tagen nachher? Ich spreche hier, Hohes Haus, bewußt nicht von den Erlässen, die zwei sozialistische Minister knapp zwei Stunden vor dem offiziellen Bekanntwerden des Erkenntnisses hinausgegeben haben. Darüber wird am gegebenen Ort und zur gegebenen Zeit noch ausführlich und klar Stellung zu nehmen sein. [Abg. Olah: Warum denn? – Abg. Probst: Warum tun Sie das nicht? Reden Sie! – Abg. Dr. Kreisky: Sie können doch den Antrag auf eine Ministeranklage einbringen!] Ich sage, Herr Minister, ich spreche bewußt heute hier darüber nicht. Sie können... [Abg. DDr. Pittermann: Warum reden Sie nicht? – Abg. Dr. Kreisky: Warum haben Sie keine mündliche Anfrage gerichtet?] Warum nicht? Sie können mir schwer vorhalten, daß ich *heute* bewußt dazu nicht rede. Ich sage – und das ist eine Ankündigung, meine Herren –, daß wir zu gegebener Zeit und am gegebenen Ort darüber reden werden. [Abg. Czettel: Sagen Sie, was die Minister angestellt haben! – Abg. Dr. J. Gruber: Nicht, wann es dem Czettel paßt!]

Im Gegensatz zu manchem, meine sehr geehrten Damen und Herren, was die Sozialistische Partei und wirklich prominenteste sozialistische Politiker und Journalisten erklärt hatten, wurde nach dem 31. Mai 1963 eine Kampagne entfacht, die in einem Rechtsstaat ohne Beispiel dasteht, eine Kampagne, die unter dem Motto stand und nach wie vor steht: Was wir nicht wollen, darf einfach nicht sein! [Lebhafte Zustimmung und Beifall bei der ÖVP.]

Minister Broda hat am 5. Juni 1963, und zwar, wie er ausdrücklich betont hat, in seiner Eigenschaft als Abgeordneter zum Nationalrat, gesprochen. Der Herr Kollege Dr. van Tongel hat zuvor gesagt: ‚Warum reden Sie immer davon? Ich warne!' Wir sind schon so oft gewarnt worden. Herr Kollege Dr. van Tongel sitzt ja hier. Sie erinnern sich anscheinend wirklich nicht mehr an die Debatte heute vor vier Wochen, wo Minister Broda, den ich jetzt zitiere, immer wieder gewarnt hat. Er sagte damals wörtlich: ‚Aber ich warne davor, daß dieses Parlament und dieser Gesetzgeber das, was ihm hier ein Gericht serviert' –

107

meine sehr geehrten Damen und Herren: ‚serviert‘, der Verwaltungsgerichtshof hat uns, dem Parlament, etwas serviert! –, ‚hinnimmt [Zwischenrufe bei der SPÖ], ohne Maßnahmen zu ergreifen.‘ Dr. Broda führte weiter aus – Freund Dr. Piffl hat das heute bereits zitiert: ‚Es ist eine Staatsstreichtheorie, wenn dieses Erkenntnis sagt, daß der einfache Gesetzgeber als Geschäftsordnungsgesetzgeber die Bundesverfassung abändern, ›verdrängen‹ kann, wie es dort heißt‘ – so sagte Dr. Broda –, ‚die Handhabung der Verfassung zurückdrängen kann.‘

Das waren Ausführungen Dr. Brodas im Hohen Hause. Minister Dr. Broda hat aber nicht nur als Abgeordneter zum Nationalrat im Hohen Hause gesprochen, sondern am nächsten Tag auf dem in den Sofiensälen stattfindenden sozialistischen Parteitag, auch dort natürlich nicht als Bundesminister für Justiz, sondern, wie es hieß, als Vertreter von Penzing. [Heiterkeit bei der ÖVP. – Abg. Weikhart: Das steht ihm sogar zu, darauf war er stolz, wenn er von Penzing dorthin delegiert wurde!] Richtig, das ist genauso, wie wenn ich auf dem Bundesparteitag als Vertreter für das Weinviertel, für meinen Wahlkreis, spreche. [Ruf bei der SPÖ: Warum betonen Sie das?] Ich habe nichts betont, meine Herren! Ich habe nur darauf hingewiesen, daß er in seiner Eigenschaft als Vertreter von Penzing gesprochen hat. [Abg. Horr: Der eine ist aus Penzing und der andere halt aus Mistelbach!]

Laut ‚Sozialistischer Korrespondenz‘ – ich muß wieder zitieren – hat Minister Dr. Broda dort folgendes ausgeführt: ‚Wir sind nicht gewillt, dieses Erkenntnis hinzunehmen. Wir werden alles tun, damit dieses Erkenntnis des Verwaltungsgerichtshofes nicht die letzte Entscheidung in der Sache Habsburg bleiben wird.‘ [Ruf bei der ÖVP: Und das sagt ein Justizminister!] Was Dr. Broda damit meinte, kann seinem Kommentar entnommen werden, mit dem er auf dem sozialistischen Parteitag den am Vortag von sozialistischen Abgeordneten hier im Hohen Hause eingebrachten Initiativantrag erläuterte. Er sagte dazu – wieder laut ‚Sozialistischer Korrespondenz‘: ‚Die sozialistischen Abgeordneten haben einen Entwurf für ein Verfassungsgesetz im Nationalrat eingebracht. In diesem Gesetzesvorschlag regen sie an, daß der

Verfassungsgesetzgeber das Habsburgergesetz wie folgt auslegen möge: Die gegenständliche Erklärung des Verwaltungsgerichtshofes ist rückwirkend null und nichtig.' [Hörthörtrufe bei der ÖVP.]

Vizekanzler Dr. Pittermann – gestatten Sie, Herr Vizekanzler, daß ich mich nun Ihnen zuwende. [Heiterkeit bei der ÖVP. – Abg. DDr. Pittermann: Bis zu einem gewissen Punkt gestatte ich das!] Ich werde mich bemühen, das sehr zurückhaltend zu machen, soweit mir das Ihre Ausführungen auf dem sozialistischen Parteitag gestatten. Sie erklärten auf dem Parteitag der Sozialistischen Partei wörtlich folgendes: ‚Zum ersten Male hat ein oberstes Gericht den Boden der Verfassung bei seinen Entscheidungen bewußt verlassen.' [Hörthörtrufe bei der ÖVP. – Ruf bei der SPÖ: Jawohl!] Bewußt verlassen! Herr Vizekanzler, dieser Anwurf – ich kann es nicht anders bezeichnen – erschien offensichtlich sogar dem Redakteur der ‚Arbeiter-Zeitung' so ungeheuerlich, daß er dem Rotstift zum Opfer fiel. [Heiterkeit und Beifall bei der ÖVP.] Sie werden wissen, daß diese Ausführungen in der ‚Arbeiter-Zeitung' nicht erschienen sind.

Weiters führte Herr Vizekanzler Dr. Pittermann auf dem sozialistischen Parteitag aus: ‚Daher ist es notwendig, den Kampf gegen den neuen Vorstoß der österreichischen Reaktion, gegen den Justizputsch für Otto Habsburg unverzüglich aufzunehmen und zu Ende zu führen.' [Abg. DDr. Pittermann: Heute stimmen Sie ja dafür! – Weitere Zwischenrufe bei der SPÖ.]

Herr Staatssekretär Weikhart, nun zu Ihnen, was ich bereits angekündigt habe. Gestatten Sie, daß ich mir kurz ... [Abg. Weikhart: Ich stehe zu dem, was ich auf dem Parteitag gesagt habe! – Ruf bei der ÖVP: Was hättet ihr auf eurem Parteitag gemacht, wenn der Otto nicht wäre!] Sie wissen ja noch gar nicht, was ich sagen will, aber Sie erklären von Haus aus: Ich stehe dazu! Bitte. [Abg. DDr. Pittermann: Heute stimmen Sie für das Aufhebungsgesetz! – Der Präsident gibt das Glockenzeichen. – Abg. Weikhart: Es ist doch gut, wenn wir den Parteitag in aller Öffentlichkeit führen!] Das ist bei uns auch der Fall. [Abg. DDr. Pittermann: Jetzt stimmt er ja für uns!]

Herr Staatssekretär Weikhart [Abg. Buttinger: Er war aus

Liesing!] lieferte auf dem Parteitag der Sozialistischen Partei einen Diskussionsbeitrag, dem ich folgenden bemerkenswerten Satz entnehme. Er sagte damals: ‚Einem Senat, aus neun Männern bestehend, kann aber nicht gestattet werden, im Namen des Rechtes in Österreich dem Neofaschismus Tür und Tor zu öffnen.‘ [Abg. Weikhart: Ich stehe dazu, ich habe nichts zu leugnen, Herr Withalm!]

Herr Staatssekretär Weikhart, wenn Sie diesen Satz... [Abg. Weikhart: Ähnlich war es in der Ersten Republik! – Abg. DDr. Pittermann: Genauso! – Der Präsident gibt das Glockenzeichen.] Ich komme auch auf die Erste Republik noch zu sprechen. [Abg. DDr. Pittermann: Mit einem Hechtsprung!] Herr Staatssekretär Weikhart, wenn Sie diesen Satz nicht 1963 gesprochen hätten, sondern meinetwegen einige Zeit früher, dann könnte ich mir ohne weiteres vorstellen, wen Sie unter Neofaschisten gemeint haben könnten [Abg. Dr. van Tongel: Das hätte Ihnen besser gefallen!]; etwa die, Herr Staatssekretär, die der langjährige Redakteur der ‚Arbeiter-Zeitung‘ und nunmehrige stellvertretende Chefredakteur des ‚Neuen Österreich‘, Walter Hacker, im soeben erschienenen Juli-Heft der ‚Zukunft‘ – ich habe es hier – genannt hat. [Abg. DDr. Pittermann: Die Zukunft nicht, das Heft!] Das ist die ‚Zukunft‘. [Abg. DDr. Pittermann: Die Zeitschrift!] Er schreibt dort unter dem Titel ‚Von der Koalition zur Kollision?‘ folgendes – ich zitiere Hacker wörtlich: ‚Und vollends erachten wir ein Aufgeben des großen, repräsentativen Koalitionspartners für politisch unklug, ja verwerflich, solange dies das Zusammengehen mit einer Zwergpartei bedeuten würde‘ – ich bitte, mich nicht mißzuverstehen dort oben, ich zitiere Hacker [Heiterkeit bei der ÖVP] –, ‚in deren Leitungen und Vertretungen noch immer‘ – ich bitte wieder um Entschuldigung –‚die SS-Führer von einst, die illegalen Nazi- und SA-Führer [Abg. Benya: Wo gehört der Murer hin? – Abg. Olah: Auf den Murer hat er vergessen!], die mit Müh und Not amnestierten Hochverräter, die Blutordensträger und Träger der ›Ostmarkmedaille‹ für den Mord an Österreich, die Reichspropagandaredner und Nazirechtslehrer, die Gauinspekteure... sitzen.‘ [Abg. Benya: Wo gehört der Murer hin? – Abg. Probst: So eine Rede zu

110

halten!] Meine sehr geehrten Damen und Herren! Das war das Zitat aus der ‚Zukunft' [Zwischenrufe und Unruhe. – Der Präsident gibt das Glockenzeichen.] Sie werden es ja, was die Krise um Habsburg anbelangt, bereits gelesen haben. [Abg. Probst zur ÖVP: War der Murer nicht vielleicht bei euch? Sie wollen reden! Der Ermordete ist schuld! – Anhaltende Zwischenrufe.]

[Präsident, das Glockenzeichen gebend: Ich bitte, den Redner nicht zu unterbrechen.]

[Abg. Dr. Withalm, fortsetzend:] Meine sehr geehrten Damen und Herren! [Abg. Probst zur ÖVP gewendet: Sie waren ja nicht eingesperrt von 1934 an, nur wir! – Abg. Glaser: Leider ja! – Abg. Probst: Es wäre taktvoller, Sie würden schweigen! – Der Präsident gibt neuerlich das Glockenzeichen.]

Hohes Haus! Meine Damen und Herren! Vielleicht, Herr Minister Probst, haben wir dann das Vergnügen, Sie hier vom Rednerpult zu hören. [Abg. Probst: Sie werden ja über 1934 und 1938 reden, haben Sie angekündigt!] Nein, das habe ich nicht. [Abg. Probst: Sie haben gesagt, Sie wollen über die Erste Republik reden!] Die Erste Republik besteht Gott sei Dank nicht nur aus den Jahren 1934 und 1938.

[Präsident: Ich bitte, die gegenseitigen Erinnerungen zu unterlassen!]

[Abg. Dr. Withalm, fortsetzend:] Darf ich, meine sehr geehrten Damen und Herren, zu diesen Bemerkungen des Chefredakteurs Hacker folgendes sagen. [Abg. Benya: Herr Doktor, vielleicht sagen Sie uns, wo Sie den Murer hinzählen? Wer war der Murer, wo gehört er hin? – Abg. Weikhart: Zur ÖVP gehört er!]

[Präsident, das Glockenzeichen gebend: Das Wort hat der Herr Abgeordnete Dr. Withalm. Ich bitte um etwas Ruhe!]

[Abg. Dr. Withalm, fortsetzend:]

Ich darf zu diesen Ausführungen des stellvertretenden Chefredakteurs Hacker nur folgendes sagen: Solche Kollektivbeschuldigungen und Pauschalverdächtigungen lehnen wir von der Österreichischen Volkspartei grundsätzlich ab! [Beifall bei der ÖVP. – Abg. Pölzer: Ich kenne das! – Rufe bei der SPÖ: Was hat Dr. Piffl getan? Volksdemokraten hat er uns genannt!] Meine

Damen und Herren! Wir lehnen diese Beschuldigungen auch dann ab, wenn sie sich gegen eine Partei richten, die sich anschickt, zusammen mit jenen, die diese Beschuldigungen vorbringen, gegen uns zu stimmen. [Neuerlicher Beifall bei der ÖVP. – Abg. Weikhart: Lehnen Sie den Murer auch ab! – Abg. Probst: Volksdemokraten können Sie uns nennen, das macht nichts!]

Ich muß noch einen Kollegen aus dem Nationalrat von der linken Seite zitieren. Der Herr Nationalrat und Landesparteiobmann von Niederösterreich, Herr Kollege Winkler [Abg. Horr: Er ist ein engerer Landsmann von Ihnen!] hat am 9. Juni 1963 vor der Landeskonferenz des niederösterreichischen Freien Wirtschaftsverbandes – ein engerer Landsmann von mir, jawohl – folgendes erklärt – und diesbezüglich sind wir nicht Landsleute: ‚Das Habsburg-Erkenntnis des Verwaltungsgerichtshofes ist ein offenbar bestelltes politisches Dokument.‘ [Abg. Doktor Hurdes: Hört! Hört! – Abg. Afritsch: Wer glaubt das nicht!]

Und schließlich darf ich noch einmal – Herr Minister Broda, ich strapaziere Sie heute sehr, das gebe ich ohne weiteres zu, was ich bedaure [Abg. Rosa Jochmann: Das macht nichts! Er hält es aus!] – Herrn Minister Dr. Broda zitieren. [Abg. Pölz: Er wird es aushalten!] Sie sagten: ‚Ich warne als freigewählter Abgeordneter dieses Nationalrates davor, daß in der Zweiten Republik so wie einmal schon in der Ersten Republik von Juristen, auch im Richtertalar, eine Staatsstreichtheorie vertreten und versucht wird, sie juristisch zu unterbauen.‘ [Hörthörtrufe bei der ÖVP. – Abg. E. Winkler: Daher die authentische Interpretation!]

Herr Minister Broda, hier möchte ich jetzt auf ein sehr ernstes Kapitel zu sprechen kommen. Wenn Sie an die Erste Republik erinnern und von Staatsstreichtheorien sprechen, die damals von Juristen im Richtertalar entwickelt wurden, dann gestatten Sie mir, daß auch ich mein Gedächtnis auffrische und mich an ein Ereignis in der Ersten Republik erinnere, das sich mir unauslöschlich eingegraben hat. Ich war damals 15 Jahre alt. [Abg. Rosa Jochmann: Kann man da ein klares Urteil sprechen?] Ich glaube, gerade in diesem Alter prägen sich markante Ereignisse ganz besonders ein. Ende Jänner 1927 war es in Schattendorf im Burgenland zu einer Schießerei gekommen, und ein Kriegsinvalide und ein siebenjähriger Bub wurden getötet. [Abg. Rosa Jochmann: Erschossen und die Mörder freigesprochen! – Abg. Kratky: Eure blutige Vergangenheit!]

Am 5. Juli 1927 begann vor einem Wiener Schwurgericht die Verhandlung. Auf dieses Urteil nimmt Dr. Oscar Pollak auch in der Julinummer der ‚Zukunft' Bezug. Er schreibt unter der Rubrik ‚Politische Rundschau' ‚Ein Urteil gegen Österreich': ‚Zu den Enttäuschungen, die die Demokratie den Freunden des Fortschritts bereitet, zählen seit langem manche Urteile der Geschworenengerichte, insbesondere in politischen Prozessen. In Österreich hat dies mit dem Urteil im Schattendorfer Prozeß begonnen, das zum Brand des Justizpalastes und in weiterer Folge zum Ruin der Ersten Republik geführt hat.' Meine sehr geehrten Damen und Herren! Das schreibt auch Oscar Pollak. [Abg. DDr. Pittermann: Und was schreibt er über Murer?] Am 13. Juli war damals vor dem Schwurgericht das Beweisverfahren abgeschlossen, und die Angeklagten wurden damals mit neun gegen drei Stimmen von jeder Schuld freigesprochen. [Abg. Rosa Jochmann: Weil ‚nur' zwei Arbeiter erschossen worden sind!]

Die ‚Arbeiter-Zeitung' nannte damals in einem Leitartikel ihres Chefredakteurs Austerlitz dieses Urteil einen ‚groben Justizirrtum'. [Abg. Rosa Jochmann: Das war es auch!] Von den Wiener Elektrizitätsarbeitern wurde ein Proteststreik beschlossen, der um 9 Uhr vormittag beendet war. [Abg. Dr. Migsch: Das ist eine Vergiftung des politischen Klimas!] Was dann am 15. Juli 1927 geschah, wissen wir alle noch: Der Justizpalast brannte. [Abg. Probst: Das ist eine ‚glückliche' Art, über den 15. Juli heute zu reden! So etwas Ungeschicktes! – Abg. Scheibenreif: Sie wollten ja haben, daß er über die Erste Republik redet!]

Meine sehr geehrten Damen und Herren! Jacques Hannak, einer Ihrer Geschichtsschreiber, meint in seiner Geschichte der Sozialistischen Partei, der Artikel in der ‚Arbeiter-Zeitung' sollte ein Ventil ‚für die Empörung der Massen' sein. Auch der Historiker Walter Goldinger meint, Austerlitz ‚wollte keine Revolution herbeiführen, er wollte nur die Regierung und ihre Anhänger in den Augen der sozialistischen Arbeiterschaft vernichtend treffen'. Goldinger kommt aber dann zum Schluß, daß der Artikel ‚den

Funken in das Pulverfaß' geworfen habe. Julius Deutsch schreibt in seinen Lebenserinnerungen, daß der Leitartikel ‚von den ohnehin bereits erregten Lesern leicht als eine Aufforderung zur Tat gedeutet werden konnte'. [Abg. Rosa Jochmann: So kann man es auch sagen, wenn man will!]

Am 26. Juli 1927 fand dann eine Parlamentssitzung statt, in der der sozialdemokratische Sprecher Dr. Otto Bauer unter anderem folgendes erklärte [Abg. Rosa Jochmann: Das wissen wir eh!]: ‚Ehe ich ein Wort der Anklage gegen andere erhebe, will ich offen bekennen, wofür wir uns schuldig halten. Es ist uns nicht gelungen' – so sagte Dr. Otto Bauer damals –, ‚sie zu beruhigen. Heute bekenne ich es ganz offen: es war ein Fehler, daß wir es nicht getan haben. Es war ein schreckliches Verkennen der Situation. Aber es war leider nicht der einzige Fehler.' So Dr. Otto Bauer. [Lebhafte Zwischenrufe bei der SPÖ. – Abg. Ing. Scheibengraf: Sie Faschist! – Der Präsident gibt das Glockenzeichen. – Abg. Konir: Jetzt lesen Sie weiter!] Meine sehr geehrten Damen und Herren! Das überlassen Sie ruhig mir, was ich zitiere. Wenn Sie das bringen, was Sie bringen wollen, dann bringen Sie es, meine sehr geehrten Damen und Herren. Wie meine Rede beschaffen ist, das bestimme ich, aber das bestimmen nicht Sie! [Beifall bei der ÖVP. – Abg. Uhlir: So betreibt man Geschichtsfälschung!]

Meine sehr geehrten Damen und Herren! Warum ich das gebracht habe? Drängen sich nicht jedem von uns... [Abg. Weikhart: Das ist eine reine Giftmischerei, was Sie da treiben! – Abg. Dr. Kreisky: Herr Doktor Withalm! Wann werden Sie das über den 12. Februar 1934 sagen? – Abg. Weikhart: Sie sind doch ein politischer Giftmischer! – Abg. Pongruber: Sie haben es notwendig, Herr Staatssekretär! – Lebhafte Zwischenrufe bei der ÖVP.]

[Präsident, das Glockenzeichen gebend: Ich muß das zurückweisen! Ich bitte, von persönlichen Beleidigungen abzusehen und sich auf eine politische Polemik zu beschränken. – Abg. Weikhart: Sie vergiften das Klima! – Abg. Probst: Sie haben eine ‚glückliche' Hand! Jetzt reden Sie über den 12. Februar, und dann paßt alles!]

[Abg. Dr. Withalm, fortsetzend:] Herr Minister Probst! Das Recht scheint Ihnen vorbehalten zu sein, daß Sie ausschließlich über den 12. Februar reden und über alle diese Dinge. Wenn wir dazu den Mund aufmachen, dann ist uns dieses Recht offensichtlich nicht gestattet. Aber das lassen wir uns nicht ohne weiteres nehmen. [Abg. DDr. Pittermann: Wir sind Ihnen für dieses Bekenntnis sogar dankbar, Dr. Withalm! Das klärt vieles! – Weitere Zwischenrufe bei der SPÖ.]

Ich möchte die Damen und Herren darauf hinweisen, daß sich, wie ich glaube, jedem von uns gewisse Parallelen geradezu aufdrängen, wenn wir die Ereignisse der letzten Wochen Revue passieren lassen [weitere Zwischenrufe bei der SPÖ und Gegenrufe bei der ÖVP – der Präsident gibt das Glockenzeichen], wenn wir Vergleiche anstellen. Mit der Nichtanerkennung eines Gerichtsurteiles hat es begonnen. Es folgte die Transponierung von der juristischen auf die politische Ebene, das Hochspielen in der sozialistischen Presse, der Warnstreik der Elektrizitätsarbeiter. [Abg. Czettel: Sehen Sie die Ursache, nicht die Wirkung!] Ja, das ist es eben, das ist sehr einfach. Mit dem Nichtanerkennen von Urteilen, Herr Kollege Czettel, beginnt es immer. [Abg. Czettel: Bleiben Sie bei der Ursache auch im Falle Habsburg! – Weitere Zwischenrufe. – Der Präsident gibt das Glockenzeichen.] Ist jetzt, so frage ich mich, ein schreckliches Verkennen der Situation gegeben? Und das alles einer Sache wegen, von der Ihr prominenter Journalist DDr. Nenning ... [Heftige Zwischenrufe bei der SPÖ. – Abg. Czettel: Nicht der Murer war schuldig, sondern die ‚Arbeiter-Zeitung', weil sie es geschildert hat, war schuld! – Abg. Weikhart: Also nicht die Mörder sind die Schuldigen?]

[Präsident, das Glockenzeichen gebend: Ich bitte, den Redner zum Wort kommen zu lassen. (Weitere Zwischenrufe und Unruhe.) Das Wort hat der Herr Abgeordnete Dr. Withalm. Ich bitte, sich in allen Bänken etwas zu mäßigen, in allen Bänken!]

[Abg. Dr. Withalm, fortsetzend:] Meine sehr geehrten Damen und Herren! Ich habe die Frage gestellt, ob nicht auch jetzt ein schreckliches Verkennen der Situation gegeben ist. [Abg. Doktor Migsch: Bei Ihnen – jawohl!] Und das alles, Herr Minister

Dr. Migsch, einer Sache wegen, von der Ihr prominenter Journalist DDr. Nenning in einem Artikel, der vor kurzem in der ‚Presse‘ erschienen ist, folgendes sagt [Abg. Rosa Weber: Das haben wir eh selber gelesen, das brauchen Sie uns nicht vorzulesen!]: ‚Der ›Habsburger Kannibalismus‹‘ – so führt DDr. Nenning dort aus – ‚mancher heutiger Sozialisten ist eher tiefenpsychologisch als realpolitisch erklärbar. Man richtet seine Aggression gegen ein Objekt, bei dem man mühelos zum Erfolg gelangt, weil es ohnehin nicht mehr existiert. Das ist lohnender‘ – so sagt Nenning –, ‚als sich mit den wirklichen Gefahren herumzuschlagen.‘

Seit dem 31. Mai 1963 hat die Sozialistische Partei alles unternommen, um ein rechtskräftiges Erkenntnis eines Höchstgerichtes aus den Angeln zu heben. Eines der Mittel hiezu sollte die Konstruktion von zwei verschiedenen, einander widersprechenden Erkenntnissen von Höchstgerichten sein. [Abg. Rosa Jochmann: Ist ja auch!] Obwohl die Österreichische Volkspartei durch ihre Sprecher schon bisher erklärt hat, daß diese These unhaltbar ist, möchte ich noch einmal mit allem Nachdruck feststellen: Es existiert ein Zurückweisungsbeschluß des Verfassungsgerichtshofes vom 16. Dezember 1961. Es existiert das Erkenntnis des Verwaltungsgerichtshofes vom 24. Mai 1963. Nur die Sprüche sind der Rechtskraft teilhaftig, niemals die Begründungen. Es bleibt jedermann unbenommen, wie Adamovich sagt, richterliche Urteile einer sachlichen kritischen Stellungnahme zu unterziehen. Sie, meine Damen und Herren von der Sozialistischen Partei, haben das bezüglich des Erkenntnisses des Verwaltungsgerichtshofes für notwendig befunden, wobei Sie uns wohl das gleiche Recht hinsichtlich der Begründung des Beschlusses des Verfassungsgerichtshofes konzedieren müssen. Das ändert aber alles nicht das geringste daran, daß das Erkenntnis des Verwaltungsgerichtshofes existiert und durch nichts aus der Welt zu schaffen ist. Es ist hier vollkommen belanglos... [Abg. Dr. Migsch: Warum lassen Sie den Hauptausschuß nicht entscheiden? Warum sabotieren Sie eine solche Entscheidung?] Wer redet von sabotieren, Herr Minister Migsch! Es ist hier vollkommen belanglos... [Abg. Dr. Migsch: Das ist eine Pflichtenverletzung des

Bundeskanzlers!] Passen Sie lieber auf, was ich sage [Abg. Czettel: So wichtig sind Sie in Österreich nicht, Herr Withalm!], das würde Ihnen wesentlich besser bekommen. Es ist hier vollkommen belanglos . . . [Zwischenrufe bei der SPÖ.]

[Präsident: Bitte den Redner nicht zu unterbrechen! – Abg. Czettel: Österreich heißt nicht Withalm! Merken Sie sich das! – Abg. Flöttl: Sie haben die Situation herbeigeführt, wie sie heute ist, Sie Reformer, Sie Reformer, Sie! – Schallende Heiterkeit und ironischer Beifall bei der ÖVP.]

[Abg. Dr. Withalm, fortsetzend:] Jetzt ist es heraußen! [Abg. Flöttl: Sie sind es! – Abg. Dr. Neugebauer: Ein Reformer ist er nicht, aber ein guter Mephisto! – Abg. Czettel: Reden Sie einmal über die Bedeutung des Otto! Den abstrahieren Sie so? Reden Sie über Otto! Gehen Sie hinaus in die Betriebe! Hören Sie sich das an! – Abg. Scheibenreif: Sei still! – Abg. Czettel: Du hast ja nur Hendln und Gansln, aber keine Arbeiter! – Abg. Prinke: Geht ein bisserl an die frische Luft!]

[Präsident, das Glockenzeichen gebend: Bitte sich wieder etwas zu beruhigen! Das Wort hat der Herr Abgeordnete Doktor Withalm! Sie können sich dann zum Wort melden! – Anhaltende Zwischenrufe bei der SPÖ.]

[Abg. Dr. Withalm, fortsetzend:] Mein Gott! Herr Kollege Flöttl! Ich nehme an, Sie haben bemerkt, daß Ihre Feststellung, ich sei ein Reformer, mich wirklich bis ins Mark getroffen hat. [Abg. Marie Emhart: Er hat sich verredet! Er hätte sagen sollen: Reaktionär! – Ruf bei der SPÖ: Oberreformer!] Oberreformer, meinetwegen; Reaktionär, bitte.

Meine sehr geehrten Damen und Herren! Die Feststellung gestatten Sie mir: Es ist vollkommen belanglos, um welche Causa, um welche Person immer es sich handelt. Ich habe Minister Broda gleich eingangs zitiert. Ich kann es nur noch einmal und immer wieder tun, indem ich feststelle: Dieser Fall ist keineswegs ein Fall Otto Habsburg. Er ist weit darüber hinausgewachsen. [Abg. Czettel: Primär geht es um Otto Habsburg!] Es geht um die fundamentalsten Grundsätze des Rechtsstaates! [Beifall bei der ÖVP. – Abg. Rosa Jochmann: Sehr richtig! – Abg. Pölzer: Es geht um die Verfassung!] Meine Damen und

Herren! Wenn wir einmal beginnen sollten, mißbeliebige Urteile durch Sondergesetze oder durch Volksabstimmungen aus der Welt zu schaffen, wären wir auf dem besten Weg, das nach 1945 mit viel Mühe und Schweiß in gemeinsamer Arbeit wiedererrichtete Gebäude zum Einsturz zu bringen. [Abg. Dr. Migsch: Das Sie jetzt zerschlagen! – Abg. Weikhart: Sie sind einer der Schuldigen! Was wir gemeinsam aufgebaut haben, helfen Sie jetzt zerschlagen! – Abg. Glaser: Meldet euch zum Wort!]

[Präsident, das Glockenzeichen gebend: Bitte sich etwas zu mäßigen, Herr Abgeordneter! – Abg. Prinke zum Abg. Weikhart: Er soll hinausgehen und sich einen kalten Umschlag geben lassen! – Weitere Zwischenrufe. – Der Präsident gibt neuerlich das Glockenzeichen: Bitte sich etwas zu mäßigen und den Redner zu Wort kommen zu lassen.]

[Abg. Dr. Withalm, fortsetzend:] Meine sehr geehrten Damen und Herren! Deshalb und nur deshalb wehrt sich die Österreichische Volkspartei [Abg. Dr. Migsch: Wenn wir gewußt hätten, daß so etwas möglich ist!] gegen jeden Versuch der Aushöhlung des Rechtsstaates. [Abg. Dr. Migsch: Ausgerechnet Sie!] Es geht nicht um den Fall Habsburg. Der Anlaßfall ist vollkommen gleichgültig. [Abg. Scheibenreif: Sehr richtig!] Wir sind zutiefst davon überzeugt, daß es bei einem ersten Fall nicht bleiben würde, ja daß es dabei nicht bleiben könnte. Das wäre der Anfang vom Ende des Rechtsstaates in Österreich [lebhafte Zustimmung bei der ÖVP], und dazu wird die Österreichische Volkspartei niemals ihre Hand geben. [Abg. DDr. Pittermann: Vor 30 Jahren habt ihr nicht nur die Hand, sondern sogar Kanonen und Galgen dazu gegeben! – Abg. Prinke: Reden wir nicht von der Zeit! Da wüßte ich auch etwas zu erzählen!]

Sie, meine Herren von der Freiheitlichen Partei, haben am 5. Juni 1963 einen Entschließungsantrag eingebracht, in dem Sie die Bundesregierung aufforderten, sie möge einen Gesetzentwurf über die authentische Interpretation des § 2 des Gesetzes vom 3. April 1919, betreffend Mitwirkung des Hauptausschusses des Nationalrates, vorlegen. Die Begründung dieses Antrages machte es meiner Partei unmöglich, diesem Antrag beizutreten.

Heute liegt uns nun die Regierungsvorlage, betreffend die

authentische Interpretation des § 2 des Gesetzes vom 3. April 1919, vor. Meine Partei wird für diesen Gesetzentwurf stimmen. Sie kann dies bei voller Wahrung ihres bisher mit aller Entschiedenheit vertretenen Rechtsstandpunktes tun, weil durch das heute zu beschließende Gesetz ausschließlich künftige Fälle geregelt werden. Eine Rückwirkung ist somit ausgeschlossen. Bereits rechtskräftig abgeschlossene Fälle werden in keiner Weise angetastet.

Dem Hohen Haus liegen aber nicht nur zwei Gesetzentwürfe vor, sondern auch noch ein von der SPÖ und von der FPÖ am 26. Juni 1963 gemeinsam eingebrachter Antrag. Zu diesem Antrag, dem wir nicht beitreten, hat mein Klubkollege Dr. Piffl bereits ausführlich Stellung genommen. Auch ich möchte dazu noch eine Bemerkung machen.

Sie, meine Damen und Herren von der Sozialistischen Partei, haben sich schon vor dem 31. Mai 1963 und erst recht nach diesem Tag redlich bemüht, das Erkenntnis des Verwaltungsgerichtshofes vom 24. Mai 1963 aufzuheben, wie Dr. Broda gesagt hat, ‚als rückwirkend null und nichtig zu erklären'. Ihr mit allen Mitteln und mit ganzer Kraft vorgetragener Frontalangriff ist zusammengebrochen. Nun soll das gleiche Ziel durch ein Umgehungsmanöver erreicht werden. Diesem Zweck dient der Antrag vom 26. Juni 1963.

Die kommunistische ‚Volksstimme' hat in ihrem Leitartikel vom 26. Juni 1963 in dankenswerter Klarheit und Offenheit ausgesprochen, was Sinn und Zweck des Antrages der Sozialistischen Partei ist [Abg. Konir: Das ist doch eine Verdrehung!], indem sie schreibt... [Abg. Dr. Neugebauer: Withalm, der Erfinder der ‚Roten Katze'! – Lebhafte Zwischenrufe bei der SPÖ. – Abg. Glaser: Bei Euch darf man nichts zitieren! – Abg. Probst: Jetzt sind wir Kommunisten auch noch, dann sind wir Volksdemokraten!]

[Präsident: Bitte sich etwas zu beruhigen. – Abg. Weikhart: 1950 waren Sie überhaupt nicht da! Gekämpft haben wir! Wir haben die Köpfe hingehalten! Von Ihnen hat man nichts gehört! – Abg. Czettel: Versteckt waren Sie damals! Verkrochen haben Sie sich!]

119

[Abg. Dr. Withalm, fortsetzend:] Von uns hat man nichts gehört? Wir waren genauso da, wie Sie dagewesen sind! Wir waren genauso da 1950! [Abg. Czettel: Verkrochen haben Sie sich! – Abg. Dr. Migsch: Pfui! Schämen Sie sich, im Parlament so zu reden! Ein Giftmischer sondergleichen! – Abg. Horr: Ein Saboteur sind Sie! – Abg. Dr. Migsch: Der Totengräber Österreichs! – Abg. Weikhart: Das ist der Totengräber der Zusammenarbeit der beiden Parteien!]

In dem Leitartikel heißt es: ‚In der heutigen Nationalratssitzung...‘ [Abg. Dr. Migsch: So fängt es an! – Lebhafte Zwischenrufe.]

[Präsident, das Glockenzeichen gebend: Ich bitte, sich zurückzuhalten mit persönlichen Bemerkungen! – Abg. Czettel: Figl hat seinerzeit mit dem Fischer angefangen, nicht wir! – Präsident: Ich bitte, sich etwas zurückzuhalten! Das Wort hat der Herr Abgeordnete Withalm! (Weitere Zwischenrufe.) Das steht ihm zu. – Abg. Afritsch: Leider noch immer! Hören Sie doch bald auf mit Ihren Provokationen! – Abg. Mayr: Ihr werdet noch Schlaganfälle kriegen, dann habt ihr zuwenig Stimmen!]

[Abg. Dr. Withalm, fortsetzend:] Herr Minister Afritsch, überlassen Sie das mir! Ich rede so lange, als ich zu reden die Absicht habe. [Abg. Afritsch: Vergessen Sie nicht, wo wir im Jahre 1950 gestanden sind, und provozieren Sie nicht!] Diesbezüglich brauchen Sie sich gar keine Sorgen zu machen, wo ich damals gestanden bin, absolut keine Sorgen! [Abg. Czettel: Uns haben sie die Schädel eingehaut!]

In dem Leitartikel... [Abg. Weikhart: Wenn Sie so weitertun, sind Sie der Totengräber der Zusammenarbeit!] Wenn Sie Gerichtsurteile nicht anerkennen, dann könnte ich genausogut sagen: Sie sind der Totengräber des Rechtsstaates! [Abg. DDr. Pittermann: Eures Rechtsstaates!] Das sage ich Ihnen dann. [Beifall bei der ÖVP.]

In dem Leitartikel heißt es... [Zwischenrufe.] Ich habe nicht gesagt, daß Sie womöglich den Leitartikel abgesprochen hätten, das habe ich gar nicht behauptet. Warum werden Sie so nervös, wenn ich einen Leitartikel der ‚Volksstimme‘ zitiere, meine Herren? [Heiterkeit bei der ÖVP.] Es heißt dort: ‚In der heutigen Nationalratssitzung soll die Volksvertretung eine Entscheidung in der Sache Habsburg treffen. Seit dem Spruch des Verwaltungsgerichtshofes zugunsten Otto Habsburgs wurde die Forderung erhoben, durch eine authentische Auslegung des Habsburgergesetzes die Unrichtigkeit des Spruches des Verwaltungsgerichtshofes darzutun und seine Gültigkeit aufzuheben. Das war die Forderung, wie sie ursprünglich auch von der Sozialistischen Partei erhoben worden ist.' [Ständige Zwischenrufe bei der SPÖ.] ,Was ist unter diesen Umständen zu tun?' So fragt die ,Volksstimme'. ,Sozusagen als Ersatz dafür, daß die SPÖ zugunsten der ÖVP auf die Aufhebung des Habsburger-Spruches des Verwaltungsgerichtshofes verzichtete...' [Anhaltende Zwischenrufe.]

[Präsident, das Glockenzeichen gebend: Bitte keine Zwischengespräche in den Bänken! Das Wort hat der Herr Abgeordnete Dr. Withalm! – Abg. Holoubek: Was wollen Sie mit dem Zitat aus der ,Volksstimme' beweisen?]

[Abg. Dr. Withalm, fortsetzend:] Das werde ich Ihnen gleich sagen. Das kommt am Schluß, Herr Kollege.

,... hat sie versprochen, in der heutigen Sitzung des Nationalrates eine Entschließung zu beantragen, das Parlament soll beschließen... [Anhaltende Zwischenrufe. – Der Präsident gibt das Glockenzeichen.] Ich habe sonst eine kräftige Stimme, meine Herren, aber... [Abg. Probst: Er redet nicht, er diffamiert nur! – Abg. Dr. Migsch: Treten Sie ab, das ist das beste, was Sie tun können! – Abg. Weikhart: Dann ist die Zusammenarbeit gerettet, wenn Sie abtreten!] Das könnte Ihnen so passen!

[Präsident, neuerlich das Glockenzeichen gebend: Bitte sich etwas zurückhalten mit solchen persönlichen Bemerkungen!]

[Abg. Dr. Withalm, fortsetzend:] Es heißt hier weiter, meine sehr geehrten Damen und Herren: ,Eine solche Entschließung hätte zwar keine Gesetzeskraft im engeren Sinn, wäre aber immerhin ein verpflichtender Auftrag an Regierung und Behörden, alles zu unternehmen...' [Abg. Horr: Sie sabotieren das! – Abg. DDr. Pittermann: Er will doch die Koalition zusammenhauen! – Abg. Uhlir: Das ist der Geist Ihrer Koalitionsgesinnung! – Anhaltende Zwischenrufe. – Abg. Dr. Migsch: Wir sind für die Zusam-

menarbeit, Herr Kanzler! Weg mit diesem Mann!] Herr Vizekanzler Dr. Pittermann, Sie wissen ganz genau [Abg. Rosa
Jochmann: Ja, wir wissen es ganz genau! – anhaltende Zwischen-
rufe], welche Erklärung ich im Verhandlungskomitee abgegeben
habe. Ich habe es erst vor kurzem gesagt. [Abg. Olah: Für diese
Rede danken wir Ihnen sehr! Sie hat dem letzten die Augen
geöffnet!] Ich habe sie im Koalitionsausschuß abgegeben. [Abg.
Weikhart: Sie sind und bleiben der Totengräber der Zusammenarbeit!]

[Präsident: Bitte sich etwas zu mäßigen!]

[Abg. Dr. Withalm, fortsetzend:] Mit Ausdrücken, wie Sie
sie gebrauchen, setze ich mich nicht auseinander. Mit einer Bemerkung des Herrn Vizekanzlers Dr. Pittermann schon, aber mit
den Ausdrücken, wie Sie sie gebrauchen nicht, das erkläre ich
ganz dezidiert. [Abg. Horr: Zehn Tage hat man Sie im Jahr 1950
nicht gesehen!]

Herr Vizekanzler Dr. Pittermann, Sie müssen ganz genau
wissen – und wenn Sie es anders sagen, dann wage ich zu
bezweifeln, daß Sie es ganz ehrlich meinen [Abg. Dr. Kreisky:
Herr Kollege Prinke! Niemand Besseren haben Sie in die Debatte
schicken können?] –, daß ich immer erklärt habe: Ich bekenne
mich als ehrlicher Anhänger der Zusammenarbeit der beiden
großen Parteien. [Schallende ironische Heiterkeit bei der SPÖ
und Zwischenrufe. – Abg. Uhlir: Das ist die größte Perfidie! –
Abg. Dipl.-Ing. Waldbrunner: Da reißt doch sogar einem Beson-
nenen die Geduld bei dieser Provokation! – Abg. Weikhart:
Dann bringen Sie den Beweis, wie ehrlich Sie es meinen! Uner-
hört! Sie provozieren die Zusammenarbeit, Sie ruinieren Österreich, Sie ruinieren die Zusammenarbeit! – Stürmische Zwischenrufe.]

[Präsident, das Glockenzeichen gebend: Ich bitte um etwas
Ruhe, Herr Staatssekretär Weikhart. – Abg. Weikhart zu Abg.
Withalm: Sie ruinieren Österreich! – Präsident: Herr Staats-
sekretär Weikhart, ich bitte Sie, sich etwas zu beruhigen und von
persönlichen Injurien Abstand zu nehmen. Das ist eine politische
Polemik.]

[Abg. Dr. Withalm, fortsetzend:] Ich muß ehrlich sagen,

meine Damen und Herren ... [Abg. Afritsch: Das ist eine Unglücksfigur für Österreich! Treten Sie doch ab, Sie Unglücksfigur, Sie!] Ich denke nicht daran, Herr Minister Afritsch. [Ein
großer Teil der sozialistischen Abgeordneten verläßt den Saal
und begibt sich in die Couloirs. – Abg. Czettel: Sie sind Österreichs Unglück! Sie bringen Unglück über unsere Heimat!]

[Präsident, das Glockenzeichen gebend: Bitte sich etwas zu
beruhigen! Das Wort hat Dr. Withalm. – Abg. Konir im Hinausgehen zur ÖVP: Wenn sich das Ihr Parteiobmann gefallen läßt –
wir nicht!]

[Abg. Dr. Withalm, fortsetzend:] Wir stören die Zusammenarbeit? Aber Sie gehen jetzt bereits über das Arbeitsübereinkommen hinaus und machen mit einem anderen gegen uns eine
Koalition, stimmen im Parlament darüber ab. [Abg. DDr. Pittermann: Sie haben bis heute, drei Monate später, das Überein-
kommen nicht unterschrieben!] Herr Vizekanzler Dr. Pittermann,
damit können Sie nicht kommen. Es war Ihr Sitznachbar, der
Klubobmann Uhlir, der hier im Parlament erklärt hat: Wir haben
das mühsam und schwer errungen. Das haben wir jetzt errungen,
das gilt jetzt, das sind die Grundsätze der Zusammenarbeit!
Das hat Kollege Uhlir hier im Parlament gesagt. [Abg. Afritsch:
Haben Sie unterschrieben oder nicht?] Und jetzt, nach drei
Monaten, nachdem wir uns an das Arbeitsübereinkommen gehalten haben ... [Ruf bei der SPÖ: Sie Faschist!]

[Präsident, das Glockenzeichen gebend: Ich erteile den Ord-
nungsruf. (Weitere Zwischenrufe.) Ich habe ihn bereits erteilt.]

[Abg. Dr. Withalm, fortsetzend:] Meine sehr geehrten Damen
und Herren! Ich komme zum Schluß [Abg. Czettel: Gott sei
Dank! – Abg. Kostroun: Genug haben Sie angerichtet für heute!
– Abg. Czettel: Sie haben genug zerstört!] und darf folgendes
abschließend festhalten: Ich könnte mich bei Ihnen nur bedanken,
meine sehr geehrten Damen und Herren. Wenn Sie haben wollen,
daß mein Name tatsächlich nicht unbekannt bleibt, dann tragen
Sie doch Wesentliches dazu bei, wenn Sie es so machen. [Leb-
hafte Zwischenrufe.]

[Präsident: Bitte Ruhe!]

[Abg. Dr. Withalm, fortsetzend:] Die Österreichische Volkspartei hat sich – ich glaube, das können wir für uns in Anspruch nehmen – redlich bemüht, einen Beitrag zur Entwirrung des Knotens, der bei Gott nicht durch unsere Schuld entstanden ist, zu leisten. Wir stimmen, wie ich sagte, dem Gesetz über die Interpretation zu. Wir können das tun, weil dadurch rechtskräftige Erkenntnisse nicht in Zweifel gezogen werden, weil sie dadurch nicht berührt werden. Das stelle ich nochmals ausdrücklich fest. Wir lehnen aber den Entschließungsantrag vom 26. Juni 1963 ab. [Abg. Eibegger: Das ist Ihre Sache!] Wir werden mit der gleichen Entschiedenheit auch in aller Zukunft alles ablehnen, was dazu beitragen könnte, eine Bresche in das Gebäude unseres Rechtsstaates zu schlagen. [Lebhafte Zustimmung bei der ÖVP. – Abg. Uhlir: Die Bresche haben Sie schon geschlagen!] Dazu wird sich die Österreichische Volkspartei niemals hergeben. Wir werden an keiner Rechtsbeugung und schon gar nicht an einem Rechtsbruch teilnehmen. [Abg. DDr. Pittermann: Vor 30 Jahren war es anders! – Abg. Holoubek: Damals waren Sie nicht so heikel!]

Die Zeiten, in denen man davon sprach: ‚Recht ist, was dem Volke nützt‘, liegen doch hoffentlich ein für allemal hinter uns. Weder heute noch in Zukunft darf für uns der Grundsatz der Zweckmäßigkeit gelten. Marcic sagt – ich möchte ihn noch einmal zitieren – dazu: ‚Der Rechtsstaat unterwirft die Zweckmäßigkeit bedingungslos der Rechtmäßigkeit.‘

Noch einmal zitiere ich – Herr Dr. Gredler, verzeihen Sie es mir, daß ich Sie heute so oft strapaziert habe – Herrn Dr. Gredler. Er sagte am 5. Juni [Abg. Kindl: Nach Zitierung der kommunistischen Zeitung ist das uninteressant! – Abg. Zeillinger: Trauen Sie sich doch, das zu sagen, was Sie denken und was Sie gestern gesagt haben! Wir wollen Ihre Meinung hören!] – ja, die haben Sie gehört –: ‚Ich glaube, daß Withalms eigene Meinung doch einigen Widerspruch hervorgerufen hat.‘ Meine Herren, wenn ich nur zitiert habe, warum hat sich die Sozialistische Partei und haben auch Sie sich zum Teil, wie ich gesehen habe, so aufgeregt? Das verstehe ich dann wirklich nicht. [Abg. Zeillinger: Sagen Sie, was Sie gestern gesagt haben! Trauen Sie sich, das zu sagen, was Sie gesagt haben!]

Dr. Gredler zitierte am 5. Juni 1963 Cicero. Er sagte damals: ‚Der Gesetze Diener sind die Behörden, der Gesetze Deuter sind die Richter, den Gesetzen schließlich‘ – Herr Kollege Zeillinger – ‚sind wir alle untertan, damit wir frei sein können.‘ [Abg. Zeillinger: Sie können nur eines: immer auf uns losgehen!] Wer ist losgegangen auf Sie? Wenn ich Gredler zitiere, wenn ich Cicero zitiere, dann ist das losgegangen auf Sie? [Abg. Dr. Gredler: Er zitiert mich! Ich bin einverstanden!] Das verstehe ich wirklich nicht. [Abg. Dr. Gredler: Er zitiert ja nur mich und den Cicero!] Damit wir frei sein können, unterwerfen wir uns den Gesetzen. Damit wir frei bleiben können, lassen wir an Recht und Gesetz auch nicht einen Zoll breit rütteln. Recht muß Recht bleiben! Ob es uns im Einzelfall paßt oder nicht paßt [Abg. Zeillinger: Wollen Sie sagen, daß wir das Recht verletzt haben? Sagen Sie das, was Sie sagen wollen! Sie sind der einzige, der Recht gebrochen hat!], ob wir es im Einzelfall für zweckmäßig erachten oder nicht.

[Präsident, das Glockenzeichen gebend: Bitte keine Zwischenbemerkungen. Das Wort hat Dr. Withalm.]

[Abg. Dr. Withalm, abschließend:] Meine sehr geehrten Damen und Herren! Ich kann es nur noch einmal sagen: Recht muß Recht bleiben, und Recht wird auch Recht bleiben. [Anhaltender starker Beifall bei der ÖVP. – Die Abgeordneten der SPÖ, die den Saal verlassen hatten, nehmen ihre Plätze wieder ein. – Abg. Eibegger: Sie werden Ihre heutige Rede noch einmal bereuen! – Abg. Weikhart: Ein Provokateur hat geredet!]“

Das war also meine Habsburgrede vom 4. Juli 1963, die geradezu einen Sturm auf der linken Seite des Hauses entfesselte.

Es ist nur zu natürlich, daß die Habsburgdebatte in den Zeitungen des nächsten Tages ein gewaltiges Echo fand. Der Aufmacher der „Arbeiter-Zeitung“ vom 5. Juli 1963 lautete: „Mehrheitsbeschluß: Otto bleibt draußen.“ „Die SPÖ-FPÖ-Mehrheit hat ... die Regierung aufgefordert, dafür zu sorgen, daß Dr. Habsburg außer Landes bleibt. Damit ist faktisch erreicht, was die Mehrheit des Volkes will: Die Verhinderung der Rückkehr des Habsburgers ...“

Wenn ich das alles heute lese, kann ich mich – das muß ich ganz ehrlich zugeben – eines gewissen Schmunzelns nicht erwehren. Das ist allerdings meine heutige Reaktion, nachdem die Ereignisse mehr als zehn Jahre zurückliegen; zugegebenermaßen und verständlicherweise ist die Reaktion im Jahre 1975 eine ganz andere als im unmittelbaren Zusammenhang mit dem Ereignis selbst.

Mich würde aber vor allem eines interessieren, was sich nämlich heute so manche Sozialisten denken, die damals bei der stürmischen Debatte vom 4. Juli 1963 dabei waren. Was mag sich etwa Dr. Pittermann denken, wenn er sich daran erinnert, daß er sofort seinen Sommerurlaub unterbrach und nach Wien zurückeilte, als sich das – wie sich später herausstellte – falsche Gerücht verbreitet hatte, Dr. Otto Habsburg-Lothringen habe versucht, nach Österreich einzureisen, wobei sich wenige Stunden später herausstellte, daß es sich nicht um Dr. Otto Habsburg-Lothringen, sondern um einen anderen Habsburger gehandelt hatte.

Was mag sich heute Dr. Kreisky denken, wenn er sich an den Habsburg-Kannibalismus des Jahres 1963 – ein Ausdruck, den der Sozialist DDr. Günther Nenning geprägt hat – und gleichzeitig an jenen Händedruck erinnert, den er keine zehn Jahre später anläßlich des Wiener Paneuropakongresses mit Dr. Otto Habsburg-Lothringen gewechselt hat?

Was auch mögen sich heute manche Sozialisten, die am 4. Juli 1963 als Abgeordnete dabei waren, denken, wenn sie das Stenographische Protokoll zur Hand nehmen und wenn sie sich dann in einer ruhigen Stunde an so manchen Zwischenruf, den sie damals gemacht haben, erinnern; wenn sie sich etwa daran erinnern, daß ich mit folgenden Zwischenrufen bedacht wurde: „Sie Faschist!" „Das ist reine Giftmischerei, was Sie da treiben!" „Sie sind doch ein politischer Giftmischer!" „Sie haben die Situation herbeigeführt, wie sie heute ist, Sie Reformer, Sie!" „Ein Reformer ist er nicht, aber ein guter Mephisto!" „Sie sind einer der Schuldigen!" „Was wir gemeinsam aufgebaut haben, helfen Sie jetzt zerschlagen!" „Pfui! Schämen Sie sich, im Parlament so zu reden!" „Ein Giftmischer sondergleichen!" „Ein Saboteur sind Sie!" „Der Totengräber Österreichs!" „Das ist der

Totengräber der Zusammenarbeit der beiden Parteien!" „Wenn Sie so weitertun, sind Sie der Totengräber der Zusammenarbeit!" „Dann ist die Zusammenarbeit gerettet, wenn Sie abtreten!" „Er will doch die Koalition zusammenhauen!" „Wir sind für die Zusammenarbeit, Herr Kanzler! Weg mit diesem Mann!" „Sie sind und bleiben der Totengräber der Zusammenarbeit!" „Das ist eine Unglücksfigur für Österreich, treten Sie doch ab, Sie Unglücksfigur, Sie!" „Sie sind Österreichs Unglück! Sie bringen Unglück über unsere Heimat!"

Alle diese Zwischenrufe und noch manche andere wurden mir in erster Linie dafür zuteil, weil ich in meiner Rede versucht hatte, den politischen Gegner mit seinen eigenen Waffen zu schlagen. Diese zum Teil wirklich bösartigen und gehässigen Zwischenrufe waren in erster Linie darauf zurückzuführen, weil ich immer wieder Aussagen wiedergab, die sozialistische Politiker und sozialistische Zeitungen selbst irgendwann einmal – ob bedacht oder unüberlegt – gemacht hatten, und weil ich natürlich – das war ja schließlich meine Aufgabe als Sprecher meiner Partei – den Standpunkt meiner Partei und meinen eigenen Standpunkt mit aller Entschiedenheit und aus innerer Überzeugung darlegte.

Dazu schrieb die „Arbeiter-Zeitung" gleichfalls in ihrer Ausgabe vom 5. Juli 1963: „Die ÖVP hat, wie erwartet, in der großen Habsburgdebatte des Nationalrates ihre Extremistenvertreter sprechen lassen..." Diese „Extremistenvertreter" waren nach Meinung der „AZ" Dr. Piffl-Perčević und ich. Wer Dr. Piffl damals kannte und wer ihn heute kennt, weiß ganz genau, daß er in seinem ganzen Leben nichts so sehr verabscheut hat wie Extremisten, auf welcher Seite immer sie angesiedelt gewesen sein mochten. Was mich selbst anbelangt, möchte ich zu meiner Qualifizierung als Extremist in aller Bescheidenheit, aber auch mit der gebotenen Entschiedenheit lediglich bemerken, daß ich zeit meines Lebens immer überzeugter Demokrat und Republikaner war. Wenn ich allerdings die Bezeichnung „Extremist" seitens der „AZ" etwa deshalb erhalten haben sollte, weil ich mir unter „Koalition" und „Zusammenarbeit" etwas anderes als „Proporz" und die Doppelrolle der Sozialistischen Partei als

Regierungspartei und als Oppositionspartei vorstellte und weil ich aus dieser meiner Meinung nie ein Hehl gemacht habe, dann lasse ich mir eine solche Bezeichnung jederzeit gerne gefallen.

Ich möchte jetzt nur noch eine andere Pressestimme vom 5. Juli 1963 zitieren. Georg Nowotny schrieb in der „Presse" in einem Bericht über die Parlamentssitzung vom 4. Juli 1963 unter anderem folgendes: „Als zweiter Redner der ÖVP sprach Generalsekretär Dr. Withalm. Seine Ausführungen wurden auch vom politischen Gegner als brillant anerkannt, sie führten jedoch am Schluß zu Tumultszenen..." Nowotny schildert sodann den Verlauf der Sitzung und kommt dann zu meinem Rednereinsatz, worüber er unter anderem schreibt: „Denn nun spricht Withalm, und damit wird es wirklich interessant. Der ÖVP-Generalsekretär kommt lässig die paar Schritte zum Rednerpult, streift über die Taschen seines hellgrauen Anzuges, legt ein sauber getipptes Manuskript vor sich hin und geht dann die Sozialisten in einer Art und Weise an, wie sie es vielleicht so noch nie zu spüren bekamen. Seine Zitate treffen, die Zwischenrufe, die hin und her gehenden Wortduelle und die Klingelzeichen Maletas sind nicht mehr zu zählen. Hier stehen sich Politiker gegenüber, die Abrechnung halten. So scharf und böse ist alles, was sie sich entgegenwerfen.

Die Hände auf dem Rücken oder wie ein Conférencier mit den Händen winkend und Zwischenrufe zurückgebend, brilliert Withalm, während hinter ihm Bundeskanzler Dr. Gorbach stumm dasitzt. Er zitiert all das, was SPÖ-Politiker jemals unbedacht ausgesprochen haben. So etwa Verkehrsminister Probsts Meinung, Otto könne nach Unterzeichnung der Verzichtserklärung ohne jede weitere Bedingung nach Österreich kommen. Er zitiert Gredler und hält ihm vor, was er bei der ersten Habsburgdebatte gesagt habe. So geschickt ist das alles formuliert, daß pointierte Zwischenrufe nur selten sind und meist nur ein Wutschrei antwortet... Der Tumult wird lauter und lauter, Withalm hat eine große Stunde."

Vielleicht wird sich mancher, wenn er die im vorstehenden wiedergegebene Rede gelesen hat, die Frage vorlegen, warum ich ausgerechnet diese Rede in diesem Buch bringe. Das Thema sei doch heute keineswegs mehr aktuell, die in der Rede behandelten Fragen interessierten heute niemanden mehr, und wer kümmere sich heute schon bzw. noch um Dr. Otto Habsburg-Lothringen?

Nicht zuletzt gerade deshalb, weil diese Fragen mit Recht gestellt werden können, habe ich diese Rede gebracht. In unseren Tagen gibt es tatsächlich keinen Fall Habsburg mehr. So manche, die die Habsburgkrise des Jahres 1963 unmittelbar miterlebt haben, vor allem aber viele andere, die sie aus rein altersmäßigen Gründen einfach noch nicht miterleben konnten, werden aus dem Staunen und Wundern gar nicht herauskommen, wenn sie beim Lesen der im vorstehenden zitierten Rede aus den Zwischenrufen, die von sozialistischer Seite kamen, feststellen müssen, daß so manche sozialistische Abgeordnete, darunter auch solche, die sonst als durchaus besonnen bezeichnet werden können, geradezu außer sich geraten sind.

Ich habe immer erklärt und nie einen Zweifel daran gelassen, daß ich in meinem ganzen Leben nie Monarchist, sondern immer überzeugter Republikaner war. Zum Zeitpunkt meiner Rede vom 4. Juli 1963 kannte ich Dr. Otto Habsburg-Lothringen persönlich überhaupt nicht. Ich lernte ihn erst ein Dreivierteljahr später, als ich im Auftrag meiner Partei zu ihm nach Pöcking fuhr, kennen.

Die Haltung meiner Partei und meine eigene Haltung waren ausschließlich davon bestimmt, daß Recht Recht bleiben müsse, für wen bzw. gegen wen immer es gesprochen sein mochte.

Wir haben diesen Standpunkt auf die Gefahr hin, daß daran die Koalition zerbrechen könnte, mit letzter Konsequenz vertreten, und das nicht Dr. Habsburgs, sondern ausschließlich des Rechtsstaates wegen.

Die Sozialistische Partei Österreichs hat Jahrzehnte hindurch an zwei Traumata gelitten. Das eine Trauma war die Causa Habsburg, das zweite der Umstand, daß die Sozialdemokraten in der Ersten Republik seit dem Jahre 1920 – keineswegs ohne ihr eigenes Verschulden und jedenfalls zum Teil zumindest mit ihrem eigenen Willen – an der Regierungsverantwortung nicht teilnahmen.

Ich muß in diesem Zusammenhang noch einmal darauf hinweisen, daß es historisch unbestritten ist, daß Ignaz Seipel den Führer der österreichischen Sozialdemokratie, Dr. Otto Bauer, in einer der schwersten Stunden der Ersten Republik geradezu händeringend beschworen hat, die österreichische Sozialdemokratie möge doch um Österreichs willen in eine Regierung auf breitester Basis eintreten, weil nur so die schwierige Situation, wie sie sich vor allem in den Jahren nach 1929 darstellte, bewältigt und gemeistert werden könne. Am starren Nein Dr. Otto Bauers und der Sozialdemokratischen Partei scheiterten damals alle Bemühungen zur Einbeziehung der Sozialdemokraten in die Regierung. Natürlich ist es eine Hypothese und heute und auch in aller Zukunft nicht beweisbar, ob nicht vielleicht so manches anders gekommen wäre, wenn die beiden großen Lager damals – buchstäblich in letzter Minute – zueinandergefunden hätten. Man könnte hier die Gedanken über den Bürgerkrieg der Februartage 1934 bis zum Einmarsch Hitlers am 11. März 1938 weiterspinnen. Wenn ich diese Gedanken hier ausspreche, sind damit keine wie immer gearteten Vorwürfe verbunden. Geschichtliche Tatsachen sind nun einmal nicht mehr aus der Welt zu schaffen. Sie sollen und können uns aber sehr wohl Mahner und Warner sein, wenn wir uns ihrer zur rechten Zeit und zur richtigen Stunde erinnern.

Das eine der beiden Traumata, die Causa Habsburg, hat die Sozialistische Partei Österreichs mittlerweile hinter sich gebracht und offensichtlich endgültig bewältigt. Mit dem anderen ist sie bis heute noch immer nicht fertig geworden.

Die österreichische Sozialdemokratie hat 50 Jahre dazu gebraucht, bis sie zur Erkenntnis gekommen ist, daß ein Volk, das die Gegenwart meistern und die Zukunft gewinnen will, deshalb seine Vergangenheit nicht nur nicht verleugnen muß, sondern daß es sich durchaus zu dieser Vergangenheit bekennen und auf sie mit gutem Recht stolz sein kann.

Wenn ich diese Feststellung treffe, dann beileibe nicht aus dem Grund, weil ich womöglich schadenfroh und rechthaberisch bin, daß ich nämlich mit meinem Schlußsatz in meiner Rede vom 4. Juli 1963 recht behalten habe, der da gelautet hat:

„Ich kann es nur noch einmal sagen: Recht muß Recht bleiben, und Recht wird auch Recht bleiben", sondern einzig und allein deshalb, weil damit ein Problem endgültig gelöst ist, das Jahrzehnte hindurch die innenpolitische Szene vergiftet und sie immer wieder geradezu in schwere Gefahr gebracht hat.

Wir sollten alle miteinander ehrlich genug sein, uns einzugestehen, daß auch Politiker, mögen sie noch so viele Erfahrungen gesammelt haben, niemals auslernen, sondern daß wir immer noch dazulernen können und daß wir Fehler, die wir irgendwann einmal gemacht haben, auch freimütig zugeben. Dieses Bekenntnis betrachte ich in gar keiner Weise als Schande. Im Gegenteil: ich empfinde vielmehr immer und überall Hochachtung gerade vor demjenigen, der seine Fehler offen und ehrlich zugibt.

Weil mir der Fall Habsburg geradezu ein einmaliges und damit auch ein zeitloses Demonstrationsobjekt dafür zu sein scheint, wie besonders schwierige Situationen und Zustände im Leben eines Volkes nicht behandelt werden sollten, wie sie dann aber letzten Endes, ohne dauernde Wunden und Schäden zu hinterlassen, doch bereinigt werden können, habe ich aus sehr wohlerwogenen Gründen als erste von vier Parlamentsreden die zugegebenermaßen sehr harte Rede in der Causa Habsburg gebracht, die, als sie am 4. Juli 1963 gehalten wurde, ungeheure Emotionen auf der linken Seite des Hauses ausgelöst hat.

Die Wogen im Haus am Ring sind kaum jemals so hoch gegangen wie an jenem für mich so denkwürdigen 4. Juli 1963. Nicht zuletzt dieser Tag und mein an diesem Tag notwendiges und bewiesenes Standvermögen waren es, die mir das schmückende Beiwort „der Eiserne Hermann" eingetragen haben, ein Beiwort, das mich dann die ganzen Jahre meiner Tätigkeit als Generalsekretär der ÖVP begleitet hat.

Mittlerweile sind so manche Jahre ins Land gezogen, Jahre, die uns gezeigt haben, daß wir alle miteinander so manches an Toleranz und an Demokratieverständnis gelernt haben, Jahre aber auch, die uns bewiesen haben, daß wir noch keinesfalls Meister sind und daß wir noch eine ganze Menge dazulernen können.

„TREU UND GLAUBEN"
Rede vom 7. Juli 1971

Bald nach der Installierung der sozialistischen Minderheitsregierung Kreisky im Jahre 1970 konnte man Gerüchte hören, daß Neuwahlen in absehbarer Zeit bevorstünden. Besonders im Frühjahr und Frühsommer des Jahres 1971 war das innenpolitische Klima sehr gespannt. Allerdings war es noch immer so, daß auch in ganz normalen politischen Zeiten das in die ersten Julitage fallende Ende der Frühjahrssession dem Parlament nicht nur eine Fülle von Arbeit, sondern vor allem auch Unrast und Nervosität brachte. Dieser Umstand allein trug Jahr für Jahr dazu bei, daß für die entsprechende Spannung gesorgt war. Ganz besonders galt dies jedoch für den Sommer 1971.

Am Freitag, dem 2. Juli 1971, fanden auf Einladung des Bundeskanzlers Verhandlungen mit der ÖVP über das Budget 1972 statt. Im Verlauf dieser Verhandlungen wurde ein weiteres Gespräch für die folgende Woche vereinbart. Für dieses kommende Gespräch wurden auch bereits Unterlagen übermittelt.

Dann aber kam, ohne die weitere Entwicklung abzuwarten, die innenpolitische Bombe. Im Abendjournal vom 6. Juli 1971 sagte der Bundeskanzler folgendes: „Das erweiterte Parteipräsidium hat nach einem eingehenden Bericht, den ich ihm erstattet habe, einstimmig beschlossen, dem Klub der sozialistischen Abgeordneten zu empfehlen, einen Antrag auf Beendigung der Legislaturperiode in der nächsten Sitzung des Nationalrates zu stellen." Weiters: „Ich bin auch der Meinung, daß auch in der Politik der Grundsatz von Treu und Glauben Geltung haben muß."

Das war ein noch nie dagewesener Affront gegenüber einem Verhandlungspartner, der dem Bundeskanzler von niemandem aufgezwungen worden war, er hatte sich ihn vielmehr selbst ausgesucht und hatte ihn, wie man glauben konnte und wie man unter gesitteten Menschen und Demokraten annehmen mußte, zu ernsthaften Verhandlungen eingeladen. Wie sich wenig später zeigen sollte, war Dr. Kreisky zum Zeitpunkt, als er zu Verhandlungen einlud und als dann am 2. Juli 1971 wirklich eine erste Verhandlungsrunde stattfand, längst entschlossen, diese Verhandlungen keineswegs ernsthaft und womöglich gar zu Ende zu führen, sondern den Nationalrat vorzeitig aufzulösen. Es handelte sich hiebei somit um ein geradezu klassisches Beispiel von Scheinverhandlungen und damit um eine bewußte und eklatante Düpierung des Verhandlungspartners und der ganzen Öffentlichkeit. Diese einmalige, jedoch durchaus zum Stil Dr. Kreiskys passende Vorgangsweise veranlaßte die Österreichische Volkspartei zur Einbringung einer Dringlichen Anfrage. Sie wurde in der Sitzung des Nationalrates vom 7. Juli 1971 eingebracht und hatte folgenden Wortlaut:

„1. Aus welchen Gründen sieht sich also die Bundesregierung außerstande, die ihr verfassungsmäßig übertragenen Aufgaben für die gesamte Legislaturperiode – wie sie dies noch vor einiger Zeit behauptet hatte – zu erfüllen?

2. Was veranlaßte Sie, Herr Bundeskanzler, zu Budgetverhandlungen einzuladen, diese unmotiviert nicht fortzusetzen und Neuwahlen zu provozieren?"

Diese Dringliche Anfrage mußte allein schon deshalb eingebracht werden, weil es um grundsätzliche Verhaltensweisen in der parlamentarischen Demokratie ging.

Es geht einfach nicht an, daß ein Politiker von Treu und Glauben spricht, wenn er im gleichen Atemzug genau das Gegenteil von dem tut, was der normale Mensch mit einem gesunden Hausverstand unter diesem Begriff versteht. Als alter erfahrener Parlamentarier, der sich immer zu einer, wenn es sein mußte, harten, aber jedenzeit fairen politischen Auseinandersetzung bekannt hat, habe ich für politische Taktik durchaus Verständnis. Mir fehlt aber jedes Verständnis dafür, daß ein Politiker, der höchste Verantwortung trägt, von Treu und Glauben redet, wenn er ausschließlich an Taktik und Parteivorteil denkt. Natürlich hat ein Politiker bei all dem, was er tut oder was er nicht tut, auch an das Wohl seiner Partei zu denken. Das ist eine ausgesprochene Selbstverständlichkeit, und darüber gibt es überhaupt nichts zu diskutieren. Ich habe aber im vorhergehenden Satz ganz bewußt und wohlüberlegt das Wörtchen „auch" gebraucht. Ein Politiker in verantwortlicher Stellung hat, noch dazu wenn er, wie das im konkreten Fall Kreisky zutrifft, Bundeskanzler ist, nicht nur an das Wohl seiner Partei zu denken, sondern an den gesamten Staat und an die ganze Bevölkerung. Wenn er glaubt, in bestimmten Fällen und bei besonderen Anlässen nur an seine Partei denken zu müssen – solche Fälle kann es vielleicht sogar dann und wann durchaus geben –, dann soll er sich dazu in aller Öffentlichkeit bekennen. Das bißchen Mut, dessen es dazu bedarf, muß ein Politiker aufbringen. Ich bin davon überzeugt, daß dafür nicht nur die politischen Gegner, sondern auch weite Teile der Bevölkerung durchaus Verständnis aufbringen würden.

Was hält denn eigentlich ein Politiker vom Intelligenzgrad des durchschnittlichen Österreichers, wenn eben dieser Politiker davon spricht, daß auch in der Politik Grundsätze von Treu und Glauben Geltung haben müßten, wenn er aber durch seine Verhaltensweise gleichzeitig den politischen Gegner geradezu verhöhnt. Ich hoffe, ja, ich bin fast davon überzeugt, daß die Bevölkerung wesentlich mehr Verständnis dafür aufbringen würde, wenn ein Politiker ganz offen und ehrlich sagt, aus taktischen und parteipolitischen Gründen habe er sich entschlossen, den Antrag auf vorzeitige Auflösung des Nationalrates einzubringen, als wenn er versucht, diese seine Absicht zu tarnen, und dies noch dazu unter Berufung auf den Grundsatz von Treu und Glauben. Der überwiegende Teil der Bevölkerung weiß sowieso, worum es geht. Das heißt also, daß der restliche Teil der Bevölkerung, der nicht begriffen hat, worum es geht und was gespielt wird, durch Vorspiegelung falscher Tatsachen getäuscht und hinters Licht geführt werden soll. Genau dieser Verhaltensweise hatte sich Dr. Kreisky bedient. Nicht zuletzt diese undemokratische, mit allen fairen Spielregeln, wie sie in parlamentarischen Demokratien eigentlich ganz selbstverständlich gehandhabt werden müßten, in Widerspruch stehende Verhaltensweise veranlaßte die ÖVP in der Sitzung vom 7. Juli 1971 zur Einbringung der oben zitierten Dringlichen Anfrage und mich als den Begründer dieser Anfrage zu folgender Rede:

„Hohes Haus! Meine Damen und Herren!

Ich nehme den Ausdruck ‚Frivolität‘ nicht gern in den Mund, noch dazu im Zusammenhang mit einem Manne, den ich seit vielen Jahren kenne, mit dem ich viel zusammengearbeitet habe und mit dem ich manche Vereinbarung getroffen habe, Vereinbarungen, die durchwegs gehalten haben.

Umso mehr bedauere ich es, wenn ich heute mit diesem Ausdruck die Verhaltensweise des Bundeskanzlers Dr. Kreisky vor allem in den letzten Tagen und Wochen qualifizieren muß.

Ich bezeichne das Verhalten eines Mannes, der eine politische Partei, mit der man immerhin 20 Jahre hindurch zusammengearbeitet hat, zu Verhandlungen einlädt, als eine ausgesprochene Frivolität, wenn man von Haus aus nicht daran gedacht hat, diese Verhandlungen auch tatsächlich fair zu führen. [Beifall bei der ÖVP.] Das ist nicht mehr und nicht weniger als eine Ungeheuerlichkeit diesem Gesprächspartner gegenüber und eine bewußte Irreführung der österreichischen Bevölkerung.

Herr Bundeskanzler! Sie sagten gestern, Sie seien der Meinung, daß auch in der Politik der Grundsatz von Treu und Glauben gelten muß. Ich war bisher auch dieser Meinung, und nicht zuletzt gerade aus diesem Grunde, weil ich dieser Meinung war und dieser Überzeugung nach wie vor bin, habe ich mich in der Politik betätigt.

Wenn ich diese gewiß harten Feststellungen gleich eingangs treffen mußte, dann aus einer ehrlichen inneren Erregung heraus und keineswegs deshalb, weil wir die vom Zaune gebrochenen Neuwahlen womöglich fürchten müßten. Ich war nie zimperlich und schon gar nicht wehleidig. Ich bin aber menschlich und persönlich zutiefst davon betroffen, daß ein Mann es wagt, davon zu reden, daß auch in der Politik der Grundsatz von Treu und Glauben Geltung haben muß, wenn er diesen Grundsatz in einem Atemzug gröblichst mißachtet. [Beifall bei der ÖVP.]

Ich war immer für eine, wenn notwendig, harte politische Auseinandersetzung, gleichzeitig aber für bedingungslose Fairneß. Ich bedauere sehr, Ihnen, Herr Bundeskanzler, diese Fairneß für Ihre jüngste Verhaltensweise absprechen zu müssen. So kann man einfach nicht Politik machen. [Beifall bei der ÖVP.] Machiavelli hätte seine reine Freude an Ihnen.

Meine Damen und Herren! Der Antrag, den die Sozialistische Partei heute eingebracht hat, ist das Einbekenntnis des Scheiterns des Experimentes der sozialistischen Minderheitsregierung. Es ist die Bankrotterklärung, wie sie totaler nicht sein kann. [Beifall bei der ÖVP. – Der Präsident übernimmt den Vorsitz.]

Damit sind alle Behauptungen widerlegt, daß eine Minderheitsregierung die parlamentarische Demokratie belebe, ja daß sie diese politische Arbeit erst richtig stimuliere. Warum stellt denn eine Regierungspartei einen Auflösungsantrag, wenn das Experiment der Minderheitsregierung womöglich ein voller Erfolg war? Man bricht doch ein Experiment nicht dann ab, wenn sich gerade die größten Erfolge einzustellen beginnen. Haben Sie schon – meine Damen und Herren – einen Kaufmann gesehen, der seinen Laden dann zusperrt, wenn er die besten Geschäfte macht?

Wir haben von Haus aus gesagt, daß eine Minderheitsregierung nur eine Not- und Übergangslösung sein kann. Das wußte auch Dr. Kreisky, und das wußte auch die Sozialistische Partei. Eine Minderheitsregierung – das haben wir mittlerweile erlebt – ist ständig in Gefahr, Opportunitätspolitik zu betreiben, damit sie sich wenigstens eine gewisse Zeit am Leben erhalten kann. Auch das wußte Dr. Kreisky. Dr. Kreisky wußte nach seinem auch für ihn überraschend gekommenen Wahlerfolg vom 1. März 1970, daß der nun zu bildenden Regierung ganz große Aufgaben bevorstünden und daß zur Lösung schwerwiegender Probleme eine möglichst breite Basis nicht nur zweckmäßig, sondern unbedingt notwendig sein werde. Das alles wußte Dr. Kreisky. Warum hat er sich dann entschlossen, allein zu gehen, den erstmaligen Versuch einer Minderheitsregierung zu wagen, wohl wissend, daß dieser Versuch früher oder später kläglich scheitern müsse?

Meine Damen und Herren! Diese Frage kann wohl nur Dr. Kreisky selbst beantworten. Da er bis jetzt nicht willens war und offensichtlich auch derzeit noch nicht willens ist, diese Frage zu beantworten, eine Frage, die für das ganze österreichische Volk denn doch von einiger Bedeutung und von einigem Interesse wäre, möchte ich versuchen, meinerseits einen kleinen Beitrag, einen bescheidenen Beitrag zu leisten.

Wir, die damaligen Verhandlungspartner Dr. Kreiskys, haben – das möchte ich nachdrücklichst feststellen – keinen Anlaß zum

Entschluß Dr. Kreiskys gegeben. Wir waren, der neuen Situation ganz nüchtern Rechnung tragend, zu einer Zusammenarbeit mit der Sozialistischen Partei bereit. An unserem Verhalten ist jedenfalls die damalige Verhandlungsgrundlage zur Bildung einer gemeinsamen Regierung nicht gescheitert. Das stelle ich zur Steuerung der historischen Wahrheit mit allem Nachdruck fest. [Beifall bei der ÖVP.]

Offensichtlich wollte Dr. Kreisky die ganze, die ungeteilte Macht, und das vor allem nicht zuletzt aus folgendem Grund. [Abg. Dr. Haider: Die Räterepublik!] Meine Damen und Herren! Die Sozialistische Partei war von 1945 bis 1966 immer der Zweite in einer Koalitionsregierung mit der Österreichischen Volkspartei. In dieser Zeit wurde, wie von sehr maßgeblichen Politikern der Sozialistischen Partei wiederholt festgestellt wurde, der Klassenkampf im Ministerrat ausgetragen. In dieser Zeit war die Sozialistische Partei, wie nicht nur von uns, sondern von maßgeblichen Sozialisten immer wieder festgestellt worden war, die Oppositionspartei innerhalb der Koalitionsregierung. Die Sozialistische Partei hat von Haus aus für diese Rolle – das gestehe ich neidlos ein – ein gewisses Naturtalent mitgebracht. Rollen müssen einem eben auf den Leib geschrieben sein. Später hat sie diese Rolle, nämlich die Opposition in der Regierung, geradezu mit Perfektion gespielt. Das war – das haben wir alle noch gut im Gedächtnis – schließlich das Ende der Koalition.

Auch hier zur Steuer der historischen Wahrheit eine Feststellung, die ich nicht zum erstenmal treffe. Meine Damen und Herren! Ich war immer ein überzeugter Anhänger jener Koalition, wie sie von 1945 bis 1955 praktiziert wurde. Diese Koalition war damals für Österreich eine Lebensnotwendigkeit. Und wenn es damals diese Koalition nicht gegeben hätte, weiß Gott, ob wir heute schon den Staatsvertrag hätten.

Ich war aber ein erbitterter Gegner der immer mehr entartenden Koalition der sechziger Jahre. Der Höhepunkt oder, besser gesagt, der Tiefpunkt war der sogenannte Habsburg-Kannibalismus – der Ausdruck stammt nicht von mir, sondern von einem von Ihnen – des Jahres 1963 mit den damaligen Versuchen, hinter unserem Rücken eine Kleine Koalition zu installieren.

Meine Damen und Herren! Ich bin ein überzeugter Anhänger einer Zusammenarbeit, wenn sie auf einer tragfähigen, ehrlichen Basis und vor allem auch auf fest fundierten menschlichen Beziehungen aufgebaut ist. Ich für meine Person hielt diese Voraussetzungen nach dem 1. März 1970 für durchaus gegeben, gerade auch was die personellen Voraussetzungen anbelangt. Gerade das konnte sich aber offensichtlich Dr. Kreisky und mit ihm die Sozialistische Partei einfach nicht vorstellen: daß nämlich die Österreichische Volkspartei als zweitstärkste Partei in einer Koalitionsregierung mit der Sozialistischen Partei eine andere Rolle spielen könnte, als es die Sozialistische Partei 20 Jahre hindurch getan hatte, nämlich die Opposition in der Regierung zu spielen. Diese Zwangsvorstellung kann zumindest – so lege ich es aus – zum Entschluß Dr. Kreiskys beigetragen haben, den Ritt über den Bodensee anzutreten, allerdings erreichte im Gegensatz zum Reiter in der Ballade Dr. Kreisky das jenseitige Ufer nicht.

Das Experiment der Minderheitsregierung der Sozialistischen Partei in Österreich ist gescheitert. [Zustimmung bei der ÖVP.]

Infolge der Existenz dieser Minderheitsregierung konnte in Österreich vieles nicht in Angriff genommen werden, und noch viel mehr mußte unerledigt liegenbleiben. Meine Damen und Herren! Ich zitiere hier einen wirklich unabhängigen, dem Herrn Bundeskanzler Dr. Kreisky bestimmt nicht ungünstig gesinnten Zeugen, einen Artikel Reimanns in der ‚Kronen-Zeitung‘ vom Montag, dem 5. Juli 1971. Reimann schrieb:

‚Der Klub der sozialistischen Abgeordneten gab ein Weißbuch über die Tätigkeit der Minderheitsregierung heraus, das in zweifacher Hinsicht von Interesse ist. Einerseits erinnert es den Leser, wie hochgespannt die Pläne der Regierung Kreisky waren, andererseits offenbart es die Ohnmacht einer Minderheitsregierung, entscheidende Taten zu setzen. Ob es sich um die Verwaltungsreform, das Bundesministeriengesetz (Kompetenzgesetz), die Anwaltschaft des öffentlichen Rechts (Ombudsmann), um Raumordnung und Raumplanung, um die Besteuerung der Politikerbezüge, die Kodifikation des Arbeitsrechtes, das Betriebsrätegesetz, das Dienstnehmerschutzgesetz, das Wohnungseigentumsgesetz oder um den Umweltschutz handelt, überall gibt es

Ansätze, teilweise sogar Gesetzesvorschläge, doch kam es zu keiner parlamentarischen Beratung, geschweige Beschlußfassung. Der Eindruck nach der Lektüre: viele Pläne, aber wenig Ergebnisse.'

So der dem Herrn Bundeskanzler ganz besonders wohlgesinnte Dr. Viktor Reimann in der ‚Kronen-Zeitung' vom 5. Juli 1971.

Herr Bundeskanzler! Für diese Versäumnisse, für das, was nicht geschehen ist, tragen Sie und mit Ihnen die Sozialistische Partei die Verantwortung! [Beifall bei der ÖVP.] Sie wären von dieser Verantwortung dann frei, wenn ein Zwang zu einer Minderheitsregierung bestanden hätte. Aber kein Mensch hat Dr. Kreisky gezwungen, daß er eine Minderheitsregierung bildet. Aus freien Stücken hat Dr. Kreisky mit Hilfe des Bundespräsidenten diesen Schritt getan [Abg. Benya: Den lassen Sie aus dem Spiel!], obwohl andere Möglichkeiten durchaus bestanden hätten. – Herr Präsident Benya! Wenn Sie hier dazwischenrufen ‚Den lassen Sie aus dem Spiel', dann kennen Sie offensichtlich nicht die Verfassungsrechtslage. [Zustimmung bei der ÖVP. – Weitere Zwischenrufe des Abg. Benya.] Es muß Ihnen als Abgeordnetem dieses Hauses bekannt sein, daß ausschließlich der Bundespräsident den Bundeskanzler ernennt. Also ohne Bundespräsidenten gibt es keinen Bundeskanzler. [Zustimmung bei der ÖVP.]

Und nun, Hohes Haus, zu dem Antrag, der heute eingebracht wurde: Der Nationalrat soll aufgelöst werden. Ich frage mich, und das gleiche fragen sich Hunderttausende Österreicher: Warum eigentlich soll eine gesetzgebende Körperschaft, die am 1. März 1970 für vier Jahre gewählt wurde, bereits nach nicht ganz einneinhalb Jahren wieder aufgelöst werden? Ich stelle fest: Nicht der Nationalrat hat versagt, sondern doch eindeutig die Bundesregierung! [Lebhafte Zustimmung bei der ÖVP.] Wenn also Auflösung, dann soll sich die Bundesregierung auflösen, meine Damen und Herren! [Lebhafter Beifall bei der ÖVP.] Die Bundesregierung ist dem Nationalrat verantwortlich und nicht umgekehrt!

Und nun ein Wort an die Freiheitliche Partei. Die Freiheitliche Partei hat zu Zeiten der Großen Koalition immer wieder den Standpunkt vertreten: Warum den Nationalrat nach Hause schicken, wenn die Regierung nicht mehr arbeitsfähig ist? Ich gestehe unumwunden ein, daß die Freiheitliche Partei mit diesem ihrem Standpunkt durchaus nicht unrecht hatte. Ich war daher sehr neugierig, zu erfahren, ob dieser Standpunkt auch heute noch seine Gültigkeit hat.

Meine Damen und Herren! Hier vor mir liegt der Beschluß des Bundesparteivorstandes und des Abgeordnetenklubs der Freiheitlichen Partei vom heutigen Tag, in dem es heißt, daß beschlossen wurde, im Nationalrat dem Antrag der Sozialisten, die Gesetzgebungsperiode zu beenden und Neuwahlen auszuschreiben, die Zustimmung zu geben. Und dann folgt eine Begründung in drei Punkten.

Ich möchte mich mit dem zweiten Punkt ein bißchen beschäftigen. Wenn es hier heißt: ,Wenn die Regierungspartei selbst die Zeit ihres Minderheitskabinetts für abgelaufen erachtet und daher' – das wird jetzt interessant – ,die Auflösung des Nationalrates vorschlägt, liegt es in der Natur der Sache, daß die Oppositionsparteien einem derartigen Antrag zustimmen.' [Heiterkeit bei der ÖVP.]

Meine Damen und Herren! Ja, Herr Kollege Peter, wo kämen wir da hin, wenn letzten Endes nach dem Scheitern einer Minderheitsregierung, wie Sie hier schreiben, und wenn die Regierungspartei der Auffassung ist, daß die Zeit der Regierung abgelaufen ist, daß es in der Natur der Sache liege, daß dann die Oppositionsparteien – Sie gebrauchen den Plural, Sie schreiben nicht von der kleinen Oppositionspartei – diesem Antrag zustimmen. Ich sage Ihnen eines: Gott bewahre uns, wenn die Wahlen vom 10. Oktober 1971 vorbei sein werden, vor einem zweiten Experiment einer Minderheitsregierung, welcher Farbe immer. Stellen Sie sich vor, wenn das, was Sie hier sagen, grundsätzlich richtig wäre: Dann fällt es meinetwegen dieser zweiten Minderheitsregierung ein, nach einem halben Jahr zu sagen: Unsere Zeit ist abgelaufen!, und die Oppositionsparteien hätten das wieder zur Kenntnis zu nehmen, den Nationalrat aufzulösen, ihr Ränzlein zu packen und nach Hause zu gehen. Hier kann ich Ihnen wirklich nicht folgen. [Abg. Dr. Haider: Blaue Logik!]

Meine Damen und Herren! Die Argumente, die die Sozialistische Partei für eine vorzeitige Auflösung des Nationalrates ins
Treffen führt, gehen völlig ins Leere.

Mit dem Schlager ‚Laßt Kreisky und sein Team arbeiten!'
konnte man noch vor den Nationalratswahlen vom 4. Oktober
1970 krebsen gehen, obwohl er auch damals nicht gestimmt hat.
Heute kann man das nicht mehr. Wer hat, so frage ich, Dr. Kreisky
daran gehindert, daß er arbeitet? [Beifall bei der ÖVP.] Er hat
ja selbst erst vor kurzem erklärt, daß er alle wesentlichen Vorlagen unter Dach und Fach gebracht habe.

Er hat gesagt, die Opposition hätte das aus Angst vor den
Neuwahlen getan. Meine Damen und Herren! Die Beratung des
Punktes Strafrechtsänderungsgesetz wurde jetzt durch die Dringliche Anfrage unterbrochen. Ich bin der Ansicht, daß die Mitglieder des Justizausschusses es sich sehr verbieten werden, daß man
ihnen, die über ein Jahr an dieser Materie gearbeitet haben, womöglich sagt, sie hätten es aus irgendeiner Angst vor Neuwahlen
getan. Ich nehme an, auch der Herr Bundesminister Dr. Broda
würde mit einer derartigen Argumentation nicht allzuviel Freude
haben.

Man hätte den Slogan ‚Laßt Kreisky und sein Team arbeiten!'
abwandeln und sagen können: Laßt den vom österreichischen
Volk am 1. März 1970 für vier Jahre gewählten Nationalrat
ungestört arbeiten! [Beifall bei der ÖVP.]

Aber, meine Damen und Herren, das ist nun gegenstandslos.
Ein Antrag ist eingebracht, und die Mehrheit ist diesem Antrag
bereits gesichert. Ich stelle daher nur fest: Es ist kein wie immer
gearteter Grund gegeben, das Parlament nach Hause zu schicken
und das österreichische Volk schon wieder zu den Urnen zu
rufen – Herr Bundeskanzler, wie Sie gesagt haben: nur eine halbe
Stunde im Oktober [Heiterkeit bei der ÖVP] –, und das alles
nur deshalb, weil Dr. Kreisky und sein Team versagt haben und
weil eine Minderheitsregierung ihrer Natur entsprechend versagen
mußte.

Ich bezeichne eine vorzeitige Auflösung des Nationalrates dann
als einen reinen Mutwillensakt, wenn nicht alle Möglichkeiten
ausgeschöpft worden sind, bei den derzeit gegebenen Kräftever-

hältnissen eine Regierung zustande zu bringen, die sich auf eine tragfähige Mehrheit im Nationalrat stützen kann. Es wurden keineswegs alle Möglichkeiten ausgeschöpft, und deshalb liegt dieser Mutwillensakt vor. Ich bedaure nur, meine sehr geehrten Herren von der Freiheitlichen Partei, daß Sie diesem Mutwillensakt mehr oder weniger dadurch beitreten, daß Sie dem Antrag bereits die Unterstützung zugesagt haben. [Zwischenruf des Abg. Dr. Scrinzi.]

Meine Damen und Herren! Es ist ein ganz gefährliches Beginnen, wenn in Fragen wie der vorzeitigen Auflösung der gesetzgebenden Körperschaft ausschließlich – ich betone: ausschließlich – parteipolitische, parteitaktische und wahltaktische Überlegungen eine Rolle spielen. [Zustimmung bei der ÖVP.] Genau das ist der Vorwurf, den ich hiemit der Sozialistischen Partei in aller Form mache.

Von diesem Platze aus muß das gesamte österreichische Volk mit allem Ernst und mit allem Verantwortungsbewußtsein auf das frivole Spiel aufmerksam gemacht werden, das hier getrieben wird. Sie von der Sozialistischen Partei und Sie von der Freiheitlichen Partei haben diese vorzeitigen Wahlen gewünscht. Sie werden sie haben. Wir fürchten uns vor diesen Neuwahlen nicht. Wir nehmen den Fehdehandschuh auf. Das österreichische Volk wird letzten Endes befinden, wie das Verhalten der Sozialistischen Partei und der Freiheitlichen Partei zu beurteilen ist. [Anhaltender Beifall bei der ÖVP.]

Abschließend ein Wort zu Herrn Dr. Kreisky! Sie haben in den letzten eineinviertel Jahren unter Beweis gestellt, daß Sie eine ausgesprochene Spielernatur sind. Ein gewisses Talent ist Ihnen nicht abzusprechen. Mit Ihrem heutigen Auflösungsantrag haben Sie den Gipfelpunkt erreicht: Sie spielen va banque.

Wenn Sie gestern erklärt haben, daß Sie das österreichische Volk für intelligent genug halten, daß es im Oktober sozialistisch wählen werde, dann ist das, gelinde gesagt, nicht nur eine Beleidigung der nichtsozialistischen Mehrheit dieses Landes, sondern darüber hinaus eine unwahrscheinliche Arroganz und eine Selbstherrlichkeit sondergleichen, auf die Sie im Oktober hoffentlich die richtige Antwort erhalten werden. [Beifall bei der ÖVP.] Ich bin mit Ihnen, Herr Bundeskanzler, der Hoffnung, daß sich dafür die Österreicher im Oktober eine halbe Stunde Zeit nehmen werden. [Starker anhaltender Beifall bei der ÖVP.]"

Soweit meine Rede zur Begründung der Dringlichen Anfrage vom 7. Juli 1971.

Ich möchte mich hier nicht noch einmal mit dem gescheiterten Experiment der sozialistischen Minderheitsregierung Kreisky beschäftigen, obwohl nach meiner Meinung nicht oft genug darauf hingewiesen werden kann, daß eine Minderheitsregierung kein taugliches Instrument im Rahmen des parlamentarischen Regierungssystems sein kann. Eine Minderheitsregierung bedeutet logischerweise einen Widerspruch zu einem der Grundgesetze der parlamentarischen Demokratie, das da lautet, daß die Mehrheit entscheidet. Hinter einer Minderheitsregierung steht – schon rein begrifflich und wie es der Name sehr präzise zum Ausdruck bringt – keine dauerhafte und verläßliche Mehrheit. Sie ist einer Oppositionspartei, die sie aus bestimmten Gründen eine gewisse Zeit hindurch unterstützt, damit duldet und am Leben erhält, mehr oder weniger ausgeliefert. Gerade das aber kann doch kein gesunder demokratischer Zustand sein, sonst könnte es ja geradezu zu einer Umkehrung des Grundgesetzes der parlamentarischen Demokratie, wonach die Mehrheit entscheidet, dahingehend kommen, daß womöglich eine Minderheit letzte und endgültige Entscheidungen trifft.

Eine Minderheitsregierung kann daher bestenfalls nur für besondere Notfälle und Übergangssituationen in Frage kommen. Von einer Notsituation konnte im Jahre 1970, als die sozialistische Minderheitsregierung Kreisky installiert wurde, nicht die Rede sein.

War der Bundespräsident wirklich gut beraten, als er eine Minderheitsregierung bestellte? Ich weiß, daß diese Frage vielen auf der linken Seite aber schon gar nicht gefällt und daß sie manchem sogar schwer auf die Nerven geht. Wie sehr das der Fall ist, zeigt die sehr gereizte Reaktion Benyas in Form eines Zwischenrufes während meiner im vorstehenden wiedergegebenen Rede. Das kann mich jedoch keinesfalls daran hindern, diese Frage immer wieder zu stellen. Wir leben nun einmal – Gott sei Dank, möchte ich sagen – in einer demokratischen Republik, in der niemand von Kritik ausgenommen ist, wenn er dazu berechtigten Anlaß gibt. Das gilt selbstverständlich und ganz besonders auch für den ersten Bürger dieses Staates, für den Bundespräsidenten. Die österreichischen Sozialisten haben sich auch niemals, damals noch als Sozialdemokraten, solange das Staatsoberhaupt nicht aus ihren Reihen gekommen war, gescheut, an ihm härteste Kritik zu üben. Was ihnen damals recht war, kann und muß ihnen heute nur billig sein.

Wenn ich daher im nachstehenden noch einmal einige Feststellungen, die ich schon wiederholt getroffen habe, wiederhole, dann gar nicht so sehr als Kritik an dem verstorbenen Bundespräsidenten Jonas wegen seiner Haltung in der Frage der Bestellung der ersten Minderheitsregierung in der Zweiten Republik, sondern vor allem aus Gründen der historischen Wahrheit. Ich bin nämlich der einzige lebende Zeuge des Gespräches, das am späten Nachmittag des 20. April 1970 in der Bundespräsidentenvilla auf der Hohen Warte zwischen Jonas und mir stattfand. Ich stelle daher nochmals, wie ich das bereits zu wiederholten Malen getan habe, fest, daß, bevor die sozialistische Minderheitsregierung bestellt wurde, keineswegs alle Möglichkeiten ausgeschöpft waren.

Der Bundespräsident selbst war es, der den Auftrag gegeben hatte, eine Regierung, bestehend aus den beiden großen Parteien, zu bilden. Jonas hatte nie ein Hehl daraus gemacht, daß er ein Anhänger der Großen Koalition war.

Umso unverständlicher ist es daher, daß er dann auf dem Auftrag, den er Kreisky erteilt hatte, nicht nur nicht bestanden, sondern daß er auch nicht den leisesten Versuch unternommen hat, die beiden großen Parteien noch einmal an den Verhandlungstisch zu bringen, als die Verhandlungen einen kritischen Punkt erreicht hatten. Schärf hatte dies im Jahre 1963 sehr entschieden und letzten Endes auch mit Erfolg getan.

Jonas hat aber auch nicht den geringsten Versuch unternommen, die Freiheitliche Partei in seine Überlegungen miteinzubeziehen. Gewiß – hier höre ich schon den Einwand, daß sich die FPÖ mit ihrer Erklärung vom 16. Jänner 1970 – unter keinen

Umständen nach den Wahlen ein Zusammengehen mit der SPÖ –
selbst ausgeschaltet habe.

Dazu ist festzustellen, daß die FPÖ diese Erklärung sehr wohl
zu Beginn des Wahlkampfes abgegeben hat.

Ich bin allerdings fest davon überzeugt, daß sich die FPÖ trotz
ihrer Erklärung einem dringenden Verlangen des Bundespräsidenten nicht hätte verschließen können.

In Wahrheit war es so, daß die SPÖ, im speziellen aber Doktor Kreisky, den Bundespräsidenten stark unter Druck gesetzt
hatte, weil Kreisky einfach nicht mehr länger zuwarten wollte.
Bei den Verhandlungen mit der ÖVP hatte er ja immer wieder
völlig unmotiviert darauf hingewiesen, daß ein Abschluß unter
allen Umständen bis spätestens 20. April 1970 erzielt werden
müsse. Er gab auf unsere Fragen, warum es gerade der 20. April
1970 sein müsse, niemals eine schlüssige Begründung.

Es wurden also keineswegs alle Möglichkeiten ausgeschöpft.
Das Ausschöpfen aller Möglichkeiten, um zu einem Kompromiß
zu kommen, gehört aber nun einmal zu den obersten Geboten
in der parlamentarischen Demokratie.

Das galt im Jahre 1970 für die Regierungsverhandlungen
ebenso wie im Jahre 1971 für die mutwillige, rein opportunistische,
durch nichts gerechtfertigte vorzeitige Auflösung des Nationalrates.

Abg. Peter wies in seiner Wortmeldung anläßlich der Debatte
vom 7. Juli 1971 darauf hin, „daß der Ausweg aus der gegebenen
Situation", das heißt also aus der durch das gescheiterte Experiment der sozialistischen Minderheitsregierung gegebenen Situation,
in Neuwahlen bestehe, womit auch aus dem Munde des Klubobmannes der FPÖ unmißverständlich, aber leider zu spät, nämlich
erst nach dem Scheitern des Experimentes der Minderheitsregierung Kreisky, zum Ausdruck gebracht wurde, daß Minderheits-
regierungen kein taugliches Instrument im Rahmen des parlamentarischen Regierungssystems sein können.

Für Dr. Kreisky war die Minderheitsregierung des Jahres 1970
gar nichts anderes als ein ausgesprochenes Mittel zum Zweck nach
skandinavischem Vorbild. Vorerst ging es darum, mittels einer
Minderheitsregierung die ganze Macht in die Hand zu bekommen;
die zweite, entscheidende Stufe bestand darin, über das Sprung-

brett der Minderheitsregierung zur absoluten Mehrheit zu kommen. Es handelte sich hiebei um eine Verhaltensweise, die im Rahmen der Spielregeln, wie sie in jeder parlamentarischen Demokratie Geltung haben müssen, dem Buchstaben nach vielleicht gerade noch Deckung findet. Ob sie allerdings mit dem Geist der parlamentarischen Demokratie vereinbar ist, ist wohl eine andere Frage.

Wenn ich dieses Kapitel mit dem Titel „Treu und Glauben" überschrieben habe, dann möchte ich jetzt denn doch noch kurz einige Bemerkungen zu folgendem Satz aus dem Schluß meiner im vorstehenden wiedergegebenen Rede machen, der da lautete: „Es ist ein ganz gefährliches Beginnen, wenn in Fragen wie der vorzeitigen Auflösung der gesetzgebenden Körperschaft ausschließlich – ich betone: ausschließlich – parteipolitische, parteitaktische und wahltaktische Überlegungen eine Rolle spielen."

Als ich diesen Satz aussprach, war die unmittelbare Aktualität der vorzeitigen Auflösung des am 1. März 1970 gewählten Nationalrates gegeben. Ich konnte damals noch nicht ahnen, daß dieses Beispiel in den nächsten Jahren derart, und zwar in fast allen Bundesländern, Schule machen werde.

Bevor ich jedoch darauf zu sprechen komme, muß ich einige Bemerkungen über die vorzeitigen Parlamentsauflösungen, wie sie zu Zeiten der Großen Koalition üblich waren, machen.

Für jede gesetzgebende Körperschaft, sei es der Nationalrat oder seien es die neun Landtage, gilt die von der jeweiligen Verfassung vorgesehene Legislaturperiode. Sie beträgt für den Nationalrat vier Jahre, für die meisten Landtage fünf Jahre und für den oberösterreichischen Landtag sechs Jahre. Der Wähler müßte also normalerweise damit rechnen können, daß dem in den einzelnen Verfassungen enthaltenen Grundsatz auch tatsächlich Rechnung getragen wird.

Es ist nun eine leider nicht zu leugnende Tatsache, daß in der Zeit von 1945 bis heute die Legislaturperioden des Nationalrates zum überwiegenden Teil nicht voll ausgelaufen sind. Wenn ich in meiner im vorstehenden wiedergegebenen Rede darauf hingewiesen habe, daß, wenn die Bundesregierung versage und mit ihrem Latein am Ende sei, deshalb doch nicht der Nationalrat vorzeitig nach Hause geschickt werden müsse, dann bediente ich mich zugegebenermaßen eines Argumentes, das die freiheitlichen Abgeordneten gebrauchten, wenn zu Zeiten der Großen Koalition, weil die Koalitionspartner einfach nicht mehr weiterwußten, der Nationalrat vorzeitig aufgelöst wurde, wie das etwa 1952, 1956, 1959, 1962 und 1965 der Fall war. Ich bin der letzte, der diese vorzeitigen Nationalratsauflösungen entschuldigen möchte. Sie sind auch nicht ohne weiteres zu entschuldigen. Ich habe für sie keine plausible Entschuldigung, wohl aber eine Begründung. An anderem Ort weise ich darauf hin, daß in Österreich bis weit in die sechziger Jahre hinein die allgemeine Auffassung von der Zweckmäßigkeit, von der Notwendigkeit, ja von der Unentbehrlichkeit der Großen Koalition bestand. Abgesehen von den Eintagsfliegen der Bemühungen um die Freiheitlichen in den Jahren 1953 und 1963 war all die Jahre hindurch bis zum Jahre 1970 die FPÖ kein ernstlich in Erwägung gezogener Regierungspartner.

Wenn also nun – ob nun zu Recht oder zu Unrecht – die fixe Meinung vorherrschte, es gäbe keine andere Regierungsmöglichkeit als die zwischen den beiden großen Parteien, dann bestand für den Fall des vorzeitigen Scheiterns der jeweiligen Koalitionsregierung tatsächlich keine andere Möglichkeit als die der vorzeitigen Anrufung des Wählers, um ihm die Möglichkeit zu geben, eine Entscheidung zu treffen und mit dieser Entscheidung faktisch einen neuen Regierungsauftrag zu erteilen.

Wie gesagt, ich will damit die vorzeitigen Parlamentsauflösungen in keiner Weise entschuldigen; ich möchte aber doch zumindest versuchen, sie zu begründen und zu erklären.

Wesentlich schwieriger fällt mir eine Begründung für die vorzeitigen Landtagsauflösungen der vergangen Jahre – ganz abgesehen davon, daß ich dafür selbstverständlich auch weit und breit keinen wie immer gearteten Entschuldigungsgrund finde.

Die vorzeitigen Landtagsauflösungen sind in den letzten Jahren zur ausgesprochenen Mode geworden.

Begonnen hatte es bereits im Jahre 1969 in Wien. Mit der Behauptung, die ÖVP beabsichtige eine Vorverlegung der spätestens am 1. März 1970 fälligen Nationalratswahlen in den Herbst 1969, beschlossen die Wiener Sozialisten die vorzeitige Auflösung des Wiener Landtages und Gemeinderates und führten die Wahlen, die im Herbst 1969 fällig gewesen wären, bereits im April 1969 durch. Die damals gebrauchte und seither üblich gewordene, selbstverständlich aber niemals und nirgends zutreffende Begründung lautete: Das Programm, das zu Beginn der Legislaturperiode verkündet wurde, ist erfüllt, deshalb kann und muß der Landtag vorzeitig aufgelöst werden, damit der neugewählte Landtag nur ja möglichst bald im Interesse und zum Wohl der Bevölkerung mit der Erfüllung eines neuen Regierungsprogrammes beginnen kann.

Es ist wirklich kein Wunder, wenn sich die Bevölkerung unter solchen Umständen die Frage vorlegt, was noch und immer wieder die Politiker dem Wähler zumuten. Welchen Respekt soll der Wähler und Staatsbürger den Bestimmungen der Bundesverfassung und der Landesverfassungen wirklich bekunden, wenn der Gesetzgeber selbst sie in einer sehr wesentlichen Bestimmung in geradezu provokanter Art und Weise mißachtet?

Jedenfalls machte das Wiener Beispiel des Jahres 1969 ohne Rücksicht auf Parteischranken Schule.

Das nächste Bundesland, in dem die in Wien bewährte Methode Nachahmung fand, war das Burgenland.

Auch dort wurde der Landtag mit einem biederen Augenaufschlag und der Behauptung, daß das Regierungsprogramm erfüllt sei, vorzeitig aufgelöst. Die Rechnung ging allerdings für die SPÖ im Burgenland keineswegs so auf, wie das im Jahre 1969 für sie in Wien der Fall gewesen war.

Die burgenländische SPÖ verlor bei den am 8. Oktober 1972 durchgeführten vorzeitigen Landtagswahlen, die sie selbst provoziert und herbeigeführt hatte, die absolute Mehrheit.

Wie bereits gesagt, schlechte Beispiele verderben gute Sitten.

Wieder waren es die Wiener Sozialisten, die das einmal mit Erfolg erprobte Rezept ein zweites Mal anzuwenden gedachten. Sie waren im Jahre 1969 auf den Geschmack gekommen. Die Wiener SPÖ wußte, daß sie, wenn sie mit Bürgermeister Slavik in die im Frühjahr 1974 fälligen Wahlen gehen sollte, einem Debakel nicht absehbaren Ausmaßes entgegengehen werde. Deshalb mußte nicht nur Slavik abtreten, sondern nicht zuletzt aus diesem

Grund wurden die Gemeinderatswahlen vorgezogen. Sie brachten der SPÖ einen spektakulären, in diesem Ausmaß von niemandem, auch nicht von der SPÖ selbst, erwarteten Erfolg.

Was für den einen recht war, konnte selbstverständlich für den anderen nur billig sein.

In Niederösterreich wären die Landtagswahlen im Herbst 1974 fällig gewesen. Da man seit geraumer Zeit nicht nur in der niederösterreichischen ÖVP von vorzeitigen Bundespräsidentenwahlen sprach und da die niederösterreichische Volkspartei eine zu nahe Aufeinanderfolge der beiden Wahlen nicht wünschte, vor allem aber, weil sie darauf bedacht war, daß die Landtagswahlen unter keinen Umständen nach den Bundespräsidentenwahlen stattfinden sollten, wurde der niederösterreichische Landtag vorzeitig aufgelöst. Auch hier lautete die Begründung: Das Regierungsprogramm ist erfüllt, und überdies wird durch die Vorverlegung der Wahlen der Wahlkampf wesentlich verkürzt und dadurch weniger aufwendig.

Auch für die niederösterreichische Volkspartei ging die Rechnung am Wahltag, dem 9. Juni 1974 – wenn auch in einem etwas bescheideneren Rahmen –, durchaus auf. Vor allem war – wie sich dann 14 Tage später gezeigt hat – die Überlegung vollkommen richtig, daß die Landtagswahlen unbedingt vor der Bundespräsidentenwahl stattfinden müßten.

Zum gerechten Ausgleich, damit die Sozialisten mit ihren vorzeitigen Landtagsauflösungen im Burgenland und in Wien nicht die Vorhand behalten sollten, wurde dann im Sommer 1974 in Graz mit den Stimmen der ÖVP und der FPÖ beschlossen, daß der steirische Landtag nicht erst nach Ablauf der Gesetzgebungsperiode im März 1975, sondern bereits im Herbst 1974 gewählt werden solle. Nach all diesen vorzeitigen Landtagswahlen war es an und für sich geradezu selbstverständlich, daß auch die Tiroler nicht zurückstehen wollten und ihre Landtagswahlen vom Oktober in den Juni 1975 vorverlegten.

Ich kann mir durchaus vorstellen, daß sich so mancher Staatsbürger die Frage vorlegen wird, wozu in den einzelnen Landesverfassungen die Gesetzgebungsperioden mit einer genau bestimmten Anzahl von Jahren festgelegt sind, wenn dann die politischen

Parteien mehr und mehr vorzeitige Auflösungsbeschlüsse fassen und gar nicht daran denken, sich an den Auftrag des Verfassungsgesetzgebers zu halten? Diese Vorgangsweise ist doch tatsächlich, wenn sie in den letzten Jahren auch noch so sehr Schule gemacht hat und wenn sie auch einmal von der einen und dann wieder von der anderen Seite angewendet wurde, durch nichts zu rechtfertigen, es sei denn, daß die politischen Parteien und die verantwortlichen Landespolitiker die Wahltaktik und die politische Opportunität als Rechtfertigungsgrund betrachten. Ich schließe mich einer solchen Auffassung jedenfalls nicht an. Sie könnte nur geeignet sein, das Vertrauensverhältnis zwischen Wählern und Gewählten empfindlich zu stören.

Es wäre nach meiner Auffassung höchst an der Zeit, daß die politischen Parteien die Periode der geradezu epidemischen vorzeitigen Landtagswahlen nicht nur als abgeschlossen betrachten und daß sie in Hinkunft davon Abstand nehmen, die Legislaturperiode willkürlich zu verkürzen, sondern daß sie darüber hinaus endlich und ernsthaft Überlegungen in der Richtung anstellen, ob nicht die Landtagswahlen in ganz Österreich gleichzeitig durchgeführt werden könnten. Das würde selbstverständlich voraussetzen, daß die Gesetzgebungsperioden in allen Bundesländern gleich lang dauern. Nach allen meinen Erfahrungen könnte sich eine Zusammenlegung aller Landtagswahlen nur segensreich auswirken. Es gäbe dann nur mehr vier große Wahltermine: die Nationalratswahlen, die Landtagswahlen, die Gemeinderatswahlen und die normalerweise alle sechs Jahre stattfindende Bundespräsidentenwahl.

Ich kann mir vorstellen, daß die Bevölkerung für eine Zusammenlegung der Wahlen auf wenige Termine nicht nur ungemein großes Verständnis aufbringen, sondern daß sie eine solche Maßnahme darüber hinaus sehr begrüßen würde. Sie ist es ja, die durch die ständigen Wahltermine und die dadurch ausgelöste politische Unrast am meisten betroffen ist. Ein ganz entscheidender Vorteil bestünde jedoch auch darin, daß die Regierungstätigkeit wesentlich weniger gehemmt würde, als das derzeit der Fall ist. Einer alten Tradition entsprechend finden in den Wochen vor Landtagswahlen keine Nationalratssitzungen statt, damit nur ja

nicht die Gefahr des Mißbrauches der Parlamentstribüne für Wahl-
propagandazwecke geradezu provoziert wird. Diese Wochen fehlen dann der Regierung ebenso wie dem Parlament.

Ich mache daher den sehr ernstgemeinten und wohlüberlegten
Vorschlag, daß die politischen Parteien die Frage der Zusammenlegung der Landtagswahltermine ernstlich überdenken und daß
sie im Interesse der ganzen Bevölkerung, nicht zuletzt aber auch
in ihrem ureigensten Interesse, zu einer baldmöglichen Lösung
kommen sollten, einer Lösung, die einen sehr wesentlichen Beitrag
zur Stärkung und Festigung der parlamentarischen Demokratie in
Österreich bedeuten könnte.

Zum Grundsatz von Treu und Glauben gehört nun einmal,
daß sich der Staatsbürger auf das, was die Politiker sagen und versprechen, auch tatsächlich verlassen kann. Ebenso und noch viel
mehr gehört aber zum Grundsatz von Treu und Glauben, daß
sich der Staatsbürger, wenn sein Vertrauen nicht erschüttert werden soll, auf das verlassen können muß, was in der Bundesverfassung und in den Landesverfassungen steht. Die Politiker dürfen dieses Vertrauen nicht leichtfertig und schon gar nicht mutwillig aufs Spiel setzen.

VIER TODSÜNDEN DER SPÖ-ALLEINREGIERUNG
Reden vom 6. November 1974 und vom 19. Dezember 1974

Die jährlich stattfindende Debatte über das Bundesfinanzgesetz
bietet den im Nationalrat vertretenen Parteien die willkommene
Gelegenheit, zu allen Fragen des Staatshaushaltes Stellung zu nehmen. In erster Linie ist es Sinn und Zweck der jährlichen Budgetdebatte, die Staatsfinanzen zu durchleuchten, Stellungnahmen zu
den einzelnen Ansätzen abzugeben, kritisch zu prüfen, welche
Ressorts besser und welche schlechter dotiert sind, und schließlich
aufzuzeigen, wo die Schwerpunkte liegen – was sich begreiflicherweise die Regierungspartei besonders angelegen sein läßt – oder
wo sie liegen sollten – welche Gelegenheit sich vor allem die Oppositionsparteien nicht entgehen lassen. Darüber hinaus ist der
Staatsvoranschlag als die in Ziffern und Zahlen gegossene Form

des Regierungsprogrammes selbstverständlich eine hochpolitische Angelegenheit. Es geht daher bei der Debatte über das Budget keineswegs nur um Ziffern und Zahlen, sondern gerade auch, wenn nicht sogar in erster Linie um die Gesamtpolitik der jeweiligen Regierung.

Die Budgetdebatte rollt in zwei Phasen ab. Die erste Phase besteht aus der üblicherweise Ende Oktober jeden Jahres stattfindenden Rede des Finanzministers, mit der er seinen Budgetentwurf für das folgende Jahr vorstellt und erläutert. Wenige Tage nach der Rede des Finanzministers geht sodann die sogenannte erste Lesung des Bundesfinanzgesetzes über die parlamentarische Bühne, in der der Nationalrat die Gelegenheit erhält, grundsätzlich zum Budgetentwurf, vor allem aber zu allen aktuellen politischen Problemen der Innen- und Außenpolitik Stellung zu nehmen.

Die zweite Phase geht dann in Form der sogenannten Spezialdebatte über die Bühne. Während die erste Lesung normalerweise an einem einzigen Tag abgewickelt wird, nimmt die Spezialdebatte, in der das Budget kapitelweise behandelt wird, ungemein viel Zeit in Anspruch.

Immer schon wurde darüber debattiert, ob die Art und Weise, wie im österreichischen Nationalrat die Budgetdebatte abgeführt wird, sinn- und zweckvoll sei. Von sehr maßgeblichen Parlamentariern wurde immer wieder die Frage aufgeworfen, ob es nicht zweckmäßiger wäre, die Budgetdebatte zu straffen, um dadurch Zeit für die gründliche Behandlung anderer wichtiger Gesetzesmaterien zu gewinnen. Eines der Hauptargumente, das gegen die herkömmliche Art der Budgetdebatte ins Treffen geführt wird, ist der Hinweis, daß die Zeiten doch längst dahin seien, in denen die Parlamente tatsächlich noch über eines ihrer entscheidenden Rechte, nämlich über die Budgethoheit, somit über das Recht, Mittel zu bewilligen bzw. sie zu verweigern, verfügten. Dieses Recht ist im Laufe der Entwicklung weitgehend verloren- beziehungsweise faktisch auf die Exekutive übergegangen. Diese Feststellung mag schmerzlich sein, es ändert sich dadurch aber leider nichts an der Tatsache, daß sie zutreffend ist. Bedauerlicherweise, aber unbestrittenermaßen und vielleicht auch durchaus zwangsläufig, entscheidet heute das Parlament nur mehr formal über den Rahmen und über die einzelnen Ansätze des jährlichen Staatsbudgets. Das eine sowohl wie das andere kommt von der Regierung und wird von der Mehrheit des Parlamentes nach mehr oder weniger langer Debatte letzten Endes praktisch unverändert angenommen.

Insofern ist wohl die Vorlage des Budgets und die Debatte über den Staatsvoranschlag ihres ursprünglichen Sinnes und Zweckes entkleidet worden. Trotzdem kommt ihr noch immer und nach wie vor, weil sie ja Anlaß bietet, zur Gesamtpolitik der jeweiligen Regierung umfassend und kritisch Stellung zu nehmen, heute genauso wie sicherlich auch in Zukunft besondere Bedeutung zu.

Das größte Interesse findet, was durchaus verständlich ist, das jeweils letzte Budget, das eine Bundesregierung zum Ende einer Legislaturperiode vorlegt. Das zeigte sich speziell bei den Alleinregierungen der ÖVP und der SPÖ, als nämlich die ÖVP-Alleinregierung im Herbst 1969 ihr letztes Budget in der XI. Gesetzgebungsperiode vorlegte und als die SPÖ-Alleinregierung im Oktober 1974 ihr Abschlußbudget für die XIII. Legislaturperiode präsentierte.

Sowohl die Regierungspartei wie auch die Oppositionsparteien nützen die Gelegenheit der Vorlage des letzten Budgets in einer Legislaturperiode dazu, Bilanz zu legen. So geschah es im Jahre 1969, als die damalige ÖVP-Alleinregierung ihr letztes Budget vorlegte, und nicht anders war es im Herbst 1974, als die SPÖ-Alleinregierung ihr Budget für 1975 vorstellte.

Wie nicht anders zu erwarten ist, versucht die jeweilige Regierungspartei die Bilanz der Legislaturperiode möglichst positiv darzustellen, während die Oppositionsparteien begreiflicherweise die negativen Aspekte aufzuzeigen versuchen. Es wäre ja geradezu unnatürlich, wenn es anders wäre.

Daß bei der Erstellung einer Abschlußbilanz selbstverständlich auch die innenpolitische Entwicklung in der abgelaufenen Legislaturperiode, insbesondere auch die in der Zwischenzeit stattgefundenen Landtags- und sonstigen Wahlen eine nicht unbeachtliche Rolle spielen, ist in Anbetracht des Umstandes, daß solchen Wahlen, ob es nun zugegeben wird oder nicht (meistens wird es nicht zugegeben), ohne Zweifel ein gewisser Testcharakter zukommt, wohl durchaus verständlich. So war es in der Zeit von 1966 bis 1970, als die ÖVP eine Landtagswahl nach der anderen verlor. Interessanter-, aber gar nicht so überraschenderweise wiederholte sich diese Entwicklung in der Zeit der Alleinregierung der SPÖ geradezu spiegelverkehrt. Auch sie mußte bei den in den Jahren von 1970 bis 1974 stattgefundenen Wahlen mit der einzigen Ausnahme von Wien fast durchwegs schwere Niederlagen hinnehmen. Eine weitere Ausnahme bildete die am 2. März 1975 durchgeführte Landtagswahl in Kärnten.

Als wir in der Zeit unserer Alleinregierung die ersten Niederlagen bei Gemeinderats- und Landtagswahlen erlitten, mußten wir uns vor allem seitens der SPÖ immer wieder anhören, daß wir die absolute Mehrheit, die wir bei den Wahlen vom 6. März 1966 errungen hatten, gar nicht mehr zu Recht besäßen. Wir hätten diese Mehrheit ja schon längst verloren, die Mehrheit der Wähler stünde keineswegs mehr hinter uns.

Was Wunder, daß die gleichen Argumente unsererseits ins Treffen geführt wurden, als die Entwicklung während der SPÖ-Alleinregierung nunmehr geradezu parallel zu den seinerzeitigen Wahlniederlagen der ÖVP verlief, als nämlich eine Niederlage nach der anderen auf die SPÖ geradezu herniederprasselte.

Es zeigt sich eben immer wieder, daß man mit dem Vorbringen von Argumenten, von denen man durchaus überzeugt sein mag, daß sie besonders stichhältig und überzeugend seien, sehr vorsichtig sein soll, da man nie weiß, ob sich nicht das, was man heute gegen den politischen Gegner vorbringt, bereits morgen gegen die eigene Partei richtet.

Gerade darauf nahm ich in meiner im nachstehenden wiedergegebenen Rede vom 6. November 1974 Bezug, in der ich zunächst auf einige Bemerkungen meines Vorredners, des sozialistischen Klubobmannes Robert Weisz, einging.

Ich möchte noch einmal betonen, daß ich der Auffassung bin, daß Landtagswahlergebnissen, speziell wenn sie geradezu serienmäßig Niederlagen für die auf Bundesebene regierende Partei bringen, ein gewisser Testcharakter nicht abgesprochen werden kann.

Ohne Zweifel können aus derartigen Wahlresultaten gewisse Schlüsse auf die Stimmung der Wählerschaft auch auf Bundesebene gezogen werden.

Trotzdem ändern solche Resultate in keiner Weise auch nur das geringste an der Tatsache, daß eine Partei, die bei der zuletzt stattgefundenen Nationalratswahl ein regierungsfähiges Mandat erhalten hat, ermächtigt und berechtigt ist, vier Jahre hindurch von diesem Mandat auch tatsächlich Gebrauch zu machen, wie immer sich die Wählergunst inzwischen auch geändert oder verschoben haben mag. Um es noch deutlicher zu sagen: Mag eine regierende Partei aus welchen Gründen immer während der Legislaturperiode, für die sie vom Wähler ein Mandat bekommen hat, noch soviel an Sympathie und auch an Wählerpotential – worauf Landtagswahlergebnisse gewisse gerechtfertigte Schlüsse zulassen, speziell wenn es sich nicht um Eintagsfliegen handelt – einbüßen, das Mandat, das ihr die Wähler bei der letzten Nationalratswahl übertragen haben, kann ihr auf die Dauer von vier Jahren von niemandem streitig gemacht werden.

Das galt für die ÖVP-Alleinregierung und für die damalige Regierungspartei in der Zeit von 1966 bis 1970 genauso, wie es ohne jede Einschränkung auch für die SPÖ-Alleinregierung in der XIII. Legislaturperiode Geltung hatte.

Diese Ausführungen und Bemerkungen schienen mir notwendig zu sein, bevor ich nun die am 6. November 1974 im Nationalrat gehaltene Rede im Wortlaut bringe:

„Hohes Haus! Meine Damen und Herren!

Als ich dem Klubobmann Weisz zugehört habe, erinnerte ich mich unwillkürlich an die Zeit der Jahre von 1967 bis 1970. Als wir damals am 22. Oktober 1967 in Oberösterreich bei den Landtagswahlen eine Niederlage erlitten hatten, höhnte man in der nächsten Nationalratssitzung nach diesem Wahlsonntag in Oberösterreich zu uns herüber: Ihr habt ja gar nicht mehr die absolute Mehrheit, das hat das Resultat in Oberösterreich erwiesen. Und als wir dann weiter verloren in Salzburg, in Wien und so weiter, mußten wir immer wieder bei der nächstfolgenden Nationalratssitzung das gleiche Lied hören.

Ich frage mich, Herr Klubobmann Weisz, was sich die da oben auf der Galerie, wenn sie damals schon dagesessen sein sollten, denken mögen, wenn sie Sie heute gehört haben, als Sie sagten, daß Schleinzer zu Unrecht behauptet hätte, Sie hätten nicht mehr die absolute Mehrheit hinter sich. Ich glaube, hier sind zwei Dinge zu unterscheiden. [Abg. Dr. Fischer: Sie glauben ja selber nicht daran! Aber Sie wollen es nicht genau wissen!]

Nein, ich glaube für meine Person, daß Sie die absolute Mehrheit nicht mehr hinter sich haben, was aber nichts an der Tatsache ändert, daß Sie am 10. Oktober 1971 bei den letzten Nationalratswahlen ein Mandat für vier Jahre bekommen haben. Das ist völlig unbestritten, da gibt es überhaupt keine Diskussion. Damit ist aber nicht gesagt, daß Sie noch die Mehrheit hinter sich haben, aber Sie haben ein Mandat bekommen, und das Mandat gilt für vier Jahre – das ist unter Demokraten völlig unbestritten. [Abg. Dr. Kreisky: Interessanter Meinungsunterschied zum Herrn Bundesparteiobmann!]

Jetzt, Herr Bundeskanzler – es freut mich, daß Sie gekommen sind und sich in die Debatte einschalten –, gleich einige Bemerkungen zu dem, was Kollege Weisz gesagt hat. Vorzeitige Wahlen, das wissen Sie sehr genau, gibt es aus verschiedenen Gründen. Einer dieser Gründe ist zum Beispiel die Auflösung durch den Bundespräsidenten, der andere Grund ist die vorzeitige Auflösung, wenn die Mehrheit des Nationalrates eine vorzeitige Auflösung beschließt. Damit ist zugleich die Möglichkeit, aber, Herr Bundeskanzler, auch die Verantwortung aufgezeigt.

Sie haben mit 93 zu 90 die Möglichkeit – ausschließlich Sie –, den Nationalrat vorzeitig aufzulösen. Wenn Sie das tun, übernehmen Sie auch die volle Verantwortung; diese Verantwortung, Herr Bundeskanzler, wird Ihnen niemand abnehmen, seien Sie davon überzeugt. [Beifall bei der ÖVP.]

Klubobmann Weisz hat – durchaus verständlich – gesagt: Alles ist in bester Ordnung. Ich möchte jetzt dazu gar nicht persönlich als Politiker Stellung nehmen, ich lasse andere sprechen.

Sie haben zum Beispiel Horst Knapp zitiert. Gestatten Sie, daß auch ich Horst Knapp zitiere – er ist heute bereits zitiert worden. ‚Finanznachrichten‘ vom 1. November 1974. Er nimmt Bezug auf den Einleitungssatz des Finanzministers in seiner Budgetrede, der gelautet hat: ‚In dieser Zeitspanne [gemeint sind die Jahre seit 1970] konnte das Budget konsolidiert werden. Die Staatsfinanzen sind in Ordnung', so sagte der Finanzminister.

Und dazu sagt Horst Knapp, den Sie offensichtlich sehr schätzen – Sie haben ihn zitiert –, ich schätze ihn gleichfalls, und ich glaube, hier sind wir einer Meinung.

Herr Klubobmann Weisz! Jetzt passen Sie auf, was Horst Knapp dazu sagt: ‚Diese lapidaren Behauptungen stehen an der Spitze der Budgetrede am 22. Oktober 1974. Sie sind unwahr.' – Das sagt Horst Knapp. ‚So wenig in Ordnung waren die Staatsfinanzen seit Menschengedenken nicht', sagt wieder Horst Knapp.

Und weiter zitiere ich jetzt Horst Knapp: ‚Daher ist meine Feststellung, daß die Staatsfinanzen alles andere als in Ordnung sind, nicht politisch motiviert, sondern Ausdruck echter Besorgnis.

Echter Besorgnis über den Stand der Staatsfinanzen, echter Besorgnis jedoch auch darüber, daß sich ein Finanzminister, der genau weiß, daß die Situation der Staatsfinanzen die denkbar prekärste ist, ... dazu hergibt, der Parteiräson zuliebe das Gegenteil zu behaupten.'

Herr Klubobmann Weisz! Sie haben gesagt, alles ist in bester Ordnung. Wenn Sie zuvor dem Kollegen Mitterer gesagt haben, es wäre für ihn gut, wenn er sich in den Parteizeitungen der Österreichischen Volkspartei etwas umschaute, vielleicht wäre es für Sie auch nicht ganz unzweckmäßig, wenn Sie sich für das interessierten, was in Ihrer Parteizeitung, im Zentralorgan der Sozialistischen Partei, steht. [Beifall bei der ÖVP.]

Da stand gestern zum Beispiel unter dem Titel ‚Vollbeschäftigung verlangt Inflationsbekämpfung' in der ‚Arbeiter-Zeitung' aus der Feder von Dr. Heinz Kienzl, immerhin Generaldirektor der Oesterreichischen Nationalbank, unter anderem folgendes als Schlußfolgerung, die er aus dem zieht, was er vorher in einem Dreispalter sagte; ich nehme das jetzt sehr ernst, wenn es der Generaldirektor der Oesterreichischen Nationalbank sagt: ‚Um diese Überlegungen', also seine Überlegungen, hier in der ‚Arbeiter-Zeitung' niedergelegt, ‚mit einem einprägsamen Bild abzuschließen: Die österreichische Volkswirtschaft befindet sich in der

Lage eines Hochtouristen, der, gut ausgerüstet, bei guten Kräften vom Schlechtwetter bei einem gefährlichen Aufstieg überrascht wird. Kehrt er rechtzeitig um, dann wird er angesichts seiner guten Kondition auch gut in das Tal kommen. Steigt er weiter, wird es ein Wagnis auf Leben und Tod, und das sollten wir doch lieber nicht tun.' [Abg. Mitterer: Ein finsterer Reaktionär!]

Meine Damen und Herren! In einer Zeit, von der Kienzl sagt, es sei eine Zeit, in der es auf Leben und Tod geht, redet der Bundeskanzler Dr. Kreisky darüber, ob das Naß- oder das Trockenrasieren das bessere ist. [Beifall bei der ÖVP].

Herr Bundeskanzler! Wer Ihre damaligen Ausführungen im Fernsehen gesehen hat, der hat damals den Eindruck gewinnen müssen, daß es Ihnen damit sehr ernst war. Wenn Sie später dann so getan haben, als hätten Sie nur einen Scherz gemacht, so muß ich sagen: Das war ein schlechter Scherz, den Sie da mit dem österreichischen Volk gemacht haben. [Beifall bei der ÖVP.]

Meine Damen und Herren! Die sozialistische Alleinregierung legt mit diesem Voranschlag für 1975 dem Hohen Haus ihr letztes Budget in der XIII. Legislaturperiode vor. Dies sollte, so glaube ich, der Anlaß dazu sein, eine Bilanz über die mehr als vier Jahre sozialistischer Alleinregierung zu legen.

Im Jahre 1969 war es gar nicht anders. Damals legten wir unseren letzten Budgetentwurf für 1970 vor, und die im Hause vertretenen drei Parteien nahmen begreiflicherweise diesen Anlaß wahr, um Bilanz zu ziehen über vier Jahre ÖVP-Alleinregierung. Ich hatte damals als Klubobmann der Österreichischen Volkspartei die Gelegenheit, diese Bilanz namens meiner Fraktion zu legen. Eine Abschlußbilanz war es für uns damals im Jahre 1969.

[Abg. Pay: Eine schlechte!] Darüber werden wir gleich reden. Passen Sie sehr gut auf, ich nehme an, Sie werden einer der Nachredner sein, da können Sie dann darauf Bezug nehmen.

[Abg. Dr. Tull: Die Wähler haben Ihnen die Antwort gegeben!] Passen Sie nur sehr gut auf, Herr Dr. Tull, ich werde dann ausführlich darauf zu sprechen kommen. Ich sehe nur, wie notwendig es ist, darauf zu sprechen zu kommen, wenn immer noch Bemerkungen der Art, wie Sie jetzt eine gemacht haben, auch heute noch, 1974, nach den Erfahrungen, die man mittlerweile mit der sozialistischen Alleinregierung gemacht hat, gemacht werden. [Beifall bei der ÖVP.]

Ich gebe zu: Eine Abschlußbilanz für sich allein, meine Damen und Herren, besagt überhaupt noch nichts, wenn nicht dieser Abschlußbilanz eine Eröffnungsbilanz gegenübergestellt werden kann. Das ist bei Wahlen gar nicht anders. Es ist völlig sinnlos, über das Ergebnis einer Wahl zu diskutieren, wenn man nicht die Ergebnisse der vorangegangenen Wahl kennt und diese Ergebnisse miteinander in Vergleich bringen kann.

Ich habe mich damals bemüht, auf die Ausgangsposition hinzuweisen, wie sie für die Österreichische-Volkspartei-Alleinregierung im Jahre 1966 bei Amtsantritt und bei Übernahme der Regierungsgeschäfte gegeben war. Ich muß heute genau das gleiche tun; ich werde versuchen, es sehr kurz zu tun.

Meine Damen und Herren! Ich muß also noch einmal auf die Ausgangssituation zu sprechen kommen, wie die ÖVP-Alleinregierung sie im Jahre 1966 vorgefunden hat. Nur so ist nämlich ein wirklich wirkungsvoller Vergleich zwischen der Arbeit, den Erfolgen und Mißerfolgen der ÖVP-Alleinregierung und der SPÖ-Alleinregierung möglich.

Ich hielt anläßlich der ersten Lesung des Bundesfinanzgesetzes 1970 im Nationalrat meine längste Rede. Sie dauerte damals über zwei Stunden, worauf mein Nachredner, es war der Oppositionsführer Dr. Kreisky, gleich Bezug nahm und auf meine mehr als zweistündige Rede hinwies. Ich habe mir – nicht deshalb, Herr Bundeskanzler, weil Sie diese Bemerkung gemacht haben – damals geschworen, nie wieder so lange Reden zu halten, jedenfalls nie wieder über zwei Stunden zu reden. Ich habe mich seither auch daran gehalten, und ich möchte auch heute nicht wortbrüchig werden, was an und für sich bei der Breite des Themas, das zu behandeln ist, nicht ganz von der Hand zu weisen wäre. Aber ich werde mich sehr, sehr bemühen, kurz zu sein.

Zuerst einige Bemerkungen zur Eröffnungsbilanz, wie sie sich im Jahre 1966 für die ÖVP-Alleinregierung ergab.

Es begann damit, daß sich fast gleichzeitig mit dem Amtsantritt der neuen Regierung eine Rezession abzuzeichnen begann, die viel ernster war, als ursprünglich angenommen worden war.

Der Tiefpunkt wurde 1967 erreicht. Damals sank die Wachstumsrate des Bruttonationalprodukts, die im Jahre 1966 noch 4,6 Prozent betragen hatte, auf 3,1 Prozent. Und dabei war dieser Prozentsatz immerhin noch ein Erfolg, weil die Wachstumsrate in anderen europäischen Ländern bereits unter die Nullmarke gesunken war.

Diesen Hinweis ließen allerdings die Sozialisten in der Zeit ihrer Oppositionsstellung nicht gelten. Einzig und allein entscheidend seien die Verhältnisse im Inland, so, meine Damen und Herren, hörte man es damals, zu Zeiten der Oppositionsstellung der Sozialistischen Partei.

Die österreichische Industrie erzeugte 1967 bereits um 0,5 Prozent weniger als 1966. Der Beschäftigtenstand war um 3,3 Prozent geringer als im vorangegangenen Jahr. Die Lohnsumme in der Industrie war im Jahre 1967 auf das Niveau des Jahres 1966 abgesunken.

Das gravierendste Moment bestand aber darin, daß die Industrie ihre Investitionen, die 1966 noch um 3,4 Prozent gestiegen waren, im folgenden Jahr um nicht weniger als 14 Prozent einschränkte. In der Bauwirtschaft wurde sogar um 34 Prozent weniger investiert.

Diese Zahlen, die inzwischen in Vergessenheit geraten sind, zeigen deutlich, daß die Wirtschaft unseres Landes im Jahre 1967 an einem kritischen Punkt ihrer Entwicklung angelangt war.

Die Wende trat erst im vierten Quartal des Jahres 1967 ein. Von da an kam es zu einer zuerst langsamen, dann aber immer rascheren Erholung, die sich im Jahre 1968 zu den ersten deutlichen Zeichen einer beginnenden Konjunktur ausweitete, um schließlich im Jahre 1969 alle Merkmale einer Hochkonjunktur anzunehmen. Das Bruttonationalprodukt erfuhr eine reale Ausweitung um 4,1 Prozent. Zum erstenmal konnte die seit Jahren anhaltende Abnahme der in der Industrie Beschäftigten gestoppt werden. Im Jahre 1969 kam es zu einer wesentlichen Beschleunigung der positiven Entwicklung der österreichischen Wirtschaft, die schließlich in die ausgesprochene Hochkonjunktur des Jahres 1970 einmündete.

Damit bin ich bereits bei der Abschlußbilanz der ÖVP-Alleinregierung, die zugleich die Eröffnungsbilanz der SPÖ-Allein-regierung werden sollte.

Als die ÖVP-Alleinregierung nach dem Willen der Mehrheit des österreichischen Volkes im Jahre 1970 abzutreten hatte, herrschte im Gegensatz zum Jahre 1966 eine ausgesprochene Hochkonjunktur, die von der ÖVP-Alleinregierung in zäher und harter Arbeit mühsam genug errungen worden war und die uns beileibe nicht als reife Frucht in den Schoß gefallen war. [Beifall bei der ÖVP].

Meine Damen und Herren! Diese Hochkonjunktur haben wir den Sozialisten hinterlassen. Da es aber immer noch, wie eben zuvor Herr Abgeordneter Dr. Tull meinte – er muß es ja wissen –, jedoch Gott sei Dank nur mehr sporadisch Leute gibt, die aus leichtverständlichen Gründen behaupten, die SPÖ hätte von uns ein schlechtes Erbe übernehmen müssen, möchte ich zur Steuer der historischen Wahrheit einige Tatsachen und Fakten bringen:

Bereits 1966 beschloß das Parlament die Wirtschaftswachstumsgesetze. Heute spöttelt niemand mehr über diese Gesetze, wie es zum Zeitpunkt ihrer Beschlußfassung geschah. Jeder, der sich in der Wirtschaft auch nur ein bißchen und einigermaßen auskennt, weiß, welche Bedeutung gerade diesen Gesetzen für die Wiederankurbelung der österreichischen Wirtschaft zukam.

Im Dezember 1966 wurde das ÖIG-Gesetz beschlossen. Wo gibt es heute noch jemanden, der zu bestreiten wagt, daß diesem Gesetz für die verstaatlichten Unternehmungen ganz große Bedeutung zukam und daß es eine solide Grundlage für die Rekonstruktion der verstaatlichten Industrie in Österreich wurde?

Ich weise schließlich auf die verschiedenen Gesetze hin, die der Strukturverbesserung der österreichischen Wirtschaft dienten. Der Entwicklungs- und Erneuerungsfonds, das Strukturverbesserungsgesetz und das Arbeitsmarktförderungsgesetz, um nur einige wenige zu nennen, haben gewaltige Impulse ausgelöst. Es war daher weder ein Wunder, aber schon gar kein Zufall und am allerwenigsten ein Verdienst der sozialistischen Minderheitsregierung, die ihr Amt erst am 21. April 1970 angetreten hatte, daß es dann im Jahre 1970 die höchste Wachstumsrate von 7,2 Prozent gegeben hat, eine Wachstumsrate, wie sie weder vorher und auch seither nicht mehr verzeichnet wurde. [Abg. Dr. Fischer: Schade um die Mühe...] Bei aller Bescheidenheit, aber mit umso größerer Entschiedenheit nehmen wir diese Wachstumsrate und die Hochkonjunktur des Jahres 1970 für uns in Anspruch. [Beifall bei der ÖVP.]

Das war also, wie ich eben sagte und was nicht oft genug gesagt werden kann, unsere Übergabebilanz. Und damit zugleich die Eröffnungsbilanz... [Abg. Dr. Fischer: Das nenne ich Nostalgie!] Nein! Wenn manche Leute solche Dinge daherreden wie zuvor Dr. Tull, ist es notwendig, ihnen immer wieder die Tatsachen ins Gedächtnis zurückzurufen. Dr. Fischer, das kann auch Ihnen nicht schaden! [Beifall bei der ÖVP.]

Das war unsere Übergabebilanz und damit zugleich die Eröffnungsbilanz der sozialistischen Alleinregierung, eine für die sozialistische Alleinregierung ungemein erfreuliche Eröffnungsbilanz, die ihr einfach in den Schoß gefallen war und zu der sie aber schon gar nichts beigetragen hat. [Abg. Dr. Fischer: Klaus wird sich bedanken!] Ich würde mir nur wünschen, wir hätten im Jahre 1966 eine solche Bilanz übernehmen können.

Um nun an die Zukunft zu denken, meine Damen und Herren: Ich würde mir nur wünschen, es könnte uns nach dem Abtritt von Ihnen, Herr Bundeskanzler Dr. Kreisky, und Ihrer Regierung [Abg. Dr. Tull: Da können Sie lange warten!] eine auch nur ähnliche Eröffnungsbilanz zuteil werden, wie sie die Österreichische Volkspartei im Jahre 1970 den Sozialisten hinterlassen hat. [Beifall bei der ÖVP.]

Damit komme ich zu der Frage, die heute anläßlich – nicht mehr Nostalgie... [Zwischenruf des Abgeordneten Dr. Fischer.] Jetzt können Sie aufpassen, jetzt kommen Sie daran, Herr Dr. Fischer! Ich komme zu der Frage, die heute anläßlich der Vorlage des letzten Budgets der sozialistischen Alleinregierung besonders aktuell ist: Wie stellt sich aus diesem Anlaß die Bilanz über vier Jahre sozialistischer Alleinregierung dar? [Rufe bei der ÖVP: Traurig! Schulden!] Ich möchte jetzt keineswegs hergehen und an Hand der beiden Regierungsprogramme der Sozialisten von 1970 und 1971 Punkt für Punkt nachweisen, was alles von dem, was versprochen worden war, nicht gehalten wurde. Da hätte ich viel zu tun! Da müßte ich wohl oder übel wortbrüchig werden und meinetwegen wieder zwei Stunden oder noch länger reden.

Meine Damen und Herren! Es spannt sich hier ein weiter Bogen vom sogenannten ‚Kampf gegen die Armut' über den Umweltschutz, die Demokratisierung aller Lebensbereiche, die vielstrapazierte ‚Transparenz' bis hin zur Gesundheitspolitik. Ich beschränke mich heute ganz bewußt auf ganz wenige Punkte, mehr oder weniger auf die wirklichen Todsünden der sozialistischen Alleinregierung.

Hier greife ich vier Fragen – nur vier Fragen – heraus, die die Abschlußbilanz arg verdüstern und die sie ganz gewaltig aus dem Gleichgewicht bringen. Die Sozialistische Partei hatte den Wahlkampf 1970 mit einem – das gebe ich zu – für sie sicher sehr erfolgreichen, für Österreich und das österreichische Bundesheer jedoch verhängnisvollen und in seinen Auswirkungen geradezu katastrophalen Wahlschlager begonnen. Dieser Wahlschlager hatte gelautet: ‚Sechs Monate sind genug.'

Wir haben mittlerweile in den über vier Jahren sozialistischer Alleinregierung die Tragödie des Bundesheeres miterlebt. Es ist das traurige Verdienst der Sozialisten, im besonderen jedoch das traurige Verdienst des Bundeskanzlers Dr. Kreisky, daß wir heute als Frucht vierjähriger sogenannter sozialistischer Wehrpolitik über kein einsatzfähiges Bundesheer verfügen.

Die zweite Todsünde, die der ersten um nichts nachsteht, ist die sogenannte ORF-Reform, die ich zutreffenderweise als das bezeichne, was sie tatsächlich ist, nämlich die ORF-Gegenreform. Die nahe Zukunft wird bereits zeigen, was wir uns damit eingewirtschaftet haben bzw., um mich präziser auszudrücken, was uns damit eingewirtschaftet wurde, wenn sich nämlich mehr und mehr zeigen wird, daß das neue Rundfunkgesetz sehr wohl und ganz genau jenen Regierungsrundfunk bringen wird, den sich eine parlamentarische Demokratie einfach nicht leisten kann, einen Regierungsrundfunk, der in diametralem Widerspruch zum Willen der 832.000 Österreicher steht, die seinerzeit das Rundfunkvolksbegehren unterschrieben haben. [Beifall bei der ÖVP.]

Ich komme zum dritten Punkt. Wo sind die Zeiten, da man

der ÖVP-Alleinregierung wegen einer Preissteigerung von 3,1 Prozent ein Preisultimatum stellte? Das waren noch die guten alten Zeiten, von denen der Generaldirektor der Oesterreichischen Nationalbank, Dr. Heinz Kienzl, gestern in der ‚Arbeiter-Zeitung‘ geschrieben hat. [Abg. Dr. Keimel: Die Nostalgie des Herrn Dr. Fischer!]

Meine Damen und Herren! Heute haben wir eine Inflation von 10 Prozent, und die sozialistische Regierung brüstet sich dabei noch damit, daß wir mit dieser zweistelligen Preissteigerungsrate von 10 Prozent international gar nicht so schlecht lägen. Dazu kann ich Ihnen... [Abg. Dr. Tull: Das stimmt ja!] Passen Sie auf! Passen Sie auf! Es kommt jetzt genau die Antwort auf das, was Sie mit Ihrem ‚Das stimmt ja!‘ gemeint haben, Herr Dr. Tull! Passen Sie auf! Dazu kann ich Ihnen von der sozialistischen Fraktion, im besonderen dem Herrn Dr. Tull, sagen, daß Sie in dieser Frage fürwahr ein kurzes Gedächtnis zu haben scheinen. [Abg. Graf: Nicht nur in dieser!]

Sie, Dr. Tull, persönlich und Ihre Fraktion waren es, die vor gar nicht langer Zeit gesagt haben, daß es den Österreicher, vor allem aber die österreichische Hausfrau überhaupt nicht interessiert, daß es die österreichische Hausfrau vor allem aber in keiner Weise tröstet, wenn die Inflation in anderen Staaten noch höher ist als bei uns in Österreich. Ich zitiere jetzt sozialistische Oppositionsredner aus der Zeit von 1966 bis 1970: Einzig und allein entscheidend ist, was sich der Österreicher um sein Geld im Inland kaufen kann.

Meine Damen und Herren! Das sind Ihre Worte aus Ihrer Oppositionszeit. Kommen Sie doch bitte nicht immer wieder mit der in keiner Weise zutreffenden Ausrede, die Inflation stamme ja gar nicht aus dem Inland, sie sei vielmehr importiert! [Abg. Dr. Tull: Zwei Drittel jedenfalls nicht!]

Herr Dr. Tull! Wer am meisten dazu beigetragen hat, daß das ganze Volk unter der Last der Inflation stöhnt, ist in erster Linie der Finanzminister. Der Finanzminister mit seiner völlig konjunkturwidrigen Budgetpolitik. Darüber hinaus – Herr Bundeskanzler, ich habe gerade eine Bemerkung Ihrerseits gehört – die gesamte Bundesregierung mit dem Bundeskanzler an der

Spitze mit ihrer völlig verfehlten Tarif- und Steuerpolitik. [Beifall bei der ÖVP.]

Es ist schon des öfteren hier in diesem Hohen Haus mit aller Deutlichkeit ausgesprochen worden – das stammt jetzt nicht von mir, ich nehme das Urheberrecht nicht für mich in Anspruch –, es ist hier schon des öfteren ausgesprochen worden [Abg. Dr. Tull: Wollen Sie höhere Tarife haben?] – warten Sie, was ich noch sage, Dr. Tull, passen Sie gut auf! –, daß die wahren Preistreiber, so sagte damals, glaube ich, ein Sprecher der Freiheitlichen Partei, die wahren Preistreiber in diesem Lande auf der Regierungsbank sitzen. [Beifall bei der ÖVP.]

Zur Budgetpolitik des Finanzministers möchte ich nur eine einzige Bemerkung machen: Es muß doch jedem Einsichtigen klar sein, daß vor allem die ständigen Budgetausweitungen die Hauptursache für die Inflation in Österreich sind. Von dorther erhält die Inflation ihre stärksten Impulse. In Anbetracht dieses Umstandes ist es nicht nur eine Ironie, sondern geradezu eine Verhöhnung des ganzen österreichischen Volkes, wenn es der Finanzminister wagt, von einem Sparbudget zu reden, während gleichzeitig die stärkste Budgetausweitung erfolgt, die es je in der Zweiten Republik gegeben hat. Zwischen 1966 und 1970 sind die Staatseinnahmen um rund 40 Prozent von etwa 72 auf 101 Milliarden gestiegen, während das fünfte Androsch-Budget über 80 Prozent höher liegt als das Budget 1970. Herr Finanzminister, hier braucht man für die Inflation in Österreich fürwahr keine Ursachen im Ausland suchen.

Und damit komme ich zum vierten Punkt, dem Wohnungsbau. Hier hat die sozialistische Regierung ihr größtes Debakel erlebt. Ich erinnere mich noch sehr wohl daran, welche Rolle diese Frage bei den Regierungsverhandlungen des Jahres 1970 spielte. Damals war viel vom sogenannten ‚harten Kern' der Verhandlungen die Rede. Zu diesem ‚harten Kern' gehörten jene Forderungen, die die Sozialisten als unabdingbar bezeichneten, wenn eine gemeinsame Regierung zustande kommen solle. Die Forderung Nummer 1 war neben der Kürzung des Wehrdienstes auf sechs Monate der Bau von zusätzlichen 5000 Wohnungen jährlich.

Wir haben damals immer wieder erklärt, daß auch wir selbstverständlich dafür seien – wer könnte denn dagegen sein? –, daß mehr Wohnungen gebaut werden müssen. Wir hielten es nur nicht – so sagten wir – für zweckmäßig, sich mit der Festlegung bestimmter Ziffern Fesseln anzulegen, die dann, wenn keine Realisierungsmöglichkeit bestehen sollte, eine schweres Handikap bedeuten würden und die man dann einfach nicht mehr loswerden könne.

5000 Wohnungen jährlich mehr bedeuten nicht mehr und nicht weniger, als daß die Wohnbauleistung im Jahre 1974 70.000 Wohnungen betragen müßte. Die tatsächliche Wohnbauleistung beträgt jedoch nur 44.050 Einheiten im Jahre 1973 gegenüber der Wohnbauleistung von 49.131 Einheiten im Jahre 1969. In den vier Jahren der sozialistischen Alleinregierung wurden also nicht nur nicht, wie das im Jahre 1970 unabdingbar gefordert worden war, um 20.000 Wohnungen mehr gebaut, sondern erheblich weniger als in den Jahren der ÖVP-Alleinregierung.

Diese Zahlen, meine Damen und Herren von der sozialistischen Fraktion, zeigen das verheerende Ausmaß der totalen Pleite der sozialistischen Wohnbaupolitik auf. [Beifall bei der ÖVP.] Hier hat die sozialistische Regierung wahrlich eine Schlacht verloren. Vollkommener hätte die Niederlage wirklich nicht mehr werden können.

Hohes Haus! Meine Damen und Herren! Ich glaube, daß nach dieser kurzen, sich auf lediglich vier Punkte beschränkenden Bilanz für die sozialistische Regierung kein wie immer gearteter Grund besteht, womöglich auf ihre Tätigkeit stolz zu sein. Dazu besteht, Herr Bundeskanzler, Herr Finanzminister, meine Damen und Herren von der sozialistischen Fraktion, fürwahr auch nicht der geringste Anlaß. Sehr wohl aber könnte diese kurze Bilanz für manche, die der Sozialistischen Partei in den Jahren 1970 und 1971 einen Vertrauensvorschuß gegeben haben, der Anlaß sein, nachdenklich zu werden und sich an manche Versprechungen, die damals gemacht wurden, zu erinnern.

Wie war es zum Beispiel mit der Demokratisierung aller Lebensbereiche und mit der vielbemühten Transparenz? Wenn man sich an alle diese Schlagworte, alles das, was drum herum versprochen worden war, erinnert, dann kann ich mir durchaus vorstellen, daß so mancher, der auf alles das, was damals gesagt wurde, vertraut hat, sich vielleicht damals gesagt hat: Jetzt kann wirklich das Zeitalter der echten Demokratisierung angebrochen sein. Wie es damit in Wahrheit aussieht, meine Damen und Herren, beweist zum Beispiel die Rundfunkgegenreform ebenso wie die Art und Weise, wie die sozialistische Fraktion dieses Hauses die große Strafrechtsreform ohne jeden zwingenden Grund im Parlament buchstäblich über die Bühne gejagt und durchgepeitscht hat.

Sie von der sozialistischen Fraktion konnten sich im Jahre 1967 gar nicht genug entrüsten, als die ÖVP bei der parlamentarischen Behandlung des Mietrechtsänderungsgesetzes im zuständigen Ausschuß den Antrag auf Schluß der Debatte gestellt hat. Warum wir diesen Antrag damals stellten bzw. stellen mußten? Weil es für jeden – Dr. Fischer, das wissen Sie sehr genau, Sie haben ja damals die Fäden gezogen; Sie saßen noch nicht hier, aber die Fäden haben Sie gezogen [Abg. Dr. Fischer: Bei Ihrem Antrag? Oje!] –, weil es für jeden damals klar erkennbar war, daß Sie von der Sozialistischen Partei die Gesetzwerdung der von uns eingebrachten Regierungsvorlage unter allen Umständen und mit allen Mitteln verhindern wollten. Das, was Sie damals versucht haben, das war wirklich richtige und typische Obstruktion. Sie haben dann jahrelang von diesem Schlager gelebt und haben immer wieder versucht, uns mangelndes Demokratieverständnis vorzuwerfen. Nach Ihrem Verhalten, meine Damen und Herren, gerade in den letzten Monaten spreche ich Ihnen dieses Recht mit aller Entschiedenheit ab. [Beifall bei der ÖVP.]

Nennen Sie mir bitte auch nur ein einziges Beispiel, wo wir versucht hätten, zu verschleppen und womöglich gar zu sabotieren. Ein einziges Beispiel! Trotzdem haben Sie nicht weniger als fünf – oder es sind vielleicht sogar noch mehr Fälle – Fristen gesetzt, was genau auf das gleiche hinauskommt, was Sie der ÖVP so sehr angekreidet haben, nämlich auf den Antrag auf Schluß der Debatte. Hier steht es eindeutig zumindest 5 : 1 zugunsten der Sozialistischen Partei. [Abg. Doktor Fischer: Nicht nur dort!]

Meine Damen und Herren! Ich muß aber, wenn ich versuche, eine Bilanz über mehr als vier Jahre sozialistischer Alleinregierung zu ziehen, noch auf ein anderes Kapitel kurz zu sprechen kommen.

Ich habe mich immer schon mit einer Frage beschäftigt, die mir eine Grundfrage in der parlamentarischen Demokratie zu sein scheint. Dieser Gedanke läßt mich einfach nicht los. Die Frage lautet: Inwieweit ist eine politische Partei, die bei Wahlen eine wenn auch nur knappe Mehrheit errungen hat, moralisch berechtigt, in einer pluralistischen Gesellschaftsordnung ihre gesellschaftspolitischen Zielvorstellungen systematisch und mit letzter Konsequenz, ja geradezu brutal durchzusetzen und sie damit der zweiten Hälfte der Bevölkerung, die gänzlich andere gesellschaftspolitische Auffasssungen hat, geradezu aufzuzwingen? Ist eine solche Vorgangsweise mit dem Geist der parlamentarischen Demokratie in Einklang zu bringen?

Während sich die sozialistische Regierung diesbezüglich in den ersten Jahren ihrer Regierungstätigkeit noch eine gewisse Zurückhaltung auferlegt hat, ließ sie speziell in den letzten Jahren und Monaten jede Maske fallen und machte rücksichtslos sozialistische Gesellschaftspolitik. Ich könnte hier viele Beispiele aufzählen, die ganz offenkundig die schwedische Handschrift erkennen lassen.

Ich sage es hier ganz klar und mit aller notwendigen Deutlichkeit: Ich spreche jeder Regierung, welche Farbe sie immer haben mag, ganz entschieden das Recht ab, daß sie eine Politik nur oder auch nur in erster Linie nach ihren gesellschaftspolitischen Zielsetzungen macht. Dieses Recht steht einer Regierung in einem Staat mit pluralistischer Gesellschaftsordnung einfach nicht zu. Die Regierung ist nicht nur für diejenigen da, die jene Partei gewählt haben, die die Regierung stützt, Herr Bundeskanzler. [Beifall bei der ÖVP.]

Jede Regierung hat das Wohl des gesamten Staates und das Gesamtwohl ... [Abg. Dr. Kreisky: Sie haben nicht einmal mit dem Ohrwaschl gezuckt, haben Sie gesagt! Das berühmte Ohrwaschl des Dr. Withalm!] — Aber in anderen Dingen! Ja, in anderen Dingen! Wenn die sozialistische Fraktion in der Zeit ihrer Opposition an einem Tag Anträge mit einer Gesamtsumme von 5 Milliarden Schilling eingebracht hat, dann habe ich damals als Klubobmann – jawohl, das war damals – nicht einmal mit einem Ohrwaschl gewackelt, weil ich das einfach nicht ernst genommen habe, Herr Bundeskanzler! [Beifall bei der ÖVP.] Eine Regierung hat das Gesamtwohl des Staates und das Gesamtwohl aller Staatsbürger zu vertreten. Sie muß daher immer und überall darauf Rücksicht nehmen, daß die Menschen nun einmal nicht nur eine einzige Auffassung, sondern unterschiedliche Auffassungen haben und daß wir Gott sei Dank in einer pluralistischen Gesellschaft leben, in der ich die Möglichkeit habe, meine Auffassung jederzeit frank und frei und offen und ehrlich zu bekennen.

Meine Damen und Herren! Sind wir uns denn eigentlich wirklich so richtig bewußt, welches Glück uns Österreichern zuteil wurde, daß wir in einer parlamentarischen Demokratie mit pluralistischer Gesellschaftsordnung leben dürfen? Was das bedeutet, ist mir erst jüngst – vor einigen Monaten war es, als ich eine Zeitung, es war das ‚Niederösterreichische Volksblatt‘ vom 27. Juli 1974, las – so richtig wieder zu Bewußtsein gekommen.

Meine Damen und Herren! Im ‚Niederösterreichischen Volksblatt‘ war ein Interview mit dem tschechischen Schriftsteller Ota Filip zu lesen. Das Volksblatt fragte damals Ota Filip – ich zitiere jetzt wörtlich:

‚Glauben Sie heute, daß ein dezidierter Sozialismus möglich ist, oder glauben Sie eher an die Möglichkeit einer Demokratie im bürgerlichen Sinne mit vielen Parteien?‘

Die Antwort Ota Filips lautete:

‚Ich glaube, ich bin näher daran, daß das System, wie wir es in Osteuropa haben, gescheitert ist. Die Alternative zu diesem System ist mir vielleicht noch unklar, aber ich glaube, daß man immer wieder eine neue Alternative zu finden versuchen sollte; denn die alte hat sich nicht bewährt. Ich glaube allerdings nicht, daß der Grundgedanke des Sozialismus selbst zum Scheitern gebracht wurde. Aber ich bin der Meinung, daß eine Gesellschaft nur gesund ist, wenn sie vielschichtig ist. Ich als Sozialist oder so etwas muß mich auch mit anderen Leuten zurechtfinden und muß mit ihnen ins Gespräch kommen.'

Soweit das Zitat. Ich für meine Person – ich glaube, das gilt auch für Sie, Herr Bundeskanzler, wie ich Ihrem Kopfnicken entnehme –, ich für meine Person gestehe unumwunden ein, daß mich dieses Interview mit der Aussage eines Mannes, der überzeugter Kommunist war und der offensichtlich mit sich noch nicht endgültig ins reine gekommen ist, der aber ein Suchender, mit sich Ringender zu sein scheint, sehr beeindruckt hat. Wir alle, glaube ich, können daraus eine ganze Menge lernen. [Abg. Fischer: Für eine solche Selbstverständlichkeit unseres gesellschaftlichen Lebens brauchen Sie den Ota Filip?]

In diesem Sinne möchte ich ... [Anhaltende Zwischenrufe.] Ich glaube, daß es sehr gut ist, wenn wir uns ab und zu ... [Weitere Zwischenrufe.] Da bin ich nicht hochnäsig, Doktor Fischer, da nehme ich das gar nicht für mich in Anspruch [Beifall bei der ÖVP], daß ich so gescheit bin. Ich glaube, daß es für uns, ob reifer oder weniger reif, gar nicht schlecht ist, wenn wir uns ab und zu Selbstverständlichkeiten ins Gedächtnis rufen. [Beifall bei der ÖVP.]

In diesem Sinne, Herr Dr. Fischer, möchte ich meine Rede, die zwangsläufig, wenn ich über vier Jahre oder mehr als vier Jahre sozialistischer Alleinregierung Bilanz zu legen versuchte, harte Kritik enthalten mußte, ausklingen lassen. Wie sagte doch Ota Filip? Selbstverständlichkeiten? Aber jetzt sage ich es Ihnen ganz bewußt, Ihnen als jungem Mann! Ja! Selbstverständlichkeiten! Rufen Sie sich ab und zu solche Selbstverständlichkeiten ins Gedächtnis – es wird Ihnen und auch Ihrer Fraktion nicht schaden! [Beifall bei der ÖVP.]

Ota Filip sagte, er müsse sich mit anderen Leuten zurechtfinden und müsse mit ihnen ins Gespräch kommen. Genau das ist es, was die parlamentarische Demokratie von allen anderen Regierungssystemen grundsätzlich unterscheidet. Es kann uns allen nicht nur nicht schaden, sondern es wird uns und der parlamentarischen Demokratie in Österreich – in den kommenden Wochen und Monaten gilt das sicherlich auch – sehr guttun, wenn wir dieser Gedanken, wenn wir dieser Sätze eingedenk sind, auch in den Monaten und in den Wochen, meine Damen und Herren, in denen an der sozialistischen Regierung harte Kritik geübt werden wird, eine Kritik, die infolge der Politik, die Sie jetzt vier Jahre hindurch machen, leider Gottes nur zu gerechtfertigt und notwendig ist.

Und zum Abschluß noch einige Sätze. Lassen Sie sich von der sozialistischen Fraktion, lassen aber vor allem Sie sich, Herr Bundeskanzler, zum Abschluß eines gesagt sein: Im Ablauf der Geschichte war es immer noch so, daß diejenigen, die die Macht in Händen hatten, dann, wenn sie Rückschläge erlitten haben, wenn sie unsicher geworden sind, überheblich und unduldsam geworden sind. Nur so ist auch Ihre Bemerkung, daß die Mehrheit immer recht habe – Sie haben diese Bemerkung noch nicht zurückgezogen – erklärbar, aber keineswegs entschuldbar. Der Wähler ist im Grunde seines Herzens ... [Ruf bei der SPÖ: Das haben Sie gesagt!] Aber lesen Sie die Stenographischen Protokolle über die Sitzung durch, in der die große Strafrechtsreform hier im Parlament mit Beharrungsbeschluß von Ihnen verabschiedet wurde. Ich habe damals sofort darauf Bezug genommen, ich habe dem heftigst widersprochen, was der Bundeskanzler gesagt hatte, daß die Mehrheit immer recht hat. [Abg. Dr. Kreisky: Falsch zitiert!] Erklärbar, aber nicht entschuldbar. [Beifall bei der ÖVP.] Wenn Sie es zurücknehmen, Herr Bundeskanzler, umso besser!

Der Wähler ist im Grunde seines Herzens ein ungemein geduldiges Wesen, das demjenigen, den er gewählt hat, manches nachsieht und auch durchgehen läßt. Wir sollten uns, glaube ich, aber alle bemühen, die Geduld des Wählers nicht allzusehr auf die Probe zu stellen. Unduldsamkeit, Übermut und Überheblichkeit bei politischen Parteien und bei Politikern verträgt der Wähler am allerwenigsten.

Meine Damen und Herren! Das schreibe ich in mein eigenes Stammbuch, das schreibe ich in das Stammbuch meiner eigenen Partei. Ich gestatte mir, das auch in Ihr Stammbuch zu schreiben, und insbesondere, Herr Bundeskanzler in Ihr Stammbuch! [Beifall bei der ÖVP.]"

Da ich mit dieser soeben wiedergegebenen Rede zum Budget selbst Stellung genommen und versucht hatte, eine Bilanz über mehr als vier Jahre sozialistischer Alleinregierung zu legen, hatte ich nicht die Absicht, anläßlich der Spezialdebatte neuerlich zum Staatsvoranschlag als solchem das Wort zu ergreifen.

Ich hatte mir vorgenommen, anläßlich der Spezialdebatte über das Budget 1975 lediglich beim Kapitel Bundeskanzleramt kurz zu Fragen der Entwicklungshilfe zu sprechen. Anläßlich meiner Fernostreise 1974 hatte ich in Thailand die mit maßgeblicher österreichischer Hilfe errichtete Gewerbeschule in Sattahip besucht. Die dort geleistete Arbeit, vor allem der persönliche Einsatz der an dieser Schule lehrenden österreichischen Lehrkräfte, hat mich ungemein positiv beeindruckt. Ich sagte den österreichischen Professoren zu, daß ich im Parlament bei Behandlung des Kapitels Entwicklungshilfe gerne auch über ihre Schule und ihre Arbeit in Thailand sprechen werde, damit diese Arbeit auch einmal im Parlament eine Erwähnung und Würdigung finde.

Da jedoch zum Kapitel Bundeskanzleramt eine große Zahl von Rednern gemeldet war, zog ich meine Rednermeldung zurück und überließ das Material über Sattahip meinem Klubkollegen Dr. Kaufmann, der unser Redner zu Fragen der Entwicklungshilfe war. In seiner Rede erwähnte er dann auch kurz die Gewerbeschule in Sattahip.

Der Verlauf der Budgetdebatte, vor allem aber die mit jedem Tag deutlicher sichtbar werdende bedrohliche Entwicklung der Lage der Staatsfinanzen, veranlaßte mich schließlich dann doch noch zu einer Wortmeldung zum Kapitel „Finanzen" am letzten Tag der Budgetdebatte. Ich war als Abschlußredner in Aussicht genommen. Beim Kapitel Finanzen, das immer als letztes behandelt wird und das somit den Abschluß der Budgetdebatte bildet – es folgen nach dessen Behandlung nur mehr die Schlußabstimmungen –, herrscht üblicherweise trotz aller Härte der Auseinandersetzungen eine gewisse vorweihnachtliche Aufbruchstimmung. Alle Abgeordneten sind froh, daß die anstrengende Budgetdebatte endlich zu Ende geht.

Ich hatte allerdings mit meiner Rede keineswegs die Absicht, dieser Stimmung entgegenzukommen oder ihr womöglich gar besonders Rechnung zu tragen, das konnte nicht die Aufgabe des die Debatte abschließenden Oppositionssprechers sein; im Gegenteil, es schien mir notwendig, gerade zum Abschluß der Budgetdebatte noch einmal mit aller gebotenen, unmißverständlichen Deutlichkeit auf die verfehlte Politik der SPÖ-Alleinregierung mit den sich mehr und mehr abzeichnenden Folgen hinzuweisen. Ich gebe zu, daß meine Rede aber schon gar nichts an vorweihnachtlicher friedlicher Stimmung aufwies. Sie sollte vielmehr – und das war durchaus meine Absicht – eine beinharte Auseinandersetzung mit der SPÖ-Alleinregierung, vor allem aber eine solche mit Dr. Androsch und Dr. Kreisky, werden.

Ich bringe diese Rede vom 19. Dezember 1974 nun in vollem Wortlaut:

„Hohes Haus! Meine Damen und Herren!

Ich war während der ganzen Budgetdebatte ein aufmerksamer Zuhörer; auch jetzt, während der Ausführungen des Herrn Finanzministers. Während der Budgetdebatte beschäftigte mich – und beschäftigt mich heute erst recht – vor allem ein Gedanke, nämlich die Frage nach dem Sinn dieser Budgetdebatte.

Ist denn – das ist die Frage, die ich mir vorlege – der Budgetentwurf für 1975, mit dem wir uns nun seit drei Wochen beschäftigen, überhaupt noch aktuell? Ist er wirklich realistisch, oder ist nicht die Entwicklung gerade der jüngsten Zeit schon längst über ihn hinweggerollt?

Ganz nüchtern und ohne Emotion betrachtet, ist die Situation doch folgende:

Im ordentlichen Budget ist ein Defizit in der Höhe von 16,5 Milliarden Schilling vorgesehen, das höchste Defizit, das es je gab. Dazu kommen infolge der Situation, in der wir uns in einigen Monaten befinden werden – zum Teil ist diese Situation jetzt schon gegeben –, die in der Stabilisierungsquote und in der Konjunkturausgleichsquote eingesetzten Beträge, so daß mit einem Gesamtabgang für 1975 von mindestens 20 Milliarden Schilling gerechnet werden muß.

Abgesehen davon, meine Damen und Herren, daß Abgänge

dieser Größenordnung einfach nicht finanziert werden können, kommt noch ein weiterer Umstand hinzu, der für das Jahr 1975 eine geradezu dramatische Entwicklung erwarten läßt. Ich meine die Einnahmenentwicklung in der zweiten Hälfte des Jahres 1974. Die Tatsache von Mindereinnahmen läßt sich nicht mehr wegleugnen. Dadurch wird sich das Defizit für 1974 drastisch erhöhen. Das im Jahre 1974 nicht mehr finanzierbare Defizit muß in das Jahr 1975 übertragen werden und ergibt dort zusammen mit dem für 1975 vorgesehenen Monsterdefizit eine Summe, die die Zahlungsfähigkeit des Bundes ernstlich in Frage stellt.

Was Wunder, wenn in Anbetracht dieser Situation Horst Knapp, der heute schon oft Zitierte, in den ‚Finanznachrichten‘ vom 1. November 1974 entgegen der Behauptung des Finanzministers in seiner Budgetrede vom 22. Oktober 1974, die da gelautet hatte: ‚Die Staatsfinanzen sind in Ordnung‘, feststellte: ‚So wenig in Ordnung waren die Staatsfinanzen seit Menschengedenken nicht.‘

Meine Damen und Herren! Die Situation ist geradezu grotesk. Was die Sache aber noch viel schlimmer macht, das ist der Umstand, daß der Finanzminister bisher nicht bereit war, offen und ehrlich zur wirklichen Situation des Staatshaushaltes Stellung zu nehmen.

Auch anläßlich der am 13. Dezember 1974 eingebrachten Dringlichen Anfrage war Dr. Androsch nicht bereit, den ihm abgeforderten Offenbarungseid abzulegen.

Es wird aber nicht mehr lang dauern, bis die wahre Situation des Staatshaushaltes trotz aller Verschleierungsversuche des Finanzministers für jedermann offenbar und erkennbar werden wird. Diese Stunde wird früher kommen, als es manchem derer, die für die katastrophale Entwicklung der Staatsfinanzen verantwortlich sind, lieb sein wird. Jetzt wird aber auch bereits manchem klargeworden sein, warum gerade der Finanzminister zu jenen zählte, die auf dem Innsbrucker Parteitag der Sozialistischen Partei vehement für Frühjahrswahlen 1975 eingetreten sind.

Anläßlich der eben zitierten Dringlichen Anfrage versuchten Sprecher der Sozialistischen Partei meiner Partei, der Österreichischen Volkspartei, den Vorwurf zu machen, sie verunsichere ganz bewußt die Bevölkerung, und, Herr Finanzminister, in Ihren Schlußworten haben Sie gleichfalls darauf hingewiesen, daß es welche gäbe, die verunsichern.

In diesem Zusammenhang gestatte ich mir eine ganz bescheidene Frage an die sozialistische Fraktion:

Meine Damen und Herren von der Sozialistischen Partei! Ist denn womöglich die Gendarmerie an jenen Tatbeständen schuld, die sie pflichtgemäß aufzuklären versucht? [Beifall bei der ÖVP.] Das wäre ja noch schöner, wenn man womöglich der Opposition deshalb Vorwürfe zu machen versuchte, weil sie gerade das tut, was ihre ureigenste Aufgabe ist, nämlich zu kontrollieren, zu kritisieren und Mißstände aufzudecken! [Neuerlicher Beifall bei der ÖVP.] Gerade das letztere hat die Opposition mit umso größerer Entschiedenheit und ohne Rücksicht darauf, ob es der Regierung paßt oder nicht, zu tun, je mehr sich die Regierung bemüht, aufklärungsbedürftige Tatbestände zu verschleiern.

Die sozialistische Inflationsregierung hat nach dem Grundsatz zu wirtschaften versucht, den Horst Knapp in seinem schon oft zitierten Artikel in den ‚Finanznachrichten‘ vom 1. November 1974 folgendermaßen beschreibt – dieses Zitat wurde heute in der Debatte bereits wiedergegeben –, ich zitiere:

‚Ausgegeben wird – ohne Rücksicht auf konjunktur-, stabilitäts- oder wachstumspolitische Erfordernisse – nunmehr genau jener Betrag, den der Staat einzunehmen oder sich ausborgen zu können hofft.‘

Diese Feststellung von Horst Knapp bedeutet für die Politik der Regierung Kreisky eine geradezu vernichtende Kritik, Herr Bundeskanzler.

Die Situation, vor der wir stehen, ist nicht von ungefähr gekommen. Sie ist die durchaus logische, ja geradezu zwangsläufige Konsequenz einer seit Jahren praktizierten Lizitations- und Gefälligkeitspolitik. Jetzt ernten wir die Früchte dieser Politik. Diese Art von Politik hat kläglich Schiffbruch erlitten. [Zustimmung bei der ÖVP.]

Ich mache hier nicht dem Staatsbürger als solchem, aber umso heftiger jenen Politikern einen Vorwurf, die dem Staatsbürger Leistungen geradezu einreden und aufdrängen. Was wir in diesen Tagen erleben und was immer klarer in Erscheinung tritt, ist mehr als ein bloß budgetpolitisches Debakel des Finanzministers. Es ist das Sichtbarwerden des Scheiterns der sozialistischen Regierung Kreisky und der von ihr vertretenen Gefälligkeitspolitik.

Meine Damen und Herren! Wenn es nur um diese sozialistische Regierung und um ihr Debakel ginge, dann könnte man sich als politischer Gegner in berechtigter Schadenfreude womöglich mit allergrößtem Vergnügen die Hände reiben. Es geht aber bei der drohenden Gefahr der Zahlungsunfähigkeit des Staates leider nicht nur um Dr. Kreisky und Dr. Androsch – das wäre ja keineswegs das Schlimmste –, es geht um das Wohl und Wehe von Millionen Österreichern [neuerliche Zustimmung bei der ÖVP], und hier, meine Damen und Herren, hört sich jede Schadenfreude auf.

Es ist ja wirklich nicht zu fassen, wohin es eine Regierung gebracht hat, die von uns im Jahre 1970 eine Hochkonjunktur übernommen hat und der das einmalige Glück zuteil geworden ist, daß sie eine jahrelange Hochkonjunktur hatte. Es ist ein einmaliger Fall, daß es ein Finanzminister, dem derart gigantische Einnahmen zugeflossen sind, wie es noch nie in der Geschichte der Republik der Fall war, zustande gebracht hat, daß die Staatskassen gähnend leer sind und daß er am Rande der Zahlungsfähigkeit steht. Und ausgerechnet dieser Finanzminister wagt es zu sagen, daß unter seiner Ministerschaft das Budget konsolidiert wurde und daß die Staatsfinanzen in Ordnung sind. [Abg. Dr. Tull: Stimmt auch!]

Herr Finanzminister! Sind Sie sich dessen bewußt, was Sie damit dem Parlament und dem ganzen österreichischen Volk zumuten?

Nach mehr als vier Jahren sozialistischer Alleinregierung ist die Stunde der Wahrheit nicht mehr aufzuhalten. Auf Dauer läßt sich, meine Damen und Herren, mit Gefälligkeits- und Verschwendungspolitik, mit Popularitätshascherei und mehr oder weniger guten Einfällen nicht regieren. [Zustimmung bei der ÖVP.]

In diesen Jahren der sozialistischen Alleinregierung wurde wieder einmal eindrucksvoll unter Beweis gestellt, daß auf Dauer gegen ein Grundgesetz der Volkswirtschaft nicht ungestraft gesündigt werden darf. Und dieses Grundgesetz hat noch zu allen Zeiten und in allen Ländern gelautet und uneingeschränkt gegolten: Zuerst kommt die Leistung, und dann erst kann das, was erarbeitet wurde, und niemals mehr als das Erarbeitete und Geleistete, verteilt werden. Noch immer und überall hat sich eine Sünde gegen dieses Naturgesetz bitter gerächt. Eine Lehre aus der gegebenen Situation haben wir alle zu ziehen, wo immer wir in diesem Hause sitzen mögen.

Als verantwortungsbewußte Parlamentarier haben wir uns heute schon gerade in Anbetracht der im nächsten Jahr bevorstehenden Nationalratswahl mit folgendem Gedankengang auseinanderzusetzen: Es ist richtig, daß das Budgetrecht des Parlaments in seiner ursprünglichen Bedeutung heute weitgehend obsolet geworden ist. Trotzdem oder vielleicht gerade deshalb müssen wir bedenken, daß fast alle Gesetze, die wir hier beschließen, im Staatsvoranschlag ihren Niederschlag finden. Insofern, meine Damen und Herren, wird das Budget sehr wohl und sehr maßgeblich von uns, den Parlamentariern, mitbeeinflußt und mitgestaltet.

Es ist reichlich spät, aber vielleicht ist es noch nicht zu spät, wenn wir uns künftig vor jedem Gesetzesbeschluß an Hand konkreter Berechnungen folgende Fragen vorlegen: 1. Ist die zu regelnde Maßnahme überhaupt notwendig? 2. Wenn sie für notwendig befunden wird, ist sie auch finanzierbar? 3. Wenn sie nicht oder nicht im gewünschten Ausmaß finanzierbar ist, wie kann sie den gegebenen Möglichkeiten angepaßt werden? und 4. meine Damen und Herren, wenn dies alles realistischerweise nicht der Fall ist, dann müßte man eben auf den entsprechenden Gesetzesbeschluß verzichten.

Hätten wir uns alle, hätte sich aber vor allem die sozialistische Regierungsfraktion, die ja infolge ihrer absoluten Mehrheit die letzte Verantwortung im Hause trägt, nach diesen Grundsätzen verhalten, dann wäre uns viel erspart geblieben. Und dann stünden wir jetzt nicht vor jenem Trümmerhaufen, den uns Kreisky und sein Team beschert haben. [Beifall bei der ÖVP. – Widerspruch bei der SPÖ.]

Meine Damen und Herren! Lassen Sie mich zum Schluß ... [Anhaltende Zwischenrufe bei der SPÖ.] Warten wir einige Monate ab, meine Damen und Herren, warten wir einige Monate ab, und dann reden wir weiter.

Lassen Sie mich aber zum Schluß jetzt noch einen Gedanken aussprechen. [Abg. Sekanina: Wenn die Gedanken so sind, wie die vorher, so ist es besser, Sie reden nicht!] Ich sehe, Sie werden da sehr nervös, ich kann mir vorstellen, ich würde sicherlich auch nervös, wenn uns das bevorstünde. [Beifall bei der ÖVP.]

Meine Damen und Herren! Ich würde wahrscheinlich auch nervös, wenn ich das Gefühl haben müßte, daß mir das bevorsteht, was Ihnen bevorsteht, leider auch dem österreichischen Volk bevorsteht. [Zustimmung bei der ÖVP.]

Aber zum Schluß möchte ich noch einen Gedanken aussprechen, der mich gerade in diesen Wochen sehr beschäftigt hat. Was wäre gewesen, wenn im Jahre 1970 dem Auftrag des Bundespräsidenten entsprochen worden wäre ... [Zwischenrufe des Abg. Sekanina.] Herr Sekanina, ich habe oft schon gehört, daß Sie gesagt haben, wer hier steht und den Lautsprecher für sich hat, da können Sie brüllen, was Sie wollen, der hat ja doch die stärkere Position. Das gilt für alle von der sozialistischen Fraktion. [Beifall bei der ÖVP.]

Ich frage mich also, was wäre gewesen, wenn im Jahre 1970 dem Auftrag des Bundespräsidenten entsprochen worden wäre und wenn es damals zu einer Regierung zwischen ÖVP und Sozialistischer Partei gekommen wäre? Die Frage: Stünden wir heute vor der gleichen Situation, bzw. vor dem gleichen Debakel, wie es jetzt der Fall ist?

Meine Damen und Herren! Diese Frage haben Sie sich zu beantworten, vor allem einer hat sie zu beantworten, der Bundeskanzler. [Abg. Dr. Kreisky: Sie haben doch die Koalition zerstört, zweimal zerstört!] Damals, Herr Bundeskanzler, das wissen Sie sehr genau [Abg. Dr. Kreisky: Sie haben sie mutwillig zerstört!], damals hat die Parteiräson über das Staatswohl gesiegt. [Beifall bei der ÖVP.] Und Kreisky und sein Team wollten damals sozialistische Gesellschaftspolitik machen. Sie haben sie gemacht. Die Fristenlösung ist das hervorstechendste Ergebnis dieser Politik. Und damit wurde eine tiefe Kluft aufgerissen und ein tiefer Graben.

Meine Damen und Herren! Ich frage mich, und ich frage vor allem Sie, meine Damen und Herren von der sozialistischen Fraktion, war das, Herr Bundeskanzler, den Preis wert, der letzten Endes zu bezahlen sein wird? Das ist eine Frage, die ich mir vorlege. Vielleicht haben Sie auch zu Weihnachten ein bißchen Gelegenheit, darüber nachzudenken. [Beifall bei der ÖVP.]

Zu wessen Vorteil hat sich der höchstpersönliche Entschluß Dr. Kreiskys, im Jahre 1970 eine Minderheitsregierung zu bilden, wirklich ausgewirkt? Ganz bestimmt nicht, meine Damen und Herren, zum Vorteil des österreichischen Volkes. Ohne Zweifel aber auch nicht zum Vorteil der Sozialistischen Partei, wie sich bei Zwischenwahlen bereits gezeigt hat und wie sich bei den nächsten Nationalratswahlen – ich bin kein Prophet, meine Damen und Herren – unweigerlich zeigen wird. [Beifall bei der ÖVP. – Abg. Dr. Weisz: Sie waren bisher ein schlechter Prophet!]

Ich habe es Ihnen bereits anläßlich der ersten Lesung gesagt [Abg. Pölz: Ihre Prophezeiungen haben sich nie erfüllt, das liest man in Ihren eigenen Büchern, Herr Vizekanzler!], und ich wiederhole das: Der Weg der Sozialistischen Partei führt steil abwärts, und niemand und nichts wird in der Lage sein, Herr Bundeskanzler, diese Wendung zum Besseren, die Sie erwünschen, herbeizuführen.

Im Jahre 1970 wollte Dr. Kreisky die ganze, die uneingeschränkte Macht, obwohl sie ihm vom Volk damals am 1. März 1970 gar nicht übertragen worden war, und er wollte diese Macht mit niemandem teilen. Herr Bundeskanzler, mit dieser Macht tragen Sie auch die volle und die ganze Verantwortung! [Langanhaltender Beifall bei der ÖVP.]"

Nach der Reaktion auf der linken Seite des Hauses zu schließen, dürfte ich das, was ich mir mit dieser Rede vorgenommen hatte, auch tatsächlich erreicht haben.

Vor allem fühlte sich Bundeskanzler Dr. Kreisky durch den letzten Teil meiner Rede persönlich offensichtlich so sehr angesprochen, daß er sich, was nur äußerst selten vorkommt, als Abgeordneter vom Rednerpult aus zu Wort meldete, was zu einem kurzen, aber heftigen Schlagabtausch zwischen ihm und mir führte. Wenn Kreisky behauptete, daß niemals noch eine Koalition mutwilliger gescheitert sei als die im Jahre 1966, dann mußte ihm darauf, wie ich es in meiner zweiten Wortmeldung tat, erwidert werden, daß die Entscheidung praktisch durch den a.o. Parteitag der SPÖ getroffen worden sei. Dort ist die Entscheidung, ob es noch einmal bzw. wieder zu einer Koalition zwischen ÖVP und SPÖ kommen werde, und zwar gegen diese Koalition, faktisch gefallen. Bereits in Zwischenrufen während meiner zweiten Wortmeldung versuchten einige SPÖ-Abgeordnete ebenso wie die Sozialistische Korrespondenz vom 19. Dezember 1974 darauf hinzuweisen, daß auf dem SPÖ-Parteitag kein Beschluß, in die Opposition zu gehen, gefaßt wurde, sondern daß lediglich Bedingungen für eine Regierungsbeteiligung der SPÖ beschlossen worden seien.

Die „Salzburger Nachrichten" vom 20. Dezember 1974 führten dazu folgendes aus: „Die Sozialistische Korrespondenz korrigierte dazu, der Parteitag habe am 14. April 1966 nicht beschlossen, in Opposition zu gehen, sondern hätte drei Bedingungen für ein Verbleiben der SPÖ in der Koalition festgelegt: 1. Die SPÖ-Ministerien sollten in ihrem Wirkungsbereich erhalten bleiben; 2. eine Verfügungsgewalt der ÖVP über Exekutive und Bundesheer muß vermieden werden; 3. das Budget ist gerecht auf alle Ressorts zu verteilen. (In Wahrheit wußten alle Delegierten des SPÖ-Parteitages, daß sie mit der Abstimmung über diese Bedingungen für oder wider eine Koalition entschieden. Anm. d. Red.)" Ich habe dieser Anmerkung der Redaktion der „Salzburger Nachrichten" nicht ein einziges Wort hinzuzufügen. Nach diesen Bedingungen, die die am 6. März 1966 ja wirklich nicht gerade mit dem besonderen Vertrauen des österreichischen Volkes ausgestattete SPÖ zu stellen versuchte, war die Entscheidung – worüber sich damals die ganze Öffentlichkeit im klaren war – gegen eine Koalition zwischen ÖVP und SPÖ gefallen, und diese Entscheidung hatte, das muß zur Steuer der historischen Wahrheit mit aller gebotenen Deutlichkeit festgestellt werden, die SPÖ, und nicht die ÖVP, getroffen. Nicht zuletzt die Auseinandersetzung zwischen Dr. Kreisky und mir über die Ursachen des Scheiterns der Regierungsverhandlungen 1966 und 1970 veranlaßt mich, zum Abschluß dieses Kapitels noch einmal auf eine der Kernfragen, die nun einmal in einer parlamentarischen Demokratie immer wieder gestellt ist, einzugehen. Ich meine die für Österreich optimale Regierungsform und alle jene Fragen, die nach durchgeführten Wahlen bei den Bemühungen um eine Regierungsbildung besonders berücksichtigt werden sollten.

Wenn es nach Nationalratswahlen um die Bildung der neuen Bundesregierung geht, ist vor allem dem entweder unmißverständlich zum Ausdruck gebrachten Willen der Wählerschaft oder, wenn er weniger klar zum Ausdruck gekommen sein sollte, dem vermutlichen Wählerwillen Rechnung zu tragen.

Unmißverständlich ist der Wählerwille wohl dann zum Ausdruck gebracht, wenn eine Partei die absolute Mehrheit erhalten hat.

Wesentlich schwieriger liegt der Fall dann, wenn eine solche absolute Mehrheit nicht gegeben ist. In einem solchen Fall kommt dem Bundespräsidenten eine ausgesprochene Schlüsselrolle zu.

In der Zweiten Republik wurde es geradezu zu einer österreichischen Tradition, daß die jeweils stärkste Partei den Auftrag erhielt, eine Regierung zu bilden. Ich halte diese Praxis für gut und vor allem für durch und durch demokratisch.

Damit sind Fälle der Art – fürs erste zumindest – ausgeschlossen, wie sich etwa einer im Jahre 1969 in der Bundesrepublik Deutschland ereignet hat. Dort war es möglich, daß zwei Parteien über den Kopf der vom Wähler zur eindeutig stärksten Kraft gemachten Partei hinweg geradezu überfallsartig noch in der Wahlnacht ein Koalitionsbündnis schlossen und damit den eindeutig Stärksten von seiner ihm vom Volk bestätigten Führungsrolle einfach ausschlossen. Diese Vorgangsweise ist umso bedenklicher, wenn sich zwei Partner zusammentun, deren einer bei den Wahlen eine geradezu vernichtende Niederlage hatte hinnehmen müssen, wie dies bei der FDP im Jahre 1969 der Fall war.

Normalerweise ergibt es sich bei jeder Wahl, daß der einen Partei eine ausgesprochene Chance geboten, einer anderen hinwiederum entweder eindeutig oder doch zumindest mehr oder weniger deutlich das Mißtrauen ausgesprochen wird. Ich betrachte es als eine ausgesprochene Zumutung für den Wähler, daß eine Partei, der der Wähler das Mißtrauen womöglich unmißverständlich ausgesprochen hat, dafür vielleicht sogar noch zu einer Regierungsbeteiligung kommt. Das kann doch niemals die Absicht des Wählers gewesen sein. Ich möchte meiner Meinung in der Richtung unmißverständlich Ausdruck verleihen, daß ich eine derartige Vorgangsweise schlicht und einfach für unmöglich und undemokratisch halte. Sie entspricht vielleicht gerade noch den Spielregeln in einer parlamentarischen Demokratie, mit ihrem Geist ist sie jedoch keineswegs in Einklang zu bringen.

Ich habe schon wiederholt zum Ausdruck gebracht, daß ich eine Minderheitsregierung keineswegs für eine faires und taugliches Instrument in einer parlamentarischen Demokratie betrachte. Ich sehe auch weit und breit keinen wie immer gearteten zwingenden Grund, der die Installierung einer Minderheitsregierung rechtfertigen würde.

Wenn die Wähler eine Entscheidung getroffen haben, die die Bildung einer arbeitsfähigen Regierung nicht gerade leichtmacht – diese Situation war im Jahre 1970 jedenfalls keineswegs gegeben –, dann halte ich es immer noch für besser, die Bevölkerung neuerlich zu befragen, bevor von dem risikoreichen und letzten Endes immer zum Scheitern verurteilten Experiment einer Minderheitsregierung Gebrauch gemacht wird.

Wie risikoreich und letzten Endes untauglich eine Minderheitsregierung ist, haben die fast eineinhalb Jahre vom April 1970 bis zum Oktober 1971 gezeigt, in denen es in Österreich eine sozialistische Minderheitsregierung gab. Ganz abgesehen davon, daß ich es keineswegs als den Inbegriff des Demokratieverständnisses betrachte, wenn eine Partei die ganze Macht in Anspruch nimmt und sie dann auch tatsächlich mit allen sich daraus ergebenden Möglichkeiten ausübt, obwohl sie ihr vom Wähler gar nicht verliehen worden ist, haben die Erfahrungen mit der sozialistischen Minderheitsregierung Dr. Kreisky gezeigt, daß die letzten Entscheidungen in sehr bedeutungsvollen Fragen keineswegs von der die Minderheitsregierung tragenden Regierungspartei getroffen wurden, sondern von einer Partei, deren Größe und Stärke im umgekehrten Verhältnis zur Bedeutung der Entscheidungen stand, die *sie* letzten Endes getroffen hat. Ein solcher Zustand spricht aber jedem gesunden Demokratieverständnis geradezu Hohn. Es müßte doch eigentlich allseits vollkommen unbestritten sein, daß dafür ein Wählerauftrag einfach nicht vorliegen kann. In einem solchen Fall würden letzten Endes die in einer parlamentarischen Demokratie geltenden Grundsätze und Verfahrensregeln geradezu auf den Kopf gestellt werden. Was hätte es denn für einen Sinn, den Wähler von Zeit zu Zeit zu den Urnen zu rufen und ihn Entscheidungen treffen zu lassen, wenn diese Entscheidungen über Größe und Stärke der politischen Kräfte im Lande einfach nicht zur Kenntnis bzw. via facti übergangen würden?

Wenn der Wähler einer politischen Partei bei Wahlen lediglich zwischen 40 und 50 Prozent, nicht jedoch die absolute Mehrheit gegeben hat, dann darf daraus nicht nur, sondern dann muß aus dieser Tatsache wohl der Schluß gezogen werden, daß der Wähler dieser Partei, der er die absolute Mehrheit versagt und verweigert hat, auch nicht die ganze und alleinige Regierungsverantwortung übertragen wollte.

Noch viel mehr aber muß aus einem Wahlresultat, das einer Partei nicht viel mehr als 5 Prozent der gültigen Stimmen gebracht hat, der wohl zwingende Schluß gezogen werden, daß die Wählerschaft offensichtlich keineswegs wollte, daß die letzten politischen Entscheidungen ausgerechnet von dieser Partei getroffen werden.

Damit komme ich wieder zu einer Frage zurück, die mich immer wieder beschäftigt und mit der ich mich schon des öfteren auseinandergesetzt habe. Ich meine die Frage der für Österreich optimalen Regierungsform.

Um meine auf Grund von manchen Erfahrungen und Überlegungen und nach vielem Nachdenken gebildete Meinung offen und ehrlich zu bekennen, möchte ich sagen, daß ich keine Regierungsform sehe, von der man sagen könnte, sie sei die optimale, nur sie und keine andere käme für Österreich in Frage.

Wenn es um die Frage geht, welche Regierungsform für einen

bestimmten Zeitabschnitt bzw. zur Lösung bestimmter Fragen die geeignetste ist, dann gilt hier genau das gleiche wie auch sonst im menschlichen und öffentlichen Leben.

Jeder Mensch und jede Institution braucht, wenn seine bzw. ihre Tätigkeit sinnvoll und von Erfolg begleitet sein soll, eine echte Aufgabe, die man zu lösen und zu bewältigen versucht.

Die große Aufgabe, die der Großen Koalition in der Zeit von 1945 bis 1955 gestellt war, bestand darin, die beiden großen politischen Lager Österreichs, die sich in der Ersten Republik als unversöhnliche Gegner gegenübergestanden waren, zu versöhnen, sie zusammenzuführen und sie einander näherzubringen, um sodann den Wiederaufbau gemeinsam in Angriff zu nehmen und Österreich die endgültige Freiheit und Unabhängigkeit zu bringen.

Diese gewiß nicht leichte Aufgabe hat die Große Koalition in hervorragender Weise gelöst.

Als die große Aufgabe der Großen Koalition schon längst gelöst war, wurden die Koalitionsregierungen noch immer an der Größe dieser Aufgabe, die gar nicht mehr gestellt und vorhanden war, gemessen. Daran ist die Koalition letzten Endes gescheitert, und daran mußte sie geradezu mit einer inneren Zwangsläufigkeit scheitern, zumal es jene, denen das Erbe der Großen Koalition anvertraut war, nicht verstanden hatten, ihr – falls dies überhaupt möglich gewesen sein sollte – eine neue große Aufgabe zu stellen. Ich für meine Person bin heute der Überzeugung, daß es wohl kaum möglich war, eine Institution, die eine ganz bestimmte, ungeheuer bedeutungsvolle Aufgabe zu erfüllen hatte, über die Erfüllung ihres Auftrages hinaus am Leben zu erhalten.

Es kommt im übrigen noch etwas ganz anderes, eigentlich etwas ganz Natürliches und Selbstverständliches, hinzu. Im Jahre 1945 war das Zusammengehen der beiden großen politischen Lager in Österreich ja nicht auf eine Liebesheirat, sondern auf eine ausgesprochene Vernunftehe zurückzuführen, was in Anbetracht der damals gar nicht so weit zurückliegenden Ereignisse der dreißiger Jahre durchaus verständlich und geradezu logisch war. Die Vernunft und das Verantwortungsgefühl hatten damals die ungleichen Partner zusammengeführt, und das Ergebnis konnte sich durchaus sehen lassen. Wie es fast in jeder Ehe, ob sie nun als

Liebes- oder als Vernunftheirat zustande gekommen ist, früher oder später gewisse Schwierigkeiten oder manchmal auch eine tiefgreifende Entfremdung gibt, ist es bei politischen Zweckbündnissen gar nicht anders. Dieser Umstand kam im Falle der Großen Koalition zu dem von mir im vorstehenden aufgezeigten Faktum, daß die Aufgabe, die 1945 gestellt worden war, erfüllt war, noch hinzu.

Im übrigen war es bei den beiden Alleinregierungen der ÖVP und der SPÖ gar nicht wesentlich anders. Auch ihnen waren ganz spezifische Aufgaben gestellt.

Hatte man 1966, nachdem die ÖVP bei den Nationalratswahlen vom 6. März die absolute Mehrheit errungen hatte, geglaubt, trotz dieser absoluten Mehrheit bei der Großen Koalition herkömmlicher Art verbleiben zu können, zeigte sich sehr bald, daß der Sinn und Zweck einer vom Wähler gegebenen absoluten Mehrheit in normalen Zeiten – wie sie 1966 sowohl als auch 1971 gegeben waren – nur darin bestehen kann, daß derjenige, der die absolute Mehrheit übertragen bekommen hat, von ihr auch tatsächlich Gebrauch machen muß, das heißt also, daß er im Regelfall auch wirklich allein regiert. Was nun die unmittelbare Zukunft anbelangt, gehe ich für die Zeit nach den Nationalratswahlen 1975 von der Annahme aus, daß es wohl keiner der beiden großen Parteien gelingen wird, die absolute Mehrheit zu erreichen. Die SPÖ wird sie wohl nicht mehr erhalten, und auch der ÖVP dürfte sie versagt bleiben.

Aus den verschiedensten Gründen trete ich dafür ein, daß nach den nächsten Nationalratswahlen für den Fall, daß meine Annahme vom Nichtvorhandensein einer absoluten Mehrheit für eine der beiden großen Parteien zutreffen sollte, auf breitester Ebene zusammengearbeitet werden sollte.

Als ich am 16. November 1973 anläßlich einer Pressekonferenz im Presseklub „Concordia" mein erstes Buch präsentierte, trat ich bereits damals dafür ein, daß nach den im Jahre 1975 fälligen Nationalratswahlen eine Konzentration aller Kräfte ins Auge gefaßt werden sollte. Ich habe damals bereits darauf hingewiesen, daß die sozialistische Alleinregierung ein schweres Erbe hinterlassen werde und daß einer allein mit dem Erbe, das die Sozialisten hinterlassen würden, nicht fertig werden könne. Mittlerweile ist die Situation wesentlich ernster geworden, als etwa im November 1973 angenommen werden konnte. Die Energiekrise, die Situation in den westlichen Industrienationen, die anhaltende Inflation auch bei uns in Österreich und vor allem die besorgniserregende Entwicklung unserer Staatsfinanzen lassen das, was ich bereits im Spätherbst 1973 gesagt habe, heute erst recht als durchaus gerechtfertigt erscheinen.

Einer allein wird mit der Situation, wie sie nach den Nationalratswahlen des Jahres 1975 gegeben sein wird, nicht fertig werden. Was aber Österreich vor allem braucht, ist das Ende der Lizitationspolitik und das radikale Schlußmachen mit der Gefälligkeitsdemokratie. Die österreichische Wirtschaft braucht dringendst, damit sie sich wieder erholen kann, eine Ruhepause. Diese Ruhepause kann ihr nur auf die Art verschafft werden, wenn alle zusammenarbeiten und wenn alle die Verantwortung für etwaige unpopuläre Maßnahmen gemeinsam und zur ungeteilten Hand übernehmen. Es darf keiner Partei die Möglichkeit des Lizitierens und der Popularitätshascherei geboten werden.

Es gibt allerdings einige unumgängliche Voraussetzungen für das Funktionieren einer Regierung auf breitester Basis:

Ein Anknüpfen bei der alten, im Jahre 1965/1966 endgültig und unwiderruflich zu Ende gegangenen Koalition ist nicht möglich. Starre Koalitionspakte der Art, wie wir sie zu Zeiten der Großen Koalition hatten, darf es nie wieder geben. Es hat sich gezeigt: je starrer die Koalitionspakte in der Zeit nach 1955 wurden, desto unfruchtbarer wurde die Arbeit in der Koalition.

Ein Zweites: Die Politiker, die berufen sind, gemeinsam die Verantwortung zu tragen, müssen miteinander reden können. Sie haben alles, was sie persönlich und weltanschaulich noch so sehr trennen mag, zugunsten des Staatsganzen zurückzustellen. Kein noch so raffiniert ausgeklügeltes Koalitionsübereinkommen kann das menschliche Vertrauensverhältnis der politisch führenden und verantwortlichen Personen ersetzen.

Im übrigen möchte ich folgendes sagen:

Es genügt durchaus, daß sich eine Regierungskoalition auf ein gemeinsames Regierungsprogramm und auf gar nicht mehr einigt und verpflichtet. Die Durchführung dieses Regierungsprogrammes wird dann umso leichter möglich sein, wenn noch eine weitere Voraussetzung gegeben ist. Die gesetzgebenden Körperschaften dürfen durch eine Zusammenarbeit auf breitester Basis nie wieder in die gleiche oder auch nur in eine ähnliche Situation gebracht werden, wie dies zu Zeiten der Großen Koalition der Fall war. Wir können der parlamentarischen Demokratie keinen schlechteren Dienst erweisen, als wenn es heißt, daß das Parlament ja doch nur eine Jasager-Funktion habe. Von hier bis zur Parlamentsverdrossenheit führt, wie wir aus leidvollen Erfahrungen aus der Ersten Republik wissen, ein kurzer Weg.

Mit der Installierung einer Regierung auf breiter Basis kommt nach meiner tiefen Überzeugung die große Stunde jenes koalitionsfreien Raumes, an den wir bereits anläßlich der Regierungsverhandlungen 1962/1963 gedacht und den wir damals bereits ernstlich in Vorschlag gebracht hatten. Weder die Zeit noch die damals agierenden Politiker waren für diesen Gedanken reif.

Nach der nächsten Nationalratswahl werden nicht zuletzt auf Grund der dann gegebenen Situation sowohl die Zeit als auch die Politiker auf allen Seiten für diesen Gedanken zwangsläufig reif sein bzw. reif sein müssen. Lassen wir uns vor allem eines gesagt sein:

Es gibt auf die Dauer keine lebendige parlamentarische Demokratie, wenn die gesetzgebenden Körperschaften keine echte Aufgabe zu erfüllen haben.

Einer der Haupteinwände gegen eine Zusammenarbeit womöglich aller im Parlament vertretenen Parteien geht vor allem dahin, daß in einem solchen Fall niemand die Oppositionsrolle wahrnehmen würde. Dazu möchte ich folgendes sagen: Ein gut eingespielter koalitionsfreier Raum, von dem maßvoller und vernünftiger Gebrauch gemacht wird, könnte sehr wohl dazu beitragen, daß die gesetzgebenden Körperschaften jene Rolle spielen, die ihnen in einer parlamentarischen Demokratie zukommt und die zu ihrem Funktionieren lebenswichtig ist.

Alle diese Voraussetzungen, von denen ich im vorstehenden gesprochen habe, müssen erfüllt werden, wenn die einer Konzentrations- bzw. Koalitionsregierung gestellte Aufgabe erreicht werden soll. Eines kommt allerdings noch hinzu, und ohne diese Voraussetzung nützen das beste Regierungsprogramm, hervorragende menschliche Beziehungen und ein bestens funktionierender koalitionsfreier Raum gar nichts.

Ich habe versucht, die Gedanken, die mich diesbezüglich beschäftigen, im Schlußabsatz meiner Rede, die ich am 29. November 1974 anläßlich einer Gedenkstunde für Julius Raab gehalten habe, wie folgt zum Ausdruck zu bringen: „Wir haben keine Möglichkeit, uns bei einem Julius Raab, einem Leopold Figl, einem Adolf Schärf oder einem Oskar Helmer, die uns vorangegangen sind, einen Rat zu holen. Sehr wohl aber können wir, wenn es um entscheidende Fragen für die Zukunft Österreichs geht, versuchen, Lösungen in ihrem Geiste zu finden. Ich kann mir sehr wohl vorstellen, daß Julius Raab auf die Frage, was zu tun sei, folgendermaßen antworten könnte: Natürlich habt Ihr auch an Eure eigene Partei zu denken, in erster Linie aber denkt bei allem, was Ihr tut, an Österreich!"

Ich habe dem, was ich damals sagte, heute und hier auch nicht ein einziges Wort hinzuzufügen. Wenn sich die jeweils maßgeblichen und verantwortlichen Politiker in entscheidenden Situationen immer vor Augen halten, daß zuerst das Staatswohl und dann erst das Parteiwohl kommt, braucht uns um die Zukunft Österreichs nicht bange sein.

Verschiedene Stationen in meinem politischen Leben

Wenn ich meinen Weg als Politiker verfolge, dann spiegeln sich – jederzeit kontrollier- und rekonstruierbar – die einzelnen Stationen am besten in Zeitungsartikeln, Porträts und Interviews, vor allem aber auch in Briefen und Telegrammen wider.

In Anbetracht des Umstandes, daß nur wenige Menschen sich aufraffen, Briefe zu schreiben und Telegramme zu schicken, kann man Zuschriften dieser Art doch einige Bedeutung beimessen. In ihnen kommen Kritik und Anerkennung, begeisterte Zustimmung ebenso wie erbitterte politische Ablehnung, alle möglichen Ratschläge und immer wieder Vertrauen und Zuneigung zum Ausdruck.

Ich bin sehr froh und glücklich, daß ich mir im Lauf der Jahre ein ganzes Archiv von Briefen, Telegrammen, aber auch von Zeitungsartikeln aller Art angelegt habe. Es handelt sich hiebei um eine wahre Fundgrube. Man muß sich nur die Zeit nehmen, dann kann man in ruhigen Stunden das eine Mal den, das andere Mal wieder einen anderen Zeitabschnitt durchgehen und dabei Überlegungen anstellen, ob man das und jenes richtig gemacht hat oder wie man es hätte besser machen können, vor allem aber, ob man es heute bzw. wie man es heute – nach all dem, was man erlebt und erfahren hat – anders machen würde.

Wenn ich heute Briefe und Telegramme zur Hand nehme, dann signalisieren sie irgendwie markante Punkte in meinem politischen Leben.

Was mich anbelangt, können Briefschreiber durchaus davon überzeugt sein, daß sie ihre Gedanken nicht unnütz zu Papier gebracht und daß sie sich nicht umsonst die Mühe des Briefschreibens genommen haben. Ich weiß nicht, wie es andere Kol-

189

leginnen und Kollegen praktiziert haben, ob sie gleich mir eine Sammlung von Briefen und Telegrammen angelegt haben – was ich ihnen raten würde, falls sie es bis jetzt noch nicht getan haben sollten – oder ob sie mehr den Papierkorb in Aktion treten ließen.

Ich habe mich jedenfalls sehr darum bemüht, daß jeder Briefschreiber – was zeitlich gar nicht immer leicht war – eine Antwort erhielt.

Vor allem aber versuchte ich immer, mich mit dem Inhalt der Briefe auch geistig auseinanderzusetzen.

Da sind einmal die Weltverbesserer, die „Alles-besser-Wisser", die mit den verschiedensten möglichen und auch unmöglichen Vorschlägen und Ratschlägen kommen. Sie schreiben Briefe geradezu berufsmäßig, und manche tun dies offensichtlich noch dazu mit allergrößtem Vergnügen. Der längste Brief, den ich je erhielt, umfaßte 94 Seiten.

Ich habe, als ich zum Generalsekretär gewählt wurde, eine Menge von Vorschlägen erhalten, wie die Parteiarbeit verbessert und effizienter gemacht werden könnte. Ich habe dann später erfahren, daß die gleichen Vorschläge von denselben Briefschreibern auch schon meinem Vorgänger im Amt gemacht worden waren. Sie wurden im übrigen dann auch meinem Nachfolger im Amt gemacht.

Daraus bitte ich nicht den Schluß zu ziehen, daß wir uns um diese Vorschläge und Anregungen womöglich nicht gekümmert hätten und daß es daher vollkommen sinnlos sei, der ÖVP überhaupt Vorschläge zu machen und Anregungen zu geben. Wir waren für alle vernünftigen und halbwegs brauchbaren Vorschläge immer dankbar, und wir haben auch so manchen Vorschlag aufgegriffen. Ich will wirklich keinem von denen, die Vorschläge machten, unrecht tun oder sie womöglich gar kränken oder beleidigen, aber die meisten dieser von Dauerschreibern kommenden Vorschläge waren tatsächlich nicht ernst zu nehmen. Briefe mit 94 Seiten sind wohl der beste Beweis für diese meine Feststellung.

Immer wieder kamen Angebote zur Mitarbeit.

Hier gab es zwei Kategorien; es war zu unterscheiden zwi-

schen denen, die immer und überall dabeisein wollen, die unbedingt eine politische Karriere machen wollen, und jenen, die
aus einer echten inneren Anteilnahme heraus das, was sie bewegt
und wovon sie glauben, daß es der Partei nützen könnte, zum
Ausdruck bringen – ohne auch nur das geringste von der
Partei zu wollen oder gar an eine politische Karriere zu denken.

Das Anerbieten zur Mitarbeit in einer politischen Partei ist
keineswegs eines der am leichtesten zu lösenden Probleme.

Die einen sagen, jeder, der wirklich der Partei dienen und
in ihr arbeiten wolle, müsse sich von unten her über alle Stufen
hinaufdienen. Diese Art der Mitarbeit in einer Partei wird als
die sogenannte Ochsentour bezeichnet.

Die anderen lehnen diese Art, mitzuarbeiten und womöglich
über die „Ochsentour" politische Karriere zu machen, mit aller
Entschiedenheit ab und führen ins Treffen, daß es doch Aka-
demikern, Universitätsassistenten, angehenden Wissenschaftern
und Angehörigen sonstiger gehobener Berufe einfach nicht
zugemutet werden könne, die Mitarbeit in der Partei mit dem
Kassieren von Mitgliedsbeiträgen oder mit dem Verteilen von
Flugblättern zu beginnen.

Ich habe immer den Standpunkt vertreten, daß es ohne jeden
Zweifel sehr wertvoll ist, wenn man in der Partei von der Pike
auf gedient hat. Man lernt auf diese Art den inneren Aufbau, die
ganze Organisation und den Willensbildungsprozeß innerhalb
der Partei in- und auswendig kennen, und das kann schließlich
nur von Vorteil sein. Einem, der von ganz unten begonnen hat,
kann nicht so leicht etwas weisgemacht werden. Meine Tätigkeit
in der Partei begann keineswegs mit dem Abgeordneten zum
Nationalrat und auch nicht mit dem Bezirksparteiobmann von
Wolkersdorf. Ich begann vielmehr ganz bescheiden und mit
gemischtem Erfolg – worüber ich anschließend gleich berichten
werde – als Wahlschlepper in meiner Heimatgemeinde Gaweinstal anläßlich der Nationalratswahlen 1949. Die zweite Stufe auf
meiner politischen Karrierenleiter war sodann der sogenannte
Strichler, welcher Aufgabe ich mich bei der Bundespräsidentenwahl 1951 in Wolkersdorf unterzog, wohin meine Frau und
ich mittlerweile übersiedelt waren.

An beide Tätigkeiten erinnere ich mich heute noch immer mit allergrößtem Vergnügen.

Zuerst möchte ich meine Erlebnisse als Wahlschlepper schildern:

Für den Wahltag der Nationalratswahlen 1949, es war der 9. Oktober 1949, stellte ich mich mitsamt meinem Wagen – ich hatte damals einen 50er Steyr – als Wahlschlepper zur Verfügung. An diesem Tage wurde mir aus eigenem Augenschein zum erstenmal so richtig bewußt, was die Briefwahl bedeuten könnte. Ich würde so manchen Politikern, die sich bisher beharrlich geweigert haben und nach wie vor hartnäckig weigern, der Einführung der Briefwahl zuzustimmen, nicht nur gönnen, sondern auch dringend raten, daß sie sich an einem Wahltag der Mühe unterziehen, alte, gebrechliche Leute in ihren Wohnungen abzuholen und sie in das Wahllokal zu bringen. Die Erfahrungen, die sie hiebei sammeln könnten, würden ohne Zweifel dazu beitragen, den bisherigen Widerstand gegen die Einführung der Briefwahl aufzugeben. Offenbar wissen nur diejenigen die Berechtigung und die absolute Notwendigkeit der Briefwahl wirklich zu schätzen, die jemals als Wahlschlepper eingesetzt waren.

Es wäre für alte, kranke Leute eine ungemein große Erleichterung, vor allem auch eine solche psychologischer Natur, wenn ihnen der Gang oder die Fahrt zum Wahllokal erspart bliebe. Manche alte Leute sind schon Tage vor dem Wahltag ganz nervös und aufgeregt, weil sie sich vor dem Gang oder der Fahrt zum Wahllokal einfach fürchten. Sie haben richtiggehend Angst davor, ob sie es auch richtig machen werden.

Ganz abgesehen davon ist es aber oft wirklich nicht zumutbar, in welchem Zustand manche Wähler zum Wahllokal gebracht werden.

Im Jahr 1949 brachte ich einen Mann ins Wahllokal – dieses Wahllokal war noch dazu im ersten Stock des Gemeindegasthauses untergebracht –, der derart unter Wassersucht litt, daß er einfach nicht mehr in seinen Anzug hineinpaßte. Obwohl wir uns bemühten, ihm beim Anziehen zu helfen, es nützte alles nichts. Trotzdem bestand er darauf, ins Wahllokal gebracht zu werden. Er wollte, wie er sich ausdrückte, unbedingt seine Bürgerpflicht erfüllen. So brachten wir ihn denn, nur mit Hemd und langer Unterhose bekleidet, mit viel Mühe und Plage und mit einem sehr unguten Gefühl in das Wahllokal. Die Wahlkommission und die im Wahllokal anwesenden Wähler konnten ja nicht wissen, daß er selbst es war, der verlangt hatte, in diesem Aufzug in das Wahllokal gebracht zu werden.

Ich habe mich damals gefragt, und ich frage mich heute noch immer – denn solche Fälle ereignen sich bei jeder Wahl nach wie vor –, ob diese Art der Ausübung des Wahlrechtes – und beim Wahlrecht handelt es sich ja schließlich um das bedeutungsvollste staatsbürgerliche Recht, das dem Staatsbürger zusteht – mit der Würde des Menschen wirklich vereinbar ist.

Damit war jedoch meine Tätigkeit als Wahlschlepper an diesem Tag für mich noch lange nicht beendet.

Am selben Tag passierte mir nämlich noch folgendes: Im Einsatzlokal der ÖVP war mir mitgeteilt worden, daß eine rekonvaleszente Frau mit dem Auto abgeholt und zum Wahllokal gebracht werden wolle. Ich begab mich mit meinem Steyr-Baby zu ihrem Haus, verlud sie mit viel Mühe, Sorgfalt und einiger Not in mein Auto, brachte sie zum Wahllokal und wieder gut nach Hause zurück. Am nächsten Tag mußte ich dann erfahren, daß sich meine Passagierin geäußert habe, ich hätte sie zwar mit meinem Wagen ganz ausgezeichnet bedient, sie habe aber trotzdem, so wie immer, rot gewählt.

Nach Überwindung unserer ersten Überraschung haben wir dann über diesen meinen durchschlagenden „Erfolg" als Wahlschlepper königlich gelacht.

Trotzdem und heute erst recht erinnere ich mich mit allergrößtem Vergnügen an meinen damaligen Einsatz als Wahlschlepper. Jedenfalls begann an diesem Tag an der untersten Sprosse der Leiter meine Ochsentour in der ÖVP. Der Grundstein zu meiner politischen Karriere war gelegt.

Und nun zu meiner Strichlertätigkeit anläßlich der Bundespräsidentenwahl 1951. Für Nichtabsolventen der Ochsentour muß ich kurz erklären, was unter einem Strichler zu verstehen ist. Der Strichler ist jener Mann in einer Wahlkommission, der an Hand einer Liste, auf der alle Wahlberechtigten seines Sprengels verzeichnet sind, feststellt, wer bereits seine Stimme abgegeben hat. Dadurch wird es seiner Partei möglich gemacht, säumige Wähler anzurufen bzw. alte und kranke Leute zu Hause abzuholen und zum Wahllokal zu bringen.

Wir waren damals im Wahllokal über alle Parteischranken hinweg eine Runde, die sich gut verstand. Ein Bauer, der gleichfalls Mitglied der Wahlkommission war, hatte dafür Sorge getragen, daß in vorgerückter Nachmittagsstunde, jedenfalls zu einem Zeitpunkt, da es noch dafürstand, köstlicher Wolkersdorfer Wein in ausreichender Menge zur Verfügung stand, was unsere Arbeit in der Wahlkommission nicht nur nicht behinderte, sondern sogar wesentlich erleichterte und auf jeden Fall angenehmer machte. Das an Wahltagen in Gasthäusern herrschende Alkoholausschankverbot verursachte uns eigentlich kein Kopfzerbrechen und nicht die geringsten Gewissensbisse.

Diese beiden kleinen Anekdoten sind, wie ich glaube, durchaus geeignet, die Behauptung zu untermauern, daß man bei der Ochsentour ungemein viel lernen und die Parteiarbeit wirklich von unten her bis ins kleinste Detail kennenlernen kann.

Trotzdem war ich nie ein Vertreter der Auffassung, daß die Ochsentour die einzige und unumgängliche Voraussetzung für eine Betätigung, vor allem aber für eine Karriere in der Partei sein müsse. Eine Partei, die diesen Standpunkt vertreten sollte, würde auf diese Art nicht nur auf viele wertvolle Mitarbeiter verzichten, sie würde sie vielmehr zu ihrem eigenen Nachteil vor den Kopf und wahrscheinlich endgültig und unwiderruflich von sich stoßen.

So sehr ich es daher als einer, der diesen Weg selbst gegangen ist, begrüße, daß möglichst viele Funktionäre und Mandatare die Partei in- und auswendig kennenlernen, so sehr bin ich immer dafür eingetreten und trete ich nach wie vor dafür ein, daß dieser Weg keineswegs der einzige und ausschließliche für eine Parteiarbeit und Parteikarriere sein darf.

Nun einige Bemerkungen zu der Frage, ob und wieweit Briefe, Kritiken, Zeitungsartikel etc. das Verhalten eines Politikers beeinflussen können.

Sind solche Zeitungsartikel und auch Briefe geeignet, den Willensbildungsprozeß bei einem Politiker zu beeinflussen, wie dies etwa bei Meinungsumfragen der Fall ist oder zumindest der Fall sein kann?

Ich habe bei anderer Gelegenheit bereits darauf hingewiesen, daß den Meinungsumfragen, ob nun zu Recht oder zu Unrecht, eine immer größere Bedeutung zukommt. Manche Politiker und politische Parteien lassen sich in ihrem Verhalten durch das Ergebnis von Meinungsumfragen oft mehr beeinflussen, als manchmal gut ist. Bevor sie eine Maßnahme setzen, lassen sie sich durch eine Meinungsumfrage bestätigen, wie sie bei der Bevölkerung ankommt, bzw. sie unterlassen eine Maßnahme überhaupt dann, wenn auf Grund des Ergebnisses einer Meinungsumfrage festgestellt wurde, daß sie beim Volk nicht gerade gut ankommt.

Wenn womöglich nur mehr auf diese Art Politik gemacht werden sollte, schiene mir das nicht nur nicht der richtige Weg, sondern ganz im Gegenteil sogar ein ganz gefährlicher Weg zu sein. Bis zur letzten Konsequenz durchgedacht, würde das heißen, daß die letzte Entscheidung gar nicht mehr beim Politiker liegt. Diese letzte Entscheidung kann und darf jedoch dem Politiker nicht abgenommen werden. Das letzte und ausschlaggebende Motiv für eine Entscheidung des Politikers kann und darf nur und muß seine Verantwortung gegenüber dem Wähler und dem ganzen Volk sein, niemals jedoch oder womöglich gar ausschließlich ein Meinungsumfrageergebnis, das ja doch nur auf der Befragung von 1000 oder bestenfalls 2000 Menschen beruht.

Ich kann mir durchaus vorstellen, daß eine Meinungsumfrage, die unmittelbar nach einer Serie abscheulicher Frauenmorde durchgeführt wird, eine Mehrheit für die Wiedereinführung der Todesstrafe ergeben könnte. Ist deshalb ein verantwortlicher Politiker schon berechtigt oder womöglich gar moralisch verpflichtet, unverzüglich einen Gesetzentwurf auf Wiedereinführung der Todesstrafe im Parlament einzubringen?

Von verantwortungsbewußter Politik kann nach meinem Empfinden dann nicht gesprochen werden, wenn der Politiker, der sie zu machen hat, nur an das Wohl und Wehe derer denkt, die von einer gesetzlichen Maßnahme unmittelbar betroffen sind und denen sie in erster Linie zugute kommt. Verantwortungsvoll ist aber eine Politik schon gar nicht, wenn der Politiker womöglich nur an die Auswirkungen denkt, die ein Gesetz auf seine und seiner Partei Popularität hat. Oberstes Gebot muß es sein, daß die Politiker bei jeder Maßnahme, die sie setzen, immer und überall an das Wohl des gesamten Staates und aller seiner Bürger denken. Das bedeutet zweifellos eine große Verantwortung für jene Politiker, denen die Macht auf Grund von freien Wahlen für eine bestimmte Zeit übertragen ist.

Niemand und nichts kann den Politikern diese Verantwortung abnehmen, und sie dürfen sie sich auch von niemandem abnehmen lassen, am allerwenigsten womöglich durch Meinungsumfrageergebnisse, denen nach wie vor trotz aller Verfeinerung der Methoden starke Unsicherheitsfaktoren anhaften und denen sie auch in Zukunft anhaften werden. Wenn es drum und drauf ankommt, daß ein Politiker Rechenschaft über seine Politik abzulegen hat, dann kann und wird sein Hinweis, er habe sich zu der oder jener Maßnahme nur auf Grund von Meinungsumfrageergebnissen entschlossen, in keiner Weise als Rechtfertigungsgrund gelten.

Eine der entscheidenden Aufgaben des Politikers ist es, entscheidungsfreudig zu sein. Er darf sich vor Entscheidungen nicht drücken. Er muß sie immer dann und dort treffen, wann und wo sie fällig sind. Daß er hiebei Entscheidungshilfen sucht und daß er sich ihrer auch bedient, ist eine Selbstverständlichkeit. Eine der Entscheidungshilfen kann durchaus auch das Ergebnis einer Meinungsumfrage sein, eine weitere etwa die Beratung durch Wissenschafter und Forscher und was es hier sonst noch an Möglichkeiten gibt. Die letzte Entscheidung aber, für die er ja schließlich auch dem Volk selbst gegenüber die Verantwortung trägt, kann dem Politiker von niemandem abgenommen werden. Ich habe immer den Standpunkt vertreten, daß es nicht die Aufgabe des an verantwortlicher Stelle stehenden Politikers sein kann, sich in Details zu verlieren. Er hat sich nicht um jedes Detail zu kümmern. Dazu hat er seinen

Beamtenapparat und seinen Stab, der ihn berät. Er selbst hat nach entsprechender Beratung mit seinen engsten Mitarbeitern Entscheidungen zu treffen, und zwar nicht Entscheidungen, die womöglich den Betroffenen nur Freude machen und dem Politiker nur Popularität verschaffen – wenn so etwas möglich sein sollte, dann ist es umso besser –, sondern Entscheidungen, die der Förderung des Gesamtwohles und den Interessen des gesamten Staates und der ganzen Gesellschaft dienen. Eine derartige Politik hat allerdings mit der in unseren Tagen so beliebten und leider immer mehr praktizierten Gefälligkeits- und Verteilungsdemokratie nichts zu tun. Sie steht vielmehr zu ihr in krassem Widerspruch.

Doch nun, nachdem ich mich kurz mit der Frage befaßt habe, ob und wieweit Meinungsumfrageergebnisse das Denken und Handeln von Politikern zu beeinflussen in der Lage sind, zurück zu den Briefschreibern. Sie begleiten – natürlich sind es nicht immer dieselben – den Politiker mehr oder weniger durch sein ganzes Politikerleben über alle Stationen hinweg – seien es nun erfreuliche oder auch weniger erfreuliche.

Ich für meine Person kann auf Grund eigener Erfahrungen immer wieder nur betonen, daß Briefe und Telegramme, die aus den verschiedensten Anlässen und zwar von ernstzunehmenden Leuten kommen, sehr wohl in der Lage sind, das Verhalten eines Politikers zu beeinflussen.

Dasselbe gilt selbstverständlich auch für Zeitungsartikel und Kommentare, die aus der Feder von seriösen Journalisten stammen.

Die Wirkung von Zeitungsartikeln und Kritiken in den Massenmedien ist bei den einzelnen Politikern eine ganz unterschiedliche. Hier spielt sich ja im Gegensatz zum Brief und Telegramm alles in der Öffentlichkeit ab. Im wesentlichen gibt es in diesem Zusammenhang drei Kategorien von Politikern. Die einen sind ängstlich darauf bedacht, daß die Zeitungen über sie nur ja nichts Nachteiliges berichten. Deshalb sind sie in all ihrem Reden und Handeln so vorsichtig, daß sie nur ja keine Veranlassung zu für sie ungünstigen Meldungen und Kritiken geben. Zur zweiten Kategorie gehören jene, die auf Nachrichten und Kritiken, die ihnen keine besondere Freude oder vielleicht sogar ausgesprochenen Ärger bereiten, sofort durch Entgegnungen oder zumindest doch durch Interventionsversuche reagieren. Die dritte Kategorie lassen Meldungen welcher Art immer vollkommen kalt, sie schicken weder eine Entgegnung noch greifen sie zum Telefon, um mit dem Redakteur, von dem die Meldung oder der Kommentar stammt, zu reden. Ich habe mich immer zur dritten Kategorie gezählt. Wenn man zehn Jahre Generalsekretär war, hat man sich abgewöhnt, an jedem Satz, der einem nicht unbedingt Freude macht, Anstoß zu nehmen. Da hätte ich wirklich viel zu tun gehabt. Zugegeben, man braucht, wenn man viele Jahre hindurch eine kämpferische Position innehat, eine sehr dicke Haut. Ich ließ sie mir in den sechziger Jahren wachsen, bzw. ich mußte sie mir, ob ich nun wollte oder nicht, zwangsläufig wachsen lassen. Ich habe sie bei Gott auch wirklich gut gebrauchen können. Sie leistete mir unbezahlbar gute Dienste.

Ganz anders ist es bei den Briefschreibern. Hier spielt sich alles unter Ausschluß der Öffentlichkeit zwischen dem Briefschreiber und dem Angeschriebenen ab. In seinem Brief bringt der Briefschreiber seine offene und ehrliche Meinung völlig unbeeinflußt zum Ausdruck, viel unbeeinflußter jedenfalls als in persönlichen Gesprächen. Meistens haben die Gesprächspartner von Politikern in persönlichen Gesprächen doch gewisse Hemmungen, ihre Meinung sehr offen und direkt zum Ausdruck zu bringen. Selbst wenn der Abgeordnete noch so viel und noch so oft den persönlichen Kontakt mit dem Wähler sucht – ihm gegenüber bestehen immer wieder gewisse Vorbehalte und Hemmungen, aus denen heraus der Gesprächspartner mit der Kritik oftmals hinter dem Berg hält.

Wann gibt es bei politischen Versammlungen in Diskussionen, die normalerweise einer Rede des Abgeordneten folgen, einen wirklich völlig freien Meinungs- und Gedankenaustausch?

Wenn man nach Beendigung der Versammlung am Wirtshaustisch ein bißchen beisammensitzt, geht es schon wesentlich besser und lockerer.

Am allerleichtesten reden sich jedoch, wie ich immer wieder

hören konnte, die nach einer Versammlung Zurückgebliebenen dann, wenn der Mandatar das Lokal verlassen hat. Dann geht es erst so richtig los, und dann erst wird alles das zur Sprache gebracht, was man ihm, dem Abgeordneten, so gerne einmal gesagt hätte und was man dann, solange er da war, doch wieder nicht getan hat.

Wenn ich alle Möglichkeiten des Kontaktes zwischen Wählern und Gewählten überdenke, dann muß ich sagen, daß die in einem Briefe zum Ausdruck gebrachte Meinung am ehesten dem entspricht, was der Wähler wirklich denkt. Das geschieht weder in öffentlichen Diskussionen noch in Gesprächen unter vier Augen und schon gar nicht, wenn irgendein Interviewer für ein Meinungsforschungsinstitut Fragen stellt. Nur in Briefen und in der Wahlzelle agiert der Staatsbürger völlig unbeeinflußt und ohne jede Kontrolle. Gerade aus diesem Grund habe ich die in Briefen zum Ausdruck gebrachten Meinungen immer ganz besonders geschätzt und sie sehr ernst genommen.

Ich rede hier nur von Briefen mit voller Namens- und Adressenangabe. Selbstverständlich bekommt ein Politiker auch immer wieder anonyme Briefe, die zum Teil wüste Beschimpfungen, aber auch andere kuriose Dinge, wie etwa gebrauchtes Klosettpapier etc., enthalten. Was das letztere anbelangt, gab es hier offensichtlich in Wiener Neustadt – die Kuverts waren jedenfalls mit dem Poststempel Wiener Neustadt versehen – einen besonderen Liebhaber und Spezialisten dieser doch eher aus dem normalen Rahmen fallenden Art, der nicht nur mich, sondern auch andere Kollegen „bedachte".

Für mich war die Tatsache immer besonders interessant, daß durchschnittlich zwei Drittel aller Schreiben von Frauen stammten. Darunter waren wiederum die meisten Briefe von jungen Frauen, eine Tatsache, die mir zugegebenermaßen immer viel Freude bereitete, die aber meine Frau in keiner Weise beunruhigen mußte – wozu auch wirklich keinerlei Veranlassung bestand. Ein Politiker, der infolge seiner häufigen Fernsehauftritte begreiflicherweise weitgehend bekannt ist, kann einfach nichts anstellen, weil ihn ja fast alle Leute kennen. Ich möchte bei dieser Gelegenheit nur am Rande und ganz bescheiden anmerken, daß dieser Umstand für mich jedoch keineswegs der entscheidende Grund war, nichts anzustellen.

Hieher paßt nun eine kleine Geschichte, die ich meinen Leserinnen und Lesern nicht vorenthalten möchte. Der Politiker erlebt ja im Laufe von Jahrzehnten so viele unerfreuliche Dinge. Warum soll ich daher nicht auch über eine nette Begebenheit berichten, die sich vor Jahren zutrug und die zu einer Freundschaft führte, die über alle Höhen und Tiefen eines Politikerlebens hinweg bis zum heutigen Tag gehalten hat.

Es war im Juni 1966. Ich hatte in Rorschach in der Schweiz vor der Bodenseetagung der christlich-demokratischen Parteien einen Vortrag gehalten. Anschließend fuhr ich mit der Bahn von Feldkirch nach Wien zurück. Zu Mittag begab ich mich in den Speisewagen. An einem Tisch einige Reihen vor mir, mit Blickrichtung zu mir, saß eine junge Dame. Mir fiel auf, daß sie, obwohl ein Herr an ihrem Tisch saß – der allerdings, wie sich dann herausstellte, nicht zu ihr gehörte –, angelegentlich zu mir herüberblickte. Ich wäre unehrlich, wenn ich sagte, daß Männer, die vielleicht noch nicht zu den älteren Herren, aber ganz bestimmt nicht mehr zu den jungen zählen, es ungern haben, wenn sie von Mädchen und jungen Frauen mit einem gewissen Interesse betrachtet werden. Diese harmlose Freude muß man uns schon lassen. Nachdem ich mit dem Essen fertig war und bezahlt hatte, ging ich wieder zu meinem Coupé zurück. Dort stand schon die junge Dame vom Speisewagen, die bereits vor mir bezahlt hatte und zu ihrem Platz zurückgegangen war. Einigermaßen verlegen und errötend kam sie auf mich zu und sagte, auf diesen Moment habe sie schon lange gewartet. Sie sei ebenso wie eine Kollegin von ihr eine begeisterte Withalm-Anhängerin, und diese Gelegenheit des zufälligen Zusammentreffens lasse sie sich einfach nicht entgehen. Seit damals waren meine beiden „lebenslänglichen Verehrerinnen", wie sie sich selbst bezeichnet haben, überall dabei, wo immer ich in Wien aufgetreten bin, ob es nun die Eröffnungskundgebung für den Wahlkampf 1970 im Wiener Konzerthaus war, eine Wahlversammlung im Haus der Begegnung in der Königseggasse oder gar eine Podiumsdiskussion, die Pittermann und ich anläßlich des Nationalratswahlkampfes 1971 im Kurhaussaal in Baden bei Wien bestritten haben. Ich fühlte mich geradezu beschämt, wenn ich bei solchen Anlässen von meinen beiden „Lebenslänglichen" auch noch mit herrlichen Blumen bedacht wurde. Unübertrefflich war jedoch die Form der Geburtstags- und sonstigen Wünsche, die ich im Laufe der Jahre von ihnen erhielt. Ich habe zu Hause eine ganze Sammlung dieser wirklich einmaligen, mit viel Liebe und Mühe hergestellten Grußadressen.

Warum ich gerade diese kleine Geschichte erzähle? Um mich wichtig zu machen, um womöglich zu renommieren? Nichts liegt mir ferner als das. Ich muß einfach, wenn dieses Buch seinen Zweck – den Staatsbürger und den Politiker einander näherzubringen – erreichen soll, auch über kleine Erlebnisse berichten, Erlebnisse, die der eine oder andere durchaus als klein und unbedeutend bezeichnen mag, die jedoch für den Politiker eine gar nicht hoch genug einzuschätzende Bedeutung haben. Es ist für einen Menschen, der im Blickfeld der Öffentlichkeit steht, der vielen Anfeindungen ausgesetzt ist, keineswegs bedeutungslos, wenn er weiß, daß es Leute gibt, auf die er sich in guten und in bösen Tagen blindlings verlassen kann und die auch dann noch in alter Treue zu ihm stehen, wenn er nicht mehr der Spitzenpolitiker ist, als den sie ihn kennen- und schätzengelernt haben. Das taten meine beiden „lebenslänglichen Verehrerinnen", und das tun sie bis zum heutigen Tage, und dafür bin ich ihnen aus ganzem Herzen dankbar.

Meine Frau und ich laden jährlich einmal meine ehemaligen Sekretäre, Sekretärinnen, meinen langjährigen Fahrer Walter Bernhard zu uns nach Wolkersdorf ein. Zu diesem Kreis der ganz Getreuen gehören ganz selbstverständlich auch meine beiden „Lebenslänglichen". Es ist nur zu natürlich, daß wir bei diesem jährlichen Zusammentreffen die Erinnerungen an gemeinsam Erlebtes auffrischen und daß wir bei dieser Gelegenheit so manches Ereignis aus meinem Politikerleben Revue passieren lassen.

Genau das gleiche möchte ich jetzt an Hand von Briefen und Telegrammen bezüglich dreier Ereignisse aus meiner jüngsten Politiker-Vergangenheit tun. 1971 ging es im Zusammenhang mit meinem Rücktritt als Bundesparteiobmann um die Frage meines gänzlichen Ausscheidens aus der Politik, somit auch aus dem Nationalrat. Das zweite Ereignis war mein 60. Geburtstag am 21. April 1972, und das dritte Ereignis waren die Begebenheiten rund um die Bundespräsidentschaftskandidatur des Jahres 1974. Ich beschränke mich bei der Wiedergabe von Briefen ganz bewußt auf diese drei für mich doch recht bedeutungsvollen Termine. Bevor ich jedoch mit dieser Wiedergabe beginne, möchte ich zuvor noch einige grundsätzliche Bemerkungen zur Veröffentlichung von Briefen machen.

Ich habe sehr lange überlegt, ob es überhaupt vertretbar und verantwortbar ist, Briefe, die ein Politiker aus den verschiedensten Anlässen erhält, zu veröffentlichen und damit etwas, was ohne jeden Zweifel nur für den Angeschriebenen bestimmt ist, einer breiten Öffentlichkeit zugänglich zu machen und es damit geradezu frei- und preiszugeben. Bedeutet dies nicht einen eklatanten Vertrauensbruch des Adressaten gegenüber dem Briefschreiber? Ich bin mir vollkommen darüber im klaren, daß diese Frage sicherlich eine ungemein ernstzunehmende Überlegung ist, die derjenige sehr gewissenhaft anzustellen hat, in dessen Händen sich die Briefe befinden.

Dazu kommt ein zweites Moment, das sehr schwerwiegend ist und das deshalb gleichfalls mit aller Sorgfalt geprüft werden muß. Ich meine folgendes: Ist es nicht geradezu penetrant, wenn ein Politiker Inhalte von Briefen der Öffentlichkeit bekanntgibt, die für ihn vielfach Lob und Anerkennung – aus den verschiedensten Anlässen ausgesprochen – enthalten? Ich kann mir durchaus vorstellen, daß so mancher sagen wird, das sei doch eine üble und widerliche Selbstbeweihräucherung. Ich kann und will auch gar nicht bestreiten, daß dieses Argument manches für sich hat.

Wenn ich mich trotzdem entschließe, den Inhalt vieler Briefe in diesem Buche wiederzugeben, dann fühle ich mich aus folgenden Gründen hiezu nicht nur berechtigt, sondern innerlich geradezu gedrängt:

Wie ich in der Einleitung zu diesem Buch gesagt habe, soll es ein menschliches, ein sehr persönliches Buch sein, vor allem dazu bestimmt, den Staatsbürger und den Volksvertreter einander näherzubringen. Das kann und wird umso eher gelingen, wenn beim Staatsbürger nicht nur Verständnis für die politische Tätigkeit des Mandatars geweckt wird, sondern wenn darüber hinaus menschliches Verstehen, ein persönlicher Kontakt hinzukommen. Nirgends kommt dieser menschliche Kontakt mehr und schöner zum Ausdruck als in Briefen, die aus den verschiedensten Anlässen geschrieben werden. Die im nachstehenden wiedergegebenen Beispiele beweisen diese meine Feststellung, wie ich hoffe, in ungemein eindrucksvoller Weise. Neben der Freundschaft, der Anerkennung, dem Vertrauen kommt in so manchen Briefen so viel Lebensweisheit und Klugheit zum Ausdruck, daß es nach meiner ehrlichen Überzeugung geradezu schade und zum Teil wirklich unverantwortlich wäre, dies alles der breiten Öffentlichkeit vorzuenthalten.

Noch eines: Ich glaube auch, und das betrifft nun Briefe, die vom politischen Gegner stammen, daß es dem Demokratieverständnis sehr förderlich ist, wenn die Bevölkerung die Politiker nicht nur als erbitterte Gegner, die sich Redeschlachten liefern, kennenlernt, sondern daß sie auch sieht, wie sie als Menschen zueinander stehen. Es kann, so glaube ich, wirklich nicht schaden, wenn sie aus Briefen, wie ich sie im nachstehenden auszugsweise bringe, das tiefe menschliche Verstehen kennenlernt und erlebt, das sich politische Gegner, die einander in politischen Auseinandersetzungen nie etwas geschenkt und erspart haben, wechselseitig entgegenbringen. Ich kann mir sogar vorstellen, daß es für den Staatsbürger irgendwie beruhigend wirkt, wenn er feststellen kann, daß trotz härtester politischer Gegensätze in Österreich ein Klima herrscht, das hoffen läßt, daß Zeiten, wie wir sie in der Ersten Republik erlebt haben, nie wieder kommen werden.

Ich möchte nicht übertreiben, aber ich wage fast die Behauptung, daß eine der entscheidenden Voraussetzungen für das Funktionieren des parlamentarischen Regierungssystems, ja vielleicht sogar *die* entscheidende Voraussetzung schlechthin darin besteht, daß die führenden Männer der verschiedenen Parteien, ob sie nun in der gleichen Regierung oder auf den Regierungs-

und Oppositionsbänken sitzen, einen menschlichen Kontakt und eine Gesprächsbasis haben müssen. Gerade daran hat es in der Ersten Republik gefehlt, und nicht zuletzt deshalb scheiterte damals die parlamentarische Demokratie.

Was nun die moralische Berechtigung der Veröffentlichung von Briefinhalten anbelangt, möchte ich dazu nur noch folgendes bemerken: Ich sehe vor allem deshalb hierin keinerlei Verletzung des zwischen dem Briefschreiber und dem Adressaten bestehenden besonderen Vertrauensverhältnisses, weil ich die Briefe selbstverständlich ohne Namensnennung bringe. Darüber hinaus zitiere ich Briefe, aus deren Inhalt geradezu zwangsläufig auf den Autor Schlüsse gezogen werden könnten, ganz bewußt nicht.

Damit komme ich zum ersten Ereignis, zu meinem Rücktritt als Bundesparteiobmann mit der gleichzeitigen Ankündigung meines gänzlichen Ausscheidens aus der Politik, somit auch aus dem Nationalrat. Bevor ich dazu Zeitungsartikel und Briefe bringe, möchte ich ganz kurz die damaligen Ereignisse ins Gedächtnis rufen.

Nach der Niederlage der ÖVP vom 1. März 1970 hatte Dr. Klaus erklärt, er wolle die Konsequenzen in der Form ziehen, daß er seine Funktion als Bundesparteiobmann zurückzulegen gedenke. Auf dem außerordentlichen Bundesparteitag vom 22. Mai 1970 geschah es dann so, wie Klaus es angekündigt hatte. Er schied als Parteiobmann aus, und ich wurde über Vorschlag der Bundesparteileitung zu seinem Nachfolger als Bundesparteiobmann gewählt.

Ich war mir völlig darüber im klaren, was mir mit der Übernahme dieses Amtes bevorstand. Ich gab mich keinen wie immer gearteten Illusionen hin. Ich glaube, daß ich diesbezüglich auch niemanden im Zweifel gelassen habe, als ich nämlich unmittelbar nach meiner Wahl erklärte, daß ich dieses Amt in dem Bewußtsein antrete, daß damit für mich nicht eine politische Karriere beginne, sondern daß sie sich ihrem Ende zuneige. Ich will hier nicht noch einmal auf die Beweggründe, die mich veranlaßt haben, mich zu stellen und nicht davonzulaufen, eingehen.

Einer mußte ja schließlich diese sicher nicht sehr dankenswerte Aufgabe übernehmen. Was lag näher, als daß sich nach dem Ausscheiden des Bundesparteiobmannes der Generalsekretär in die Bresche warf, um die geschlagene Armee für eine gewisse Übergangszeit in neue Bereitstellungsräume zu führen, wobei es jedoch nicht seine Aufgabe sein konnte, die Armee auch wieder in die Offensive zu führen.

Die „Neue Zürcher Zeitung" schrieb zu dieser meiner damaligen Rolle folgendes, als sie in ihrer Ausgabe vom Samstag, dem 2. Dezember 1972, über den Salzburger Bundesparteitag unter anderem berichtete: „Der Wille zur Kontinuität kam auch zum Ausdruck, als der Parteitag dem ehemaligen Vizekanzler Withalm, der vor dem letzten Führungswechsel die ÖVP durch die Wüste geführt hatte, eine spontane Ovation darbrachte."

Genau das war fürwahr meine damalige Aufgabe: die Partei nach dem schweren Schock vom 1. März 1970 durch die Wüste zu führen.

Anläßlich des Linzer Parteitages der ÖVP vom 28. Februar und 1. März 1974 erschien aus der Feder des Chefredakteurs Thür in der „Tiroler Tageszeitung" vom 28. Februar 1974 ein Artikel mit dem Titel „Der ÖVP in ihr Linzer Stammbuch geschrieben", in dem es unter anderem hieß: „Das Opfer aber brachte der Niederösterreicher seiner politischen Gemeinschaft, als er die Bundesobmannstelle übernahm, nachdem der kärntnerische Salzburger Josef Klaus nach der Wahlniederlage 1970 auch den Parteihut genommen und sich aus der rauhen Politik an freundlichere ligurische Gestade zurückgezogen hatte. Damals bereitete Hermann Withalm der jetzigen – und jeder künftigen – ÖVP-Führung den Weg zu möglichem Wiederaufstieg, indem er Obmann einer durch den Verlust der Macht deroutierten Partei wurde."

Nach meiner und der Meinung mancher Freunde war der Zeitpunkt zur Durchführung dessen, worüber ich mich bereits am 22. Mai 1970 keinem Zweifel hingegeben hatte, zu Beginn des Jahres 1971 gekommen. Auf der Klausurtagung des Parteivorstandes, die am 21. und 22. Jänner 1971 in Gösing stattfand, kündigte ich meinen Rücktritt als Bundesparteiobmann für einen noch im Frühjahr 1971 stattfindenden Bundesparteitag an und erklärte gleichzeitig, daß ich beabsichtige, mich zur Gänze aus der Politik in das Privatleben zurückzuziehen.

Das Echo auf diese meine Ankündigung war ein vielfältiges, in Zeitungen ebenso wie in Briefen und Telegrammen.

Chefredakteur Stamprech schrieb in der „Wiener Zeitung" vom 24. Jänner 1971 unter anderem folgendes: „Wer Dr. Withalm auch nur einigermaßen kennt, weiß, daß er den Beinamen ‚eiserner Hermann' nicht von ungefähr trägt und daß hinter allen seinen Enunziationen unabänderliche Entschlüsse stehen . . . Obwohl Withalm kein bequemer Mann ist (und nicht nur seinen politischen Gegnern zu schaffen machte), wird er auf der politischen Bühne fehlen, und zwar im Parlament und in der Partei als Persönlichkeit messerscharfen Intellekts, eine Eigenschaft, die Freund und Feind anerkennen mußten."

Ladislaus Rosdy schrieb in der Juni/Juli-Nummer 1971 der „Politischen Perspektiven" unter dem Titel „Die Partei entscheidend mitgeformt" unter anderem folgendes: „Die stärksten Wirkungen gingen von ihm aus, wenn er als Parlamentarier agierte. Als Klubobmann und als Redner beherrschte er das schwierige Terrain des Parlaments souverän. Hier, im Parlament, müßte Withalm weiterhin tätig sein; nicht nur seine Partei, sondern Österreichs etwas schwächliche, krisenanfällige parlamentarische Demokratie braucht dringend Parlamentarier, wie Withalm einer ist."

Die „Kärntner Volkszeitung" brachte in ihrer Wochenendausgabe vom 23. Jänner 1971 ein Exklusivinterview, das Chefredakteur Raming im unmittelbaren Anschluß an meine Fernseherklärung über meinen Rücktritt als Parteiobmann mit mir gemacht hatte. Ich gebe dieses Interview auszugsweise wieder. Ich sagte unter anderem folgendes: „Ich bin mir vollkommen im klaren, daß, wenn eine Ära zu Ende geht, dann auch personelle Konsequenzen gezogen werden müssen. Ich werde mich aus dem politischen Leben zurückziehen und auch meine Funktion als Abgeordneter zurücklegen. Ich bin mir von vornherein klar gewesen, daß dann, wenn die Partei glaubt, daß der Zeitpunkt einer Wachablöse gekommen ist, ich daraus die Konsequenzen zu ziehen habe. Ich klebe nicht auf meinem Sessel. Wenn eine neue Ära beginnt, so sind auch neue Männer notwendig. Das gilt heute genauso wie damals, als ich mit Gorbach und später mit Doktor Klaus in Führungspositionen einrückte. Ich war mir vor knapp einem Jahr bei meiner Wahl zum Bundesparteiobmann vollkommen im klaren, daß es eine schönere Aufgabe gibt, als an der Spitze einer geschlagenen Partei zu stehen.

Ich war noch nie in meinem Leben fahnenflüchtig, und einer mußte ja diese Aufgabe übernehmen. Ich habe das getan. Ich war aber nur so lange bereit, diese Aufgabe zu übernehmen, als ich auch damit unserer Gesinnungsgemeinschaft dienen konnte. Jetzt ist der Zeitpunkt zum Rücktritt da."

Schließlich antwortete ich auf die Frage, ob mich der Rücktritt mit Bitterkeit erfülle, folgendes: „Nein, absolut nicht. Jeder Politiker muß wissen, daß er jederzeit ersetzt werden kann. Ich betrachte meine politische Tätigkeit nicht als einen Beruf, sondern als eine Aufgabe, die ich nun in eine andere Hand lege. Man soll nur so lange in der Politik bleiben, als damit einer Partei auch wirklich gedient ist, dann aber soll man ohne Gram wiederum in seinen erlernten Beruf zurückkehren."

Am nächsten Tag beschäftigte sich Raming in der „Kärntner Volkszeitung" in einem Leitartikel mit dem Titel „Withalm geht – was nun?" noch einmal mit der Situation der ÖVP nach der Gösinger Klausurtagung.

Unter anderem führte er folgendes aus: „Hermann Withalm, der ‚Eiserne Hermann', wie er in seiner Glanzzeit bezeichnet wurde, hat in der für seine Persönlichkeit typischen Art ehrlich und offen die Konsequenzen gezogen. Er, der viele Jahre hindurch – vielleicht mehr als jeder andere – der Volkspartei seinen politischen Stil aufgeprägt hatte, war der Opposition nicht gewachsen, sowenig und soviel wie auch die gesamte Partei noch nicht der neuen Rolle Herr geworden ist.

Der Weg Dr. Withalms seit dem Bundesparteitag im Mai 1970 ... war der Opfergang eines Mannes, der ganz genau wußte, daß er seine politische Laufbahn abschließen wird. Hut ab vor diesem Mann, der jetzt, wo er glaubt, daß die Volkspartei ihren Tiefpunkt zu überwinden beginnt, den Weg freimacht für eine neue Führung. Dieser menschlich bewundernswerte und politisch kluge Schritt sollte meiner Meinung nach aber nicht so enden, daß Dr. Withalm sich total auf sein Notariat in Wolkersdorf zurückzieht, sondern seinen Platz im zweiten Glied einnimmt, um der Partei weiter zu dienen."

Viktor Reimann schrieb in der „Kronen-Zeitung" vom 24. Jänner 1971 unter anderem folgendes: „Mit Dr. Withalm scheidet der derzeit profilierteste Politiker der ÖVP auf Bundesebene aus. Gerade, weil er so profiliert ist, mußte Withalm gehen. Er stand 10 Jahre an vorderster Front und hat am höchsten Aufstieg und am tiefsten Fall der Partei entscheidenden Anteil. Er kann deshalb weder sich noch der Partei ein anderes Image geben, doch gerade dieses neue Profil ist es, das die ÖVP benötigt."

Zur Abrundung zitiere ich noch auszugsweise einen Artikel, den Detlef Harbich in der Ausgabe der „Südost-Tagespost" vom 23. Jänner 1971 schrieb. Der Titel lautete „Der ‚Eiserne' geht":

„Dr. Hermann Withalm hat am Freitag erklärt, daß bald nach der Präsidentschaftswahl seine kaum ein Jahr dauernde Amtszeit als ÖVP-Obmann zu Ende gehen werde. Das mag alle jene mit Erleichterung erfüllen, für die der ‚Eiserne Hermann' in den letzten Monaten die Rolle des Buhmannes in der ÖVP übernommen hatte. Eine Rolle, zu der der langjährige Generalsekretär und Weggefährte von Dr. Klaus in der Zeit der größten Erfolge nicht ganz zu Recht gekommen ist.

Er kam zu ihr, weil er immer all die Jahre die unbequemen und unpopulären Dinge auf sich genommen hatte. Und er übernahm im vergangenen Mai die Führung der Partei im vollen Bewußtsein, daß er damit die Rolle eines ‚Sündenbocks' übernommen hatte, daß damit das Ende der politischen Karriere und nicht ihr Höhepunkt begonnen hatte. Er nahm es auf sich, ein Jahr lang der Fußabstreifer für viele mittelmäßige Leute in dieser Partei zu sein, die nun auf einmal alles schon gewußt haben wollten.

Es wäre gut, wenn man sich in der nächsten Zeit ein wenig diese Tatsachen vor Augen halten würde und wenn wenigstens jetzt sich die Erkenntnis durchsetzen würde, daß die Selbstverleugnung und Disziplin dieses Mannes uneingeschränkte Anerkennung verdienen. Es ist zu hoffen, daß sie sich (die Partei) in diesen Augenblicken der guten Haltung entsinnt, mit der Dr. Hermann Withalm die bitteren letzten Monate durchgestanden hat. Dergleichen ist leider selten geworden."

Schließlich gebe ich noch einen Artikel von Peter Gnam wieder, der in der „Kronen-Zeitung" am 23. Juli 1971 unter dem Titel „Der Ruf nach dem ‚Eisernen' " erschienen ist. Es hieß dort:

„Bis 1968 gehörte er zu jenen Männern, die innerhalb der Volkspartei am meisten zu reden hatten. Daß sein damaliger Eintritt in die Regierung Klaus als Vizekanzler ein Fehler war, das gibt der drahtige Notar aus Wolkersdorf heute freimütig zu. Und obwohl der Abgeordnete Hermann Withalm zuletzt mehrmals zu verstehen gegeben hat, er werde der Politik nun endgültig den Rücken kehren, wollen Parteifreunde den ‚Eisernen' zum Bleiben überreden.

Ihr Argument: ‚Die ÖVP kann es sich nicht leisten, auf einen Mann wie Withalm zu verzichten.'

Daß die Volkspartei auch für den ‚einfachen Abgeordneten' Withalm nur schwer einen geeigneten Ersatzmann finden dürfte, hat sich in den vergangenen Wochen im Parlament gezeigt. Wann immer der passionierte Jäger im Hohen Haus ans Rednerpult trat – er erntete für seine scharfen, aber sachlichen Formulierungen ausgezeichnete Kritiken. Dazu kommt, daß Withalm nicht nur die Abgeordneten seiner Partei mitzureißen vermag – auch der politische Gegner zeigt sich beeindruckt.

Ob der Ruf nach dem ‚Eisernen Hermann' ungehört verhallen oder ob sich Withalm erneut der Partei zur Verfügung stellen wird, ist noch ungeklärt. Er selbst hat es zuletzt vermieden, darüber auch nur eine Andeutung zu machen. Bekannt ist nur, daß der Wirtschaftsbund, Exminister Mitterer, Klubobmann Koren und der Wiener VP-Chef Bauer versucht haben, Withalm umzustimmen.

Die Volkspartei könnte sich jedenfalls gratulieren, wenn dieser Mann es sich noch einmal überlegt."

Alle diese Artikel haben offensichtlich wesentlich dazu beigetragen, daß ich unmittelbar nach der Gösinger Tagung, nach dem Bundesparteitag vom 4. Juni 1971 und vor allem nach der vorzeitigen Auflösung des Nationalrates mit Briefen geradezu bombardiert wurde, in denen ich aufgefordert wurde, ich dürfe aus dem Nationalrat nicht ausscheiden und ich müsse auch wieder für den neuen, am 10. Oktober 1971 zu wählenden Nationalrat kandidieren.

Doch ich lasse hier am besten einige der Briefschreiber selbst sprechen.

Bayern, 12. Juni 1971 (Mann)

„Sie haben Ihren Abschied von der hohen Politik genommen, wenngleich Sie Ihr Parlamentsmandat sicher noch beibehalten werden.

Nur wenige Politiker sind fähig, freiwillig den Platz zu räumen. Sie haben dies in relativ frühen Jahren getan.

Ich möchte Sie dazu beglückwünschen. Schließlich soll man ja auch noch ‚leben‘!

Ich habe in Ihnen stets einen aufrechten Mann gesehen, der in den traditionellen Werten der ÖVP eines Leopold Figl noch verankert, verwurzelt ist, der bei aller Realistik, bei aller Konzession an ein Mindestmaß an Pragmatik doch nie ein Technokrat geworden ist.

Die letzte ‚Furche‘ brachte einen in meinen Augen sehr treffenden Artikel über Sie. Möge nur ein Satz, die Überschrift, *nicht* zutreffen: Ein Typ, der ausstirbt . . .“

Innsbruck, 15. Juni 1971 (Mann)

„Begrüße Ihren Entschluß sehr, noch im Nationalrat zu bleiben, denn Sie mit Ihrer ungeheuren politischen Erfahrung und Kenntnissen, Sie mit Ihrer Schlagfertigkeit, Ihrer Intelligenz sind von den ÖVP-Nationalräten mit Abstand der beste.

Das möchte ich Ihnen, sehr verehrter Herr Doktor, sagen, und so denken viele, nur hören Sie es nicht, denn die Menschen sind zu bequem, daß sie dem Betreffenden schreiben würden und ihm somit die Stärke für das schwere Amt geben würden.“

Hohenems, 18. Juni 1971 (junger Mann)

„Mit großer Aufmerksamkeit habe ich in den letzten Monaten

zuerst Ihren Entschluß zum Rücktritt aus der Spitzenpolitik und dann die Durchführung dieses Ihres Vorhabens verfolgt.

Jetzt, da Sie ,Abschied' aus dem unmittelbaren Rampenlicht der Öffentlichkeit genommen haben, ist es mir ein Bedürfnis, Ihnen diese Zeilen zu schreiben.

Nun möchte ich Ihnen meinen ganz persönlichen Dank für Ihre Tätigkeit im öffentlichen Leben aussprechen.

Anlaß zu diesem Schreiben ist mir jedoch etwas anderes. Sie waren nämlich ein Politiker, der seine Taktik nur so weit angewendet hat, als es Ihre persönliche christliche Weltanschauung erlaubt hat. Lassen Sie mich in der Folge noch kurz darauf eingehen.

Sie haben sich Grenzen gesetzt und diese nicht aus Gründen der Popularität bzw. Schönheitsmalerei überschritten. Diese Ihre einmalige persönliche Charaktereigenschaft hat mich stets sehr beeindruckt.

Ich war seinerzeit im Gössersaal in Bregenz anwesend, als Sie die Äußerung bezüglich Ihrem persönlichen Standpunkt zur Politikerbesteuerung gemacht haben. Durch die vielfach falsche Interpretierung der Massenmedien Ihrer damaligen Erklärung wurde diese in der Öffentlichkeit sicher nicht zu Ihrem Vorteil aufgenommen. Ich versichere Ihnen, daß für mich diese Äußerung ein Beweis dafür war, daß Sie das Wahlvolk nicht an der ,Nase' herumführten. Darüber hinaus möchte ich sagen, daß Sie meiner Meinung nach bis heute der einzige Politiker waren, der in dieser Frage der Politikerbesteuerung

1. die volle Wahrheit und

2. wirklich seine persönliche Meinung der Öffentlichkeit ohne irgendwelche Manipulationen bzw. Hintergedanken gesagt hat.

Genau ab diesem Zeitpunkt waren Sie für mich wirklich das Ideal in der österreichischen Politik.

Zusammenfassend möchte ich Ihnen sagen, daß nicht unbedingt die Richtigkeit bzw. Zweckmäßigkeit Ihrer Darstellungen in Reden und Interviews es war, was mich stets tief beeindruckt hat, sondern vielmehr die Tatsache, daß Sie jeweils 100prozentig bei der Wahrheit geblieben sind.''

Göstling, 19. Juli 1971 (Mann)

„Es ist mir vollkommen klar, daß dieses Schreiben keinen Einfluß auf Ihre Entscheidung, sich aus der aktiven Politik zurückzuziehen, ausübt.

Trotzdem möchte ich Ihnen einige Überlegungen kleinerer, sprich ehrenamtlicher Funktionäre zu bedenken geben.

Nun betreffend Ihren Entschluß, für den Nationalrat nicht mehr zu kandidieren:

Sie sind für viele, vor allem für jene der Funktionäre, die nicht präpotent sind, noch immer der ‚eiserne Hermann‘.

Sie haben für junge Funktionäre noch immer die beste Argumentation; weil glasklar, kurz, logisch und vor allem aber auch telegen.

Das von Ihnen Gezeigte ist ein integrierender Bestandteil einer Opposition; konsequentes Eingehen auf diese Show. Diese Parade hat uns am meisten gefallen, weil sie klar, nüchtern und scharf artikuliert war. Das imponiert auch sozialistischen Arbeitern! *Sie* besitzen Autorität.

Meinungsforscher, Berufsjugendliche und ‚Junge Greise‘ wollen uns zwar einreden, daß Jugendliche das Antiautoritäre wünschen.

Die Jugend läßt sich nur bedingt manipulieren, eine Autorität wie Sie wird gerade von uns anerkannt.

Sie bezeichneten richtig Kreisky als Showmaster.

Frage: Wenn Sie uns verlassen, wer übernimmt Ihr Amt? Eine letzte Frage noch: Welcher Zukunft geht unsere Partei entgegen, wenn Volksvertreter Ihres Formats nicht mehr präsent sind?

Jeder Mensch ist ersetzbar, richtig, nur geht's hier nicht nur um einen Menschen, sondern um die Zukunft einer bürgerlichen Partei. Ihr Typ ist noch immer up to date. Sie sind mir hoffentlich über meinen Brief nicht ungehalten, er drückt fragmentweise aus, was man hierzulande denkt."

Wien, 23. Juli 1971
(23 Jahre alt, Student, kleiner Wahlmitarbeiter)

„Sie sind einer der eher wenigen Politiker mit Zivilcourage, die zu ihrer Meinung und ihren Entschlüssen stehen wie auch gemachte Fehler erkennen und einsehen!

Außerdem sind Sie ein glänzender Rhetoriker, wie gerade wieder die Auflösungsdebatte bewiesen hat. Es wäre schade, sowohl für das Parlament im allgemeinen als auch für die mit wirklich profilierten Politikern derzeit gerade nicht überreichlich gesegnete ÖVP, wenn Sie sich endgültig aus dem politischen Leben zurückziehen würden.

Ich glaube, ich spreche im Namen von sehr vielen ÖVP-Anhängern, wenn ich Sie bitte, auch für den neuen Nationalrat wieder zu kandidieren."

Steyr, 8. Juli 1971 (Mann)

„Über Ihre gestrige ausgezeichnete Rede, welche die verlogene permanente Wahlkampftaktik des Dr. Kreisky so treffsicher kennzeichnete, habe ich mich so sehr gefreut, daß ich Ihnen mit diesen Zeilen zu Ihren meisterhaften Ausführungen aufrichtig gratulieren möchte.

Wohl viele ehrliche Österreicher werden sich gestern gesagt haben, daß uns ein Mann wie Dr. Withalm im nächsten Parlament schwer fehlen wird.

Ob es nicht doch einen Weg gäbe, daß Ihre vorzügliche Kraft Österreich erhalten bleiben könnte?"

Hermagor, 25. Juli 1971 (Mann)

„Als alter Parteigänger von weit über 20 Jahren, der auch in der Kritik nicht zurückhaltend ist, darf ich Ihnen für Ihr Eintreten und für Ihre hervorragende Rede anläßlich der Debatte wegen der Parlamentsauflösung meine vollste Anerkennung aussprechen.

Es tat einem alten Wähler direkt wohl, als Sie in sicherer Rhetorik den Parteiobmann der SPÖ, Herrn Dr. Kreisky, in die Schranken verwiesen. Sie, Herr Dr. Withalm, haben sich mit dieser Rede die volle Achtung aller gutgesinnten Österreicher erworben. Es freut mich besonders, daß Sie sich nicht gescheut haben, einem Mann wie Dr. Kreisky in treffenden Worten die Lektion und Abfuhr zu erteilen, die er durch sein präpotentes Verhalten verdient und gerade noch zur richtigen Zeit erhalten hat. Denn, wie man sah, ist auch ein Dr. Kreisky verwundbar.

Zum Abschluß wünsche ich Ihnen, sehr geehrter Herr Nationalrat Dr. Withalm, erholsame Urlaubstage, und es wäre ein großer Verlust für Österreich, wenn Ihre mahnende Stimme im neuen Nationalrat nicht mehr zu hören wäre, denn ein Doktor Kreisky hat nur vor einem Dr. Withalm noch etwas Respekt, ja, wie man gesehen hat, auch ein schlechtes Gewissen, soweit noch eines vorhanden ist!!!"

Wien, 5. September 1971 (Frau)

„Es war eine Freudenbotschaft für alle treuen ÖVP-Anhänger, als wir im Radio wieder Ihre Stimme hörten! Es ist herrlich und selbstverständlich, daß Sie weiter arbeiten und kämpfen wollen zum Wohle Österreichs.

Viele Herzen schlagen höher, wenn sie den ‚Withalm' sprechen hören. Sie stecken noch manchen Jungen in den Sack. Nur so weiter, und der Dank aller echten Österreicher ist Ihnen sicher, lieber Herr Doktor.

Nicht lockerlassen. Das würde das rotblaue Lager freuen. Die sollen sehen, daß Sie noch der gleiche sind und sich vergebens an Ihnen die Zähne ausbeißen."

Wien, 3. September 1971 mittags (Frau)

„In wenigen Stunden fahre ich für 14 Tage in Urlaub, daher verzeihen Sie meine Eile und Kürze.

Wiederholt, ja oft und oft wollte ich an Sie schreiben, aber . . . beim Wollen blieb es.

Soeben hörte ich – wie immer – das Mittagsjournal – Ihr Interview – und ich danke Ihnen *vielmals, vielmals* für Ihren Entschluß zu bleiben und weiterzumachen, nicht unmotiviert auszuscheiden.

Ein wirklicher Mann und vor allem Patriot begeht keine Fahnenflucht.

Ich bin nicht Ihre Parteigängerin, sondern nur Sympathiseurin (furchtbares Wort, verzeihen Sie es bitte).

M. P.
Pensionistin
unparteiisch (noch)"

Wien, 3. September 1971 (Mann)

„Als Sie vor Wochen Ihren Abschied vom aktiven politischen Leben nahmen, wollte ich Ihnen mein Bedauern darüber ausdrücken. Aus irgendwelchen Gründen habe ich es dann nicht getan, wahrscheinlich aus der üblichen Trägheit heraus, die uns oft versäumen läßt, Gutes zu tun.

Nun darf ich Ihnen schreiben, daß mich Ihr Entschluß, doch wiederum für den Nationalrat zu kandidieren, ehrlich freut. Warum? Weil in den letzten Wochen der vergangenen und so abrupt beendeten Legislaturperiode für mich gerade an Ihnen sichtbar geworden ist, daß die Österreichische Volkspartei wieder unterwegs ist, sich zu konsolidieren und für unseren Staat neu und echt funktionsfähig zu werden. Sie, der, wie die gesamte ÖVP, durch das Wahlergebnis der Nationalratswahl 1970 ganz offensichtlich weitgehend ,angeschlagen' waren, haben sich wieder gefunden und stellen – für mich an Ihren Reden und Interviews verfolgbar – wie gewohnt in politischem Scharfblick, basierend auf Ihrer langen Erfahrung und hohen Intelligenz, brillant Ihren Mann. Es wäre mir wirklich leid, hätten Sie Ihren Abdankungsentschluß nicht revidiert."

Villach, 3. September 1971 (Frauen)

„Anläßlich der bevorstehenden Wahlen machen auch wir Frauen uns verschiedene Gedanken.

Vor allem bitten wir Sie, die ÖVP *nicht* zu verlassen, ja sich in den Vordergrund zu stellen. Auch bei uns in Kärnten haben Sie unsere Sympathie."

Wien, 25. Juli 1971 (Frau)

„Ich richte im Namen vieler Getreuen der ÖVP die innige Bitte:

Verlassen Sie uns nicht in dieser Situation!

Man kann es sich nicht vorstellen, ohne Ihre bedeutende Persönlichkeit, Ihren Scharf-Geist.

L. B.

kleines unbedeutendes Mitglied der ÖVP."

Wien, 29. Juli 1971 (Frau)

„Ich spreche im Namen aller meiner Freunde, Bekannten und halb Österreichs, wenn ich Sie von ganzem Herzen bitte, gehen Sie nicht ganz fort von uns, bleiben Sie bei uns. Wir brauchen Sie, Ihre Intelligenz, Ihren Geist, Ihren Mut und Ihre Herzhaftigkeit. Sie dürfen nicht von uns gehen. Sie sind ja nicht mehr zu ersetzen."

Wien, 25. Juli 1971 (Frau)

„Entschuldigen Sie, bitte, wenn ich Sie mit meinem Schreiben belästigen sollte, doch bedrückt es mich und breiteste Bevölkerungsschichten, daß Sie ganz aus der Politik ausscheiden wollen, denn es ist doch niemand für die Politik so sehr geschaffen als wie Sie. Bedenken Sie doch, was Sie mit diesem Schritt dem politischen Gegner für eine Freude bereiteten. Sie sind der Mann, den die ÖVP so notwendig braucht als wie der Hungernde ein Stück Brot.

Ein Ersatzmann kann für Sie überhaupt nicht gefunden werden. Bitte, bitte, kehren Sie sich von der Politik nicht ganz ab und stellen Sie sich weiterhin der Partei zur Verfügung, besonders jetzt vor den Wahlen."

Linz, 21. Juli 1971 (Mann)

„Aus der Presse ist zu entnehmen, daß Sie, sehr geehrter Herr Doktor, beabsichtigen, aus dem Nationalrat auszuscheiden. Da Sie viele Österreicher, vor allem die Fernseher, mit Ihren Redeschlachten begeisterten, wäre Ihr Entschluß, dem Parlament den Rücken zu kehren, ein Negativum für Ihre Partei.

Gerade in letzter Zeit, wo Sie in Ihren Auftritten der Besonnenheit den Vorrang einräumten, war es wohltuend, den ‚Eisernen Hermann' zu hören. (Nehmen Sie mir bitte den volkstümlichen Ausdruck nicht übel.)

Ich wählte bei der letzten Nationalratswahl aus dem einfachen Grund die SPÖ, weil ich als Angestellter und Vater von 4 Kindern meine Interessen finanzieller Natur bei den Sozialisten verläßlicher als bei der ÖVP gewahrt sehe. Wenn Sie aber weiterhin, sehr geehrter Herr Abgeordneter, im Nationalrat verbleiben, dann erhält meine Stimme im Oktober ‚schweren Herzens' diesmal die ÖVP.

Indem ich Ihnen für die Zukunft, trotz Ihrer persönlichen Enttäuschungen aus dem eigenen Lager, viel Erfolg auf der politischen Bühne wünsche, grüßt Sie ..."

Graz, 24. Juli 1971 (Student)
„In der letzten Zeit kann man immer wieder lesen, daß Sie beabsichtigen, Ihr Nationalratsmandat zurückzulegen. Aber es wird sicher in Zukunft (wie auch in den letzten Debatten) viele Dinge geben, die aus den verschiedensten Gründen von der ganzen Partei Sie am besten ins Treffen führen können.

Eine private Meinung:

Wenn es Ihnen möglich ist, dann bleiben Sie die nächsten vier – auf alle Fälle politisch harten – Jahre noch im Nationalrat."

Wien, 23. Juli 1971 (Mann)
„Trotz mancher Enttäuschung habe ich immer wieder die ÖVP gewählt, nicht zuletzt, weil es Männer wie Sie in dieser Partei gegeben hat.

Diese Männer sind dünn gesät, und es wäre sehr schade, wenn Sie Ihr Mandat zurücklegen würden. Sie haben und werden im Nationalrat Ihren Mann stellen, und soweit ich es beurteilen kann, ist für einen Mandatar wie Sie noch kein Ersatz da.

Bitte überlegen Sie Ihre Entscheidung zum Wohle Österreichs, das mehr denn je noch einige Withalm brauchen würde."

Das zweite Ereignis war mein 60. Geburtstag am 21. April 1972. Dazu möchte ich als der unmittelbar Betroffene außer dem Dank an den Herrgott, daß ich diesen Tag gesund und in voller Frische feiern durfte, und außer der Feststellung, daß man einen solchen Tag als einer, der älter und damit nachdenklicher wird, vor allem auch dazu benützt, um eine Bilanz zu ziehen, nichts weiter sagen. Ich lasse daher Journalisten und einige von jenen sprechen, die sich die Mühe genommen haben – Freunde und Gegner –, mir ihre Glück- und Segenswünsche in Form von Briefen und Telegrammen zu übermitteln.

Von den Artikeln, die mir in den verschiedensten Organen gewidmet wurden, greife ich lediglich drei heraus. „Die Industrie" schrieb in ihrer Ausgabe vom 21. April 1972 unter dem Titel „Politik mit innerer Haltung" unter anderem folgendes: „Als Hermann Withalm vor fast einem Jahr die Führung der Österreichischen Volkspartei niederlegte, schrieben wir in diesem Blatt: ‚Vorerst aber geziemt es sich, diesem Mann zu danken, vor allem dafür, daß er bewiesen hat, daß man Politik auch mit Haltung und Charakter treiben kann. Dr. Withalm gebühren aufrichtiger Dank und ehrliche Anerkennung, verbunden mit der Hoffnung, daß er seine Erfahrung auch weiterhin dem politischen Leben zur Verfügung stellen wird.' Diese im letzten Satz ausgesprochene Hoffnung ist seitdem Gewißheit geworden. Dr. Withalm gehört auch dem am 10. Oktober 1971 gewählten Nationalrat an. Die Entlastung von mühevollen, zeitraubenden und physisch anstrengenden Aufgaben und Pflichten hat ihm sichtlich gut getan. Nur wer die Belastung, der Politiker in unserer Zeit unterliegen, kennt, weiß, was es bedeutet, nicht total in die Mühle der politischen Routine eingespannt zu sein.

Hermann Withalm ist weiter ein wortgewaltiger, im Geistigen unbeirrbarer Sprecher in der Volksvertretung, aber er ist zugleich auf dem besten Weg, so wie andere, die in den Sechzigern stehen, in den Rang eines ‚elder statesman' aufzurücken – Männer, auf die keine Demokratie verzichten kann und die man gerade in einer jugendbesessenen Gesellschaft dringend braucht. Denn Weisheit und Erfahrung, auch aus einem langen, politischen Kampf gewonnene Bereitschaft zur Toleranz und Fairneß gegenüber den politisch Andersdenkenden sind nicht minder wichtig wie Gags, um die Wählergunst zu gewinnen, und geistvolle Aperçus, die noch dazu kaum den Tag überdauern."

Chefredakteur Peter Klar schrieb am 20. April 1972 im „Niederösterreichischen Volksblatt" unter anderem folgendes: „Der ‚Eiserne' feiert Geburtstag. Still ist es um ihn geworden, seit er vollzogen hat, was er nach schweren inneren Kämpfen am 22. Jänner 1971 in seinem Gösinger Jagdrefugium an der Mariazellerbahn angekündigt hatte: den Rückzug aus der Politik. Ganz konnte er ja nicht tun, was er sich so fest vorgenommen

hatte. Denn noch immer sitzt er in der ersten Reihe des National-
ratplenarsaales im Parlament. Noch einmal mußte er in die
politische Kampfarena, obwohl er sich partout im Oktober 1971
nicht mehr der Wahl stellen wollte. Und so ist Withalms politischer Arbeitsplatz der, der auch sein erster war. Der, der auch
immer sein liebster gewesen ist: das Parlament. Die Zeiten eines
Figl und eines Raab sind vorbei, vorbei sind auch die Zeiten,
da man nach Withalm rief, wenn man den Besten brauchte.

Es waren die schlechtesten Zeiten nicht. Sicher, auch Hermann
Withalm hat Fehler gemacht. Wer nicht? Withalms größter Fehler
war es, sich immer für andere zu opfern. Wer sonst noch könnte
das von sich behaupten?"

Schließlich noch ein Auszug aus einem Artikel, den Chefredakteur Ritschel am 21. April 1972 unter dem Titel „Der
Eiserne" in den „Salzburger Nachrichten" schrieb: „Im Februar
1960 wurde Withalm Generalsekretär der ÖVP, und in dieser
Funktion bestätigten ihn seine Parteifreunde zweimal; er war
damit zehn Jahre lang ununterbrochen Chef des ÖVP-Apparates.

In diese Zeit fällt auch die Erfolgsperiode des kraftvollen
Politikers, der gleich seinem Vorbild Raab niemals gern viel
redete und der durch seine herrische Art Erfolg hatte, weil er
die Bundesparteileitung und den Parteiapparat zu einem modernen
und schlagkräftigen Instrument machte. Gleichzeitig eckte er aber
auch mit der Neigung an, stets ohne Rücksichtnahme hart seine
Meinung zu vertreten und durchzusetzen.

Aber auch seine innerparteilichen Gegner, genauso wie seine
politischen, mußten stets zugeben, daß Withalm bei aller Härte
und Konsequenz immer fair war. Diese Korrektheit bewährte
sich vor allem 1966 nach der Erringung der absoluten Mehrheit,
als Withalm Klubobmann im Parlament wurde und unbestritten
der profilierteste Parlamentarier seiner Fraktion war. Auch seine
politischen Gegner lobten, daß Absprachen mit ihm eisern hielten.

Als Withalm 1968 Vizekanzler im Kabinett Klaus wurde,
begann sein Stern zu sinken ... Sein völliges Ausscheiden aus
der Politik verhinderten seine Freunde, die Withalm als Parlamentarier nicht missen wollten.

Auch heute wäre zu wünschen, daß Withalm im Parlament

stärker denn je in den Vordergrund treten würde, weil ein Mann seines Könnens und seiner Erfahrung nicht abseits bleiben und nicht schweigen sollte."

Und nun einige der vielen hundert Glückwunschschreiben, die mich anläßlich meines 60. Geburtstages erreichten. Ich gebe diese Schreiben auszugsweise wieder:

Einer, der mit mir in der Kärntnerstraße zusammenarbeitete:
„Sicher warst Du nie der warmherzige Typ, den man sich als Chef wünscht, wenn man mit dienstlichen oder auch privaten Anliegen schwanger geht. Sicher hast Du oft nur für die wichtigsten Dinge Zeit gehabt, wenn es bloß wichtige zu erledigen gegeben hatte. Doch wogen Deine klare Linie, Deine Entscheidungsfähigkeit und Dein Mut, Dinge zu delegieren, das alles bei weitem auf. Der Gewinn an Erfahrung und Beurteilungsvermögen, den ich aus meiner Mitarbeit bei Dir ziehen konnte, nützt mir heute mehr als manches vermißte Schulterklopfen oder ähnliche im Grunde unverbindliche Gesten."

Ein politischer und auch persönlicher Freund:
„Daß ein Politiker durch widrige Umstände oft um den verdienten Erfolg gebracht wird, ist leider eine Tatsache. Dir ist einiges von dem versagt geblieben, was Du zweifelsohne verdient hättest. Daß Du die Weisheit hast, all das in Geduld zu ertragen, das ist eben das Typische für einen Hermann Withalm."

Ein langjähriger Kollege aus dem Nationalrat:
„Du hast in den letzten zwanzig Jahren viele Erfolge heimbringen können, aber auf der anderen Seite gab es auch für Dich manche Enttäuschung. Du selber aber bist Dir stets treu geblieben."

Ein junger Abgeordneter telegraphierte:
„Die Bedeutung eines wirklich großen Politikers erkennt man nicht in der Phase des Glückes und des großen Erfolges, sondern an seinem Verhalten in schwierigen Zeiten.
Daß Du auch in diesen Tagen unermüdlich tätig warst und weiterhin bist, wird uns Jüngeren immer ein Vorbild bleiben."

Eine Frau:

„Stets habe ich Sie bewundert ob Ihrer Mutigkeit, Ihrem regen Geist, Ihrer Redlichkeit und aller guten Eigenschaften, die ein anständiger Politiker haben sollte und leider bei der skrupellosen Politik, die heute herrscht, nicht vorhanden ist."

Ein ehemaliger Kollege aus dem Nationalrat:

„Der Name Withalm ist mit dem Wiederaufbau unserer österreichischen Heimat auf das engste verknüpft, und so kannst Du im 60. Lebensjahr stehend auf ein wahrhaft erfülltes und erfolgreiches Leben zurückblicken. Die Heimat braucht Dich noch, und so möchte ich Dir im besonderen hierzu die Kraft und Gesundheit wünschen, daneben aber die notwendige Freizeit für ein erholsames Waidwerk."

„Zum 60. Geburtstag herzliche Glückwünsche entbieten zwei langjährige Mitglieder der ÖVP Fünfhaus und eifrige Mitarbeiterinnen. Der liebe Gott schenke noch etliche Jahre erholsamer Ruhe und bester Gesundheit, daß wir alle ein freudenreiches Aufleben der ÖVP miterleben. Eine dieser beiden hat nicht mehr viel zu erwarten, denn sie ist schon 83 Jahre, umso inniger dieser Wunsch. Die andere ist 67 Jahre, doch auch bis dato unermüdliche Mitarbeiterin."

Einer, der viel mit Politikern zu tun hatte:

„Ich möchte nur feststellen, daß ich in meiner bewegten Berufslaufbahn selten einen Menschen an verantwortungsvoller Stelle getroffen habe, mit dem es auch möglich war, warmherzigen menschlichen Kontakt zu finden. Ich kann uns allen nur wünschen, daß wir uns noch lange im Bewußtsein unschätzbarer Kraftreserven Deiner Präsenz erfreuen können."

Ein Junger, mit dem ich als junger Generalsekretär manches Hühnchen rupfte:

„... gilt Ihnen der Dank dafür, daß Sie meiner Generation in ihrer politischen Arbeit und dabei menschlichen Haltung so lange Leitgestalt und Maß gewesen sind."

Ein Kollege aus dem Nationalrat:

„Trotz aller bitteren Stunden wird mit Deinem Namen stets auch der Kulminationspunkt der Österreichischen Volkspartei verbunden sein, da Du als langjähriger Generalsekretär den Wahlsieg 1966 als ‚Eiserner Hermann‘ erringen durftest. Unvergeßlich wird jedem Klubangehörigen der Alleinregierung unserer Partei auch die von Dir gehaltene Klubdisziplin bleiben."

Ein prominenter Landespolitiker:

„Ich glaube, wenn man ein wenig Rückschau hält, sagen zu können, daß Du Deinen Geburtstag noch nie so unbeschwert feiern konntest wie eben diesen Jubelgeburtstag. In all den Jahren, in denen Du mit ganzer Kraft und unter Verzicht auf viele private Annehmlichkeiten das oft sehr schwere Amt eines der höchsten Politiker Österreichs zum sichtbaren Wohl aller Österreicher geführt hast, war es Dir wohl kaum gegönnt, persönliche Festtage gebührend zu feiern. Doch gerade dieses Bewußtsein, für seine Heimat das Beste gegeben zu haben, wird auch Dich mit Stolz und Genugtuung erfüllen."

Parteifreunde aus Wien:

„Gleichzeitig mit unseren Wünschen dürfen wir unserer Freude darüber Ausdruck geben, daß Sie weiterhin dem Hohen Haus angehören und vor allem der ÖVP – wenn auch nicht an der obersten Spitze – mit Ihrer großen Erfahrung und dadurch mit Rat und Tat zur Verfügung stehen, eine Tatsache, die uns deswegen sehr wichtig erscheint, weil es unsere Partei sehr, sehr notwendig hat, auf den Rat eines so bewährten Politikers zu hören, wobei wir nur hoffen können, daß dies auch der Fall ist."

Ein junger Abgeordneter:

„Ich hoffe, daß Du uns auch in Zukunft den ‚Rat der Älteren‘ zur Verfügung stellst. Der Wiederaufstieg der Partei wird auch entscheidend davon bestimmt werden, wieweit es gelingt, eine ausgewogene Symbiose zwischen der Erfahrung der älteren Generation und der Dynamik und Mobilität der jüngeren sicherzustellen."

Einer vom ORF:

„Unsere Verbundenheit gilt vor allem dem großen Fürsprecher der Rundfunk-Freiheit und einem der wenigen Mächtigen dieses Landes, der uns seine Macht nie in Form von Interventionen spüren ließ."

Ein prominenter politischer Gegner:

„Ich wünsche Ihnen vor allem, daß Ihnen Ihr Elan und Ihre Spannkraft, Eigenschaften, die ich in mancher harten, aber sachlichen Auseinandersetzung kennen- und schätzengelernt habe, auch weiterhin erhalten bleiben möge."

Ein alter Freund:

„Du darfst nun auf eine lange Reihe von Jahren zurückblicken, in denen Du der Heimat unendlich viel politische erfolgreiche Arbeit gewidmet hast, für die wir Dir immer dankbar sein werden. In unserer Zeitgeschichte wird Dein Name immer mit Respekt genannt werden wegen der großen Leistungen um das Wohl Österreichs."

Ein alter, ehrlicher politischer Weggefährte:

„Du hast Glanzzeiten erleben dürfen, und es war Dir vergönnt, viele Gutpunkte und Erfolge für Partei und Vaterland auf Deinem Konto zu verbuchen; daß nicht immer der erwartete Erfolg eintrat, die verdiente Frucht der ehrlichen Arbeit und Leistung zum Reifen kam, ist im heutigen politischen Leben, insbesondere im bürgerlichen Lager, immer wieder der Fall.

Du hast jedenfalls Deinen Teil bis nahe zur Selbstaufopferung geleistet. Möge Dir nun der liebe Gott die Kraft geben, alle erlebten Enttäuschungen und Widerwärtigkeiten Deines Politikerlebens – weil menschheitsbedingt – als das einzuschätzen, was sie im Verhältnis zu unserer eigentlichen Lebensaufgabe und Berufung wirklich sind, nämlich klein und nichtig. Du kannst ruhigen Gewissens auch Rückschau halten, Deine unbestrittenen Erfolge und das Bewußtsein, immer und überall bemüht gewesen zu sein, das Beste zu geben und zu tun, muß Dir Genugtuung sein."

Aus meiner ehemaligen Schule:
„Laß Dir bei dieser Gelegenheit auch herzlich für Deine
Verbundenheit danken. Ich kann Dir sagen, daß Du durch Deine
Haltung in all den großen und auch in den schweren Situationen
Deines so erfolgreichen Lebens Deiner ehemaligen Schule immer
Ehre gemacht hast."

*Von einem politischen Gegner, mit dem ich sehr viel zu tun
hatte:*
„Wenn ich an diesem Tag als naher Außenstehender oder als
außenstehender Naher eine Bilanz Ihres bisherigen Wirkens ziehe,
so kann ich objektiv feststellen, daß Sie viele Erfolge erreichen
konnten, aber von Mißgunst und Ablehnung auch dort nicht
verschont geblieben sind, wo Sie es persönlich nicht verdient
haben. Das ist aber nicht ein Einzelschicksal für Männer und
Frauen im öffentlichen Leben, sondern fast ein allgemeines für
diejenigen, die sich durch Intelligenz, Tatkraft und Charakter
über den Durchschnitt stellen. Immerhin haben Sie sich durch
Ihre Eigenschaften auch Anerkennung, Dank und gute persönliche
Beziehungen bei denen erwerben können, die auch bei sonst
gegensätzlicher Auffassung über die gesellschaftliche Ordnung
einem ordentlichen Charakter Respekt zollen und die Gesellschaft
mit ihm als etwas Erfreuliches betrachten. Wenn man älter wird,
soll man erst recht der ‚alte' bleiben, ein Appell, der mir allerdings
bei Ihnen überflüssig erscheint, denn Opportunismus – im persönlichen wie im politischen Leben – hat nie zu Ihren Eigenschaften gezählt."

Eine Institution, mit der ich viel zu tun hatte:
„Wir gedenken aus Anlaß des bevorstehenden Geburtstages
mit Freude und Dankbarkeit der in vielen Jahren bewährten
Zusammenarbeit, die stets im Geiste der Offenheit und Freundschaft und immer frei von Hinterhältigkeit und Intrigenspiel
erfolgte. In Ihnen hatten wir immer einen ritterlichen Partner,
für den auch in der Politik Charakter und Haltung verbindlich
sind. Das ist selten geworden, und dafür sind wir Ihnen aufrichtig
dankbar. Vor allem wissen wir auch die Unbeirrbarkeit in

geistig-ideologischen Grundsatzfragen wohl zu schätzen und zu würdigen. Auch das ist in unserer Zeit, die sich so sehr dem Opportunismus und dem pragmatischen Vorgehen in der Politik verschrieben hat, rar geworden.

Seien Sie versichert, daß wir nicht allein mit unserem Wunsch stehen, daß Ihre reiche Erfahrung gerade in den kommenden kritischen Jahren der österreichischen Innenpolitik nicht zu entbehren sein wird. Wenngleich noch voller jugendlicher Spannkraft, mögen Sie in die Rolle eines ,elder statesman' hineinwachsen, wie sie die Zweite Republik dringend benötigt. Denn der jugendliche Elan und der Fortschrittsdrang sollten sich mit der abgeklärten Erfahrung und der politischen Intimkenntnis, die sich durch Jahrzehnte in der Praxis bewährt haben, verbinden – zum Wohle unseres Landes."

Von einem politischen Freund, der viel für Österreich geleistet hat:

„Du kannst auf alles, was Du bisher im Leben erreicht hast, wirklich stolz sein, und wir Österreicher müssen Dir sehr dankbar sein für das, was Du für unser Vaterland und für uns alle geleistet hast. Oft unter großen persönlichen Opfern, wie es das Leben eines so prominenten Politikers nun einmal erfordert."

Von einem prominenten politischen Gegner:

„Mit Ihrem Namen verbinde ich ein Synonym für erfolgreiche parlamentarische Tätigkeit, und ich glaube, daß jeder, der auf diesem Gebiete der österreichischen Bevölkerung dient, die Achtung und Wertschätzung aller, und zwar auch der politischen Gegner, verdient.

Man sagt bei persönlichen Anlässen, und Geburtstage mit einer runden Zahl gehören jedenfalls dazu, oft ein bißchen zuviel, und ich persönlich scheue mich daher vor einer zu überschwenglichen Laudatio; das sollen Berufenere, als ich es bin, tun.

Ich möchte vielmehr mit meinen Wünschen die Überzeugung zum Ausdruck bringen, daß die parlamentarische Tätigkeit nicht nur Arbeit im wahrsten Sinne des Wortes ist, sondern darüber hinaus auch Anlaß sein kann, sich die Wertschätzung anderer zu erobern. Daß Ihnen dies gelungen ist, darf ich mit echter Überzeugung feststellen."

Von einem Salzburger Freund:
„In vielen Versammlungen wurde bei uns im Lande Salzburg immer wieder zum Ausdruck gebracht, wie froh die Freunde und Mitglieder der ÖVP in unserem Lande sind, daß Du Dich nicht zur Gänze aus dem politischen Geschehen zurückgezogen hast, sondern weiterhin dem Parlament angehörst und damit auf die Arbeit des ÖVP-Parlamentsklubs dementsprechenden Einfluß ausüben kannst."

Ein junger Politiker mit Zukunft von der Gegenseite:
„Ihr 60. Geburtstag ist mir ein willkommener Anlaß, um Ihnen zu sagen, daß ich auch aus eigener, sicher nicht geringen politischen Distanz Ihre Persönlichkeit und Ihre geradlinige Art, Politik zu machen, in zunehmendem Maße bewundere.

Ich hatte schon mehrmals Gelegenheit, auf entsprechende Fragen zu antworten, daß der Politiker, den ich in der SPÖ am meisten schätze und als Vorbild betrachte, Waldbrunner heißt.

Ich füge heute hinzu, daß das Pendant in der ÖVP gleichfalls mit W. beginnt und außerdem heute Geburtstag hat, wozu ich herzlich gratuliere."

Prominenter politischer Gegner:
„Sie waren mir immer um einiges voraus. Nun auch mit dem 60. Geburtstag. Erinnern Sie sich noch an unseren Briefwechsel im Frühjahr 1960, als Sie zum Generalsekretär gewählt wurden?

Inzwischen hat es für uns beide (und zwischen uns beiden) gute und böse Tage gegeben. Auch das gehört zum Leben."

Von einem inzwischen verstorbenen, von mir sehr geschätzten aufrechten Sozialisten:
„Es ist mir ein wirkliches Bedürfnis, Ihnen zu sagen, wie stark mich Ihre Radiorede, mit der Sie vom Parlament Abschied nehmen wollten und in der Sie Ihr Verhältnis zu Ihrem Kollegen Pittermann in so netter Form dargelegt haben, beeindruckt hatte.

Ich habe laut in der leeren Wohnung zuerst Bravo! und dann Schade! gerufen."

Ein Sozialist, den ich immer sehr geschätzt und geachtet habe:
„Während der vielen Jahre unserer Zusammenarbeit im politischen Leben Österreichs habe ich Sie sehr schätzengelernt. Sie haben immer getrachtet, Ihr Bestes zu geben, und damit nicht nur Ihrer Partei, sondern auch der Gesamtheit zu Fortschritt und Ansehen verholfen. Auch dazu darf man Sie bei dieser Gelegenheit ehrlich beglückwünschen. Mögen Ihnen Gesundheit und Kraft gegeben sein, um noch viele Jahre erfolgreich in dieser Art zu wirken. Meine respektvollen Grüße gelten auch Ihrer Gattin, die in all den Jahren sehr viel dazu beigetragen hat, daß Sie Ihre großen Aufgaben erfüllen konnten."

Einer, der in der Ersten Republik eine schwere Bürde zu tragen hatte:
„Zeitlich aus großer Distanz, aber mit ebensolcher aufrichtigen Herzlichkeit sende ich Dir alle guten Wünsche zum 60er.
Vorbild für die Alten und die Jungen! Was Schöneres könnte es für ein ausgefülltes Menschenleben geben! Es war Dir gegeben, und darüber freuen sich Deine zahlreichen Freunde."

Ein junger Gewerkschafter von der anderen Seite:
„Zwar gehöre ich dem anderen politischen Lager an, doch möchte ich Ihnen mitteilen, daß ich Sie als Parlamentarier sehr schätze. Ich bedaure sehr, daß Sie nicht mehr so sehr in Erscheinung treten wie früher, als Sie noch die Funktionen des ÖVP-Generalsekretärs und Vizekanzlers bekleideten.
Ihre Rededuelle mit Dr. Pittermann zeigten hohes Niveau und waren gekennzeichnet von großer Sachlichkeit. Es bleibt zu hoffen, daß Sie noch recht lange als Abgeordneter tätig bleiben können."

Einer von der freiheitlichen Seite:
„Lieber Herr Doktor, für Ihren 60. Geburtstag meine herzlichsten Glückwünsche. Die Kriterien der persönlichen Achtung

und Wertschätzung sind eben von der politischen Übereinstimmung unabhängig."

Von einem ganz getreuen, ehrlichen Freund:
„Ich persönlich habe nie ein Hehl daraus gemacht, daß ich Ihren seinerzeitigen Rücktritt von der obersten Parteispitze sehr bedauert habe, denn ich weiß als langjähriger Bezirksparteiobmann sehr genau, daß es seit vielen Jahren keinen Spitzenpolitiker unserer Partei gegeben hat, der in Funktionärskreisen das Ansehen und die Autorität hatte wie Sie. Klare und harte Entscheidungen, auch wenn sie angegriffen wurden, sind nun einmal zielführender als endlose Diskussionen."

Junger Mann aus Zeltweg:
„Man mag nun Ihrer Partei nahestehen oder nicht. Man muß jedoch zur Kenntnis nehmen, daß Sie zweifellos zeitweise einer der bedeutendsten Männer unseres Staates waren.
Ich kann mir vorstellen, daß Sie zugunsten der Durchführung Ihrer Staatsgeschäfte so manche private Einschränkung und so manchen Verzicht auf sich nahmen.
Lassen Sie mich deshalb für Ihre geleistete Arbeit meinen Dank aussprechen. Ich kann Ihnen versichern, daß ein persönliches Antwortschreiben von Ihnen mich sehr freuen würde. Vielleicht wäre es möglich, daß Sie einige Zeilen nicht mit der Maschine, sondern mit der Hand schreiben. Dies würde mich sehr freuen."

Von einem guten alten Freund, wobei seine und meine Auffassungen nicht immer harmonierten:
„Zurückblickend auf Deine 60 Jahre kannst Du mit großem innerem Stolz feststellen, ein Maximum dessen, was nur wenig Sterbliche überhaupt erreichen können, erreicht zu haben. Ich sehe hier nicht in erster Linie Deine hohen Berufungen, sondern Deine dort geleistete Arbeit, die getragen war von Idealismus, christlicher Weltanschauung und unwandelbarer Treue zum österreichischen Vaterland.
Ich wünsche Dir vom ganzen Herzen, daß Du die Enttäuschungen, die sicher noch immer nachklingen, überwindest und

Dir bewußt bleibst, daß der Großteil der Gesinnungsgemeinschaft nach wie vor weiß, was ein Dr. Hermann Withalm für die Österreichische Volkspartei, für die Öffentlichkeit geleistet hat. Es tut mir heute noch leid, daß Intrigen und Ehrgeiz diese tragische Entwicklung beeinflußt haben."

Das Telegramm, das mir Dr. Kreisky sandte, kann ich unter voller Namensangabe bringen, da es am 21. April 1972 in der Wiener Zeitung veröffentlicht wurde:

„Herzliche Gratulation. Mögen die vielen Jahre, die in ungetrübtem Wohlbefinden zu verbringen ich Ihnen aufrichtig wünsche, lauter gute Jahre sein, in denen Sie sich des sicheren Bewußtseins Ihrer seit dem Bestehen der Zweiten Republik um den Aufbau des Vaterlandes sowie um die Förderung der Zusammenarbeit und die Festigung der Demokratie erworbenen Verdienste erfreuen dürfen. In aufrichtiger Wertschätzung Ihr

Bruno Kreisky"

Zum Abschluß dieses Kapitels gebe ich anschließend Auszüge aus Briefen wieder, die ich im Zusammenhang mit den Ereignissen rund um den 30. April 1974 erhielt. An diesem Tage wurde in der Bundesparteileitung der ÖVP über den Bundespräsidentschaftskandidaten der ÖVP für die Wahl vom 23. Juni 1974 entschieden. Ich kann es mir ersparen, noch einmal auf dieses Ereignis zurückzukommen, da ich mich in meinem zweiten Buch „Antworten" ausführlich mit den damaligen Vorgängen auseinandergesetzt habe. Im Zusammenhang mit der Entscheidung vom 30. April 1974, die für Lugger und damit gegen mich ausgefallen war, erhielt ich eine Flut von Briefen und Telegrammen, wie ich es in meiner ganzen politischen Tätigkeit noch nicht erlebt hatte. Nur ein kleiner Teil dieser Briefe eignet sich für eine Wiedergabe in der Öffentlichkeit, da sich die meisten Briefschreiber einer sehr offenen und harten Sprache bedienen. Da ich selbst in zwei Kapiteln meiner „Antworten" meine Meinung über die Art und Weise, wie damals die Entscheidung getroffen wurde, unmißverständlich zum Ausdruck gebracht habe, erübrigt es sich, hier noch einmal darauf zurückzukommen. Ich habe in diesem Zusammenhang die Hoffnung ausgesprochen, daß sich solche Fälle niemals mehr ereignen mögen und daß der damalige Fall meiner Partei eine Lehre sein möge. Wenn ich im nachstehenden einige Briefe zitiere, dann soll dies einen doppelten Zweck haben: 1. soll, was die Briefschreiber zum Ausdruck gebracht haben, von uns allen für alle Zukunft beherzigt werden, damit wir uns Situationen wie die vom 30. April 1974 ersparen, und 2. möchte ich an Hand der zitierten Briefinhalte den Nachweis erbringen, daß zwischen dem Staatsbürger und seinem Mandatar ein wesentlich stärkerer und herzlicherer Kontakt besteht, als dies gemeiniglich angenommen wird. Es ist also nicht so, wie man immer wieder hören kann, daß die Abgeordneten quasi im luftleeren Raum schweben, daß sie jeden Kontakt mit dem Volk verloren haben. Es ist im Gegenteil ungemein erfreulich, wenn sich gerade auch anläßlich von unerfreulichen Ereignissen zeigt, daß die Verbundenheit zwischen Wählern und Gewählten stark und dauerhaft ist.

Alle Briefe, die ich nun auszugsweise bringe, nehmen unmittelbar auf die Ereignisse vom 30. April 1974 Bezug.

Wien, 30. April 1974 (junge Frau)

„Schon lange bevor noch die Rede von einem neuen Bundespräsidenten war, habe ich, wenn dieser Fall einmal eintreten sollte, Sie mir als Bundespräsidenten gewünscht. Ich war hocherfreut, als ich hörte, daß Sie kandidieren wollten! Alle Leute, die ich von der SPÖ kenne, hätten Sie gewählt. Ich bewunderte Sie immer bei Parlamentsdebatten mit Dr. Kreisky, den ich auch sehr verehre und bewundere, und finde, daß es zwei so interessante Politiker in meiner Generation (1939) noch nie gegeben hat. Ich bin Friseuse und höre viele Meinungen von Leuten und habe allen Kundinnen gesagt, wenn Sie nicht kandidieren, wähle ich keinen anderen Bundespräsidenten, obwohl ich Sozialistin bin. Mir ist vor Ärger ganz schlecht, und ich wünsche der ÖVP, daß sie haushoch und noch höher unterliegt, und hoffe, daß allen anderen Österreichern ein Licht aufgeht und daß sie erkennen können, auf was für eine Persönlichkeit sie verzichten müssen, weil Sie nicht unser Bundespräsident werden. – –

Dr. Withalm! Ich weine, denn Menschen sind undankbar und ganz speziell die in Ihrer eigenen Partei! Neid!!!

Manche sagen, Sie sind zynisch, aber gerade das – und Ihr Kampfgeist gefällt mir an Ihnen, Sie setzen sich für etwas ein und kämpfen sich durch! Auch wenn Sie blaß werden und sich Ihre Haare vor Ärger aufstellen, Sie imponieren uns. Ich hoffe, Sie sind nicht zu enttäuscht und finden Erholung bei der Jagd.‘‘

Wien, 6. Mai 1974 (junge Frau)

„Eigentlich wollte ich diesen Brief schon vor einer Woche schreiben, als er noch aktueller gewesen wäre, aber eine anstrengende dreijährige Tochter hielt mich davon ab. Da meine Empörung aber so frisch ist wie am ersten Tag, tu ich es heute.

Ich glaube, es war anläßlich des letzten ÖVP-Parteitages, als mein Mann und ich feststellten, wie sehr doch ein Mann wie Sie der Partei in der Bundespolitik fehlt und daß es unverständlich sei, daß sich eine Partei – an Persönlichkeiten nicht mehr sehr reich – es leisten könnte, auf Ihre Mitarbeit an der Spitze zu verzichten.

Umso mehr erschien es uns als Lichtblick, als Sie dann für die Präsidentschaftskandidatur genannt wurden, und ich glaube, ich wäre zum ersten Mal mit Begeisterung in die Wahlkampagne gezogen, hätte auch nicht davor zurückgescheut, als Sandwichman mit Plakaten zu werben – trotz großem Bauch im 8. Monat, aber leider kam es dann anders.

Sie werden in der Zwischenzeit sicher schon von zahllosen Leuten dasselbe gehört haben. Aber ich kann Ihnen nur versichern, daß mein Mann, ich, ein Großteil unseres Freundeskreises – alles Leute um die 30 – richtiggehend geschockt waren, es gar nicht glauben wollten, daß man Sie nicht nominiert hatte. Die meisten von uns sind fest entschlossen, ungültig zu wählen, da man uns keine Alternative bietet. Keine Partei kann von ihren Wählern verlangen, daß sie den schlechtesten Mann wählen, wenn ein besserer im Gespräch und so gut wie aufgestellt war.

Ich bin sicher kein Nörgler von Berufs wegen, Leserbrief·schreiber aus Passion und habe diesen Weg noch nie gewählt, aber diesmal hielt ich es für nötig, um Sie wissen zu lassen, wie viele Leute mit dieser Entscheidung nicht einverstanden waren und Sie noch immer als einen – wahrscheinlich zu Aufrechten – schätzen."

Kaltenleutgeben, 1. Mai 1974 (junger Mann)
„Mit großer Bestürzung mußte ich gestern im TV hören bzw. sehen, daß Sie nicht für das höchste Amt im Staate auserwählt wurden.

Ich schreibe diese Zeilen, damit Sie sehen, daß Sie im ,Volke' speziell in der Jugend (ich bin 26 Jahre) viele, viele Anhänger haben. Ich darf dies behaupten, da ich mit vielen Menschen über Ihre Kandidatur gesprochen und natürlich auch geworben habe.

Unsere Partei dürfte einen Fehler begangen haben, da ich glaube, daß zu einem Diplomaten wie Kirchschläger nur ein profilierter Mann mit Erfahrung, Auftreten, Redegewandtheit usw. ein gleichwertiges Gegengewicht darstellt. Doch leider hatten *wir* Pech und es wollte nicht sein. Ich hoffe, daß diese vielleicht etwas ungehobelten und ungeschliffenen Sätze zeigen, daß Sie nicht ohne Anhänger und Verehrer in unserer Heimat sind. Für mich und für viele andere Jugendliche werden Sie immer ein großes Vorbild und ein großer Repräsentant unserer Partei sein!!

PS.: Jetzt kann ich mir 800 km ersparen, die ich von meinem jugoslawischen Urlaubsort zum Wählen an die Grenze verfahren hätte!!"

Linz, 5. Mai 1974 (Mann)
„Durch die Ereignisse der letzten Tage veranlaßt, möchte ich es nicht versäumen, mit größtem!! Bedauern meine Enttäuschung darüber zum Ausdruck zu bringen, daß Sie leider durch diverse Intrigen Ihre Kandidatur zurückgezogen haben. Es ist mir schon seit längerer Zeit ein Herzensbedürfnis, Ihnen mitzuteilen, wie sehr ich Sie als schlagkräftigen Redner vermissen mußte. Hoffentlich werden Ihre Gegner diesen eigentümlichen Schritt später nicht einmal bedauern müssen."

Wien, 9. Mai 1974 (Mann)
„Ziehen Sie bitte nicht vorschnell falsche Schlüsse, wenn ich Ihnen meine Freude darüber ausdrücke, daß Sie nicht kandidieren.

Meine Erleichterung darüber ist zum Teil rein egoistisch: was vorher eine schwere Wahl für mich gewesen wäre, ist nun überhaupt keine mehr; ich darf nun mit ‚Genuß ohne Reue' und auf jeden Fall ohne eine Sekunde des Nachdenkens für Kirchschläger stimmen. Aber ich hätte das mit hoher Wahrscheinlichkeit, nur nicht so unbeschwert, auch dann getan, wenn Sie kandidiert hätten; zweitens, weil ich Kirchschläger schätze, und erstens, weil ich glaube, daß Österreich sich derzeit weniger denn je einen unpopulären Bundespräsidenten leisten kann. Und hier wird meine Freude etwas weniger egoistisch: Sie wären mir zu schade für eine Niederlage gewesen und – im höchst unwahrscheinlichen Fall Ihres Sieges – zu gut als Anlaß innenpolitischer Konflikte.

Wofür ich Ihnen heute danken möchte: daß Sie es so lange mit einer Partei (es ist zum Glück nicht meine) und mit einem Volk (es ist leider meines) ausgehalten haben, obwohl Sie für beides um eine Nummer zu groß sind. Daran sind schon vor Ihnen Politiker des In- und Auslands gescheitert. Sie befinden sich in bester Gesellschaft. Daß Ihnen Kreiskys Fähigkeit, sich geistig einen halben Kopf kleiner und moralisch um 10 kg schwerer zu machen, abgeht, hätte Sie freilich für das Amt des Bundespräsidenten prädestiniert: es ist das einzige, für welches Geist und Integrität noch gefragt (aber, siehe Präzedenzfälle, nicht zwingend vorgeschrieben) sind.

Da Sie, dem Vernehmen nach, ein belesener Mann sind, werden Sie Friedells ‚Kulturgeschichte der Neuzeit' kennen. Lesen Sie nach, was der Autor über Friedrich den Großen schreibt! Nicht, daß ich meine, Sie seien ihm besonders ähnlich – Friedrich hat ja die Jagd verabscheut. Aber was Friedell über seine spezielle Art von Aufrichtigkeit sagt – vielleicht paßt das gar nicht auf den Preußenkönig, aber dafür auf Sie.

Für das intellektuelle Vergnügen und die moralische Befriedigung, die Sie mir viele Jahre bereitet haben, dankt Ihnen heute das SPÖ-Mitglied ..."

Wien, 30. April 1974 (Frau)
„Vor allem meinen innigsten Dank für die in überaus herzlichen Worten gehaltene Widmung, welche Sie mir in dem von

Ihnen geschriebenen Buch zukommen ließen. Ich lese immer wieder darin.

Es ist jetzt 23.45 Uhr. Die Sie betreffenden Ereignisse des heutigen Tages lassen mich keine Ruhe finden. Ich hatte mich wahnsinnig über Ihre Kandidatur zum Bundespräsidenten gefreut, doch leider war meine Freude nur von kurzer Dauer. Das alte Sprichwort ,Undank ist der Welt Lohn' bewahrheitet sich wieder einmal. Die infame Haltung der westlichen Bundesländer machte meinem schönen Traum ein jähes und unerwartetes Ende. Ich hatte mir vorgenommen, Ihnen am 23. Juni zu gratulieren. Bitte nehmen Sie jetzt zur Kenntnis, daß ich vom ganzen Herzen mit Ihnen fühle und aufrichtig bedaure, was Sie am heutigen Tage erleben mußten. Doch es hat alles seine zwei Seiten. Lassen Sie mich Ihnen zugleich gratulieren, daß Sie nun Ihre goldene Freiheit wieder haben. Jede Würde bringt auch eine Bürde mit sich, und bei Ihrer Gewissenhaftigkeit wäre diese Bürde sehr groß geworden. Ich bin zwar nur eine einfache alte Frau, aber ich möchte Ihnen raten, die einstens geplante Weltreise mit Ihrer werten, liebenswürdigen Frau Gemahlin nun doch zu unternehmen.

Etwas vertraue ich Ihnen noch an. Möge die Wahl am 23. Juni ausgehen wie immer, ich bin daran nicht beteiligt, da ich zum erstenmal in meinem Leben einen ungültigen Stimmzettel abgeben werde. Ich kann von den beiden Kandidaten keinen wählen. Ihr Nachfolger kommt für mich nicht in Frage, und einen Herrn der anderen Partei wähle ich grundsätzlich nicht. Meiner Meinung nach war es ein ganz raffinierter Schachzug des Kanzlers, einen ausübenden Katholiken ohne Parteibuch in sein Kabinett zu nehmen, und jetzt spielt er mit diesem Herrn seinen Trumpf aus, aber mich fängt er nicht damit.

Erlaube mir, Ihnen und Ihrer werten Gattin noch viele schöne, friedliche Jahre in vollster Gesundheit zu wünschen."

Wien, 1. Mai 1974 (Mann)

„So gerne ich Sie als Präsident erlebt hätte, so ungern hätte ich Sie die Wahl verlieren gesehen. Und da letzteres viel wahrscheinlicher war, habe ich mich für Sie und mich gefreut, als Sie nicht aufgestellt wurden. Sollen die Alpenländer glücklich sein,

234

daß einer der ihren nominiert wurde, und vielleicht geschieht das Wunder, daß da und dort der Lokalpatriotismus über die Partei-disziplin siegt und Lugger das Rennen macht. Ich sehe der ganzen Wahl mit viel mehr Spannung entgegen, besonders auch bezüglich des Verhaltens der Freiheitlichen, bei denen Sie selbst ja keine allzu großen Chancen gehabt hätten!? Kränken Sie sich nicht, daß Sie nicht nominiert wurden und damit vielleicht ‚verheizt‘ (pardon!) worden wären, und heben Sie Ihre Energie lieber auf, vielleicht doch noch einmal eine Rolle in einer Regierung zu spielen. Für viele sind Sie noch immer *der* Kopf in der VP, und es ist eben gerade Mode geworden, Altersfragen in den Hintergrund zu stellen!

Ich wollte den Tag nicht vorübergehen lassen, ohne das niederzuschreiben und Ihnen zu senden!"

Wien, 1. Mai 1974 (Mann)

„Natürlich hält man Parteidisziplin, aber schwer machen sie es einem schon! Sie, lieber Herr Vizekanzler, sollen aber wissen, daß ich und viele Ihnen in Treue und Verehrung ergeben sind und bleiben."

Saalfelden, 5. Mai 1974 (Mann)

„Du wirst Dich gewiß wundern, einen Brief von einem Unbekannten zu erhalten, doch ist es mir angesichts der jüngsten Vorgänge bei der Nominierung des Präsidentschaftskandidaten ein Bedürfnis, mich an Dich zu wenden.

Man kann durchaus geteilter Meinung sein, wer die besseren Chancen aufzuweisen hat, aber man sollte sich das rechtzeitig überlegen. Die an den Tag gelegte Vorgangsweise war nicht nur politisch unklug, sondern vor allem menschlich *unzumutbar!* Leider passieren bei der ÖVP – zu der ich auch gehöre – immer wieder solche Pannen.

Ich möchte Dich bei dieser Gelegenheit meiner größten persönlichen Hochachtung versichern! Ich verfolgte durch viele Jahre hindurch mit Bewunderung und innerem Vergnügen Deine klare Diktion und Deine Schlagfertigkeit bei verschiedensten Anlässen und Auseinandersetzungen. Ich habe Dich am Fernsehschirm beim Wahlsieg 1966 ebenso beobachtet wie bei der Niederlage 1970 und bin der Meinung, daß die ÖVP bis heute für Dich keinen geeigneten Nachfolger gefunden hat, obwohl sie einen ‚eisernen Hermann‘ notwendig hätte, der sie alle unter einen Hut bringt.

Ich beende meinen Brief mit besten Wünschen für Deine persönliche Zukunft.“

Loosdorf, 3. Mai 1974 (Mann)

„Gleich am Mittwoch 1. V. – die Präsidentennominierung erfuhr ich ja erst am vorhergehenden Abend im Fernsehen – wollte ich Dich beim Durchfahren durch Wolkersdorf aufsuchen, dann überlegte ich mir, Dich vielleicht in diesem Augenblick sehr zu stören, um Dir mündlich zu sagen, welchen Eindruck mir dieses Ereignis gemacht hat.

Politik ist ein hartes und rücksichtsloses Geschäft (ich habe es in meinem Leben lange genug mitgemacht), aber es muß Grenzen haben, diese wurden hier weitgehendst überschritten.

Auf diesem kleinen Sessel sitzend, habe ich Dich wirklich bewundert, Dein Verhalten hoch gewertet und gewürdigt.

Längst in der Politik nur mehr zusehend, bin ich dennoch immer wieder verzweifelt, wenn in unseren Kreisen alle Rücksicht gegenüber hochverdienten Menschen über Bord geworfen wird, nur wegen des geglaubten (?) Vorteiles.

Ich muß mir etwas Luft machen.

Dir möchte ich aber danken, daß Du Dich so nobel benommen hast.“

Wien, 18. Mai 1974 (Männer)

„Vor die Alternative gestellt, die Stimme für Dr. Kirchschläger oder DDr. Lugger geben zu müssen, sind wir unter den gegebenen Umständen veranlaßt, uns für DDr. Lugger zu entscheiden.

Wir gestatten uns jedoch darauf hinzuweisen, daß diese unsere Stimmen Ihnen zugedacht sind.

Es ist dazu noch festzustellen, daß wir keiner Partei angehören, daß wir Sie aber, sehr geehrter Herr Doktor, als aufrechten Politiker sehr schätzen.“

Tulln, 25. Juni 1974 (Mann)

„Mit Bedauern lese ich seit einigen Tagen in den Tageszeitungen, daß Sie die Absicht haben, Ihr Mandat als Abgeordneter zum Nationalrat zurückzulegen. Ich hielte es gerade im jetzigen Zeitpunkt für verfehlt, diesen Schritt zu tun. Abgesehen von dem sicher nicht sehr klugen Entschluß der ÖVP-Bundesparteileitung, einen anderen Präsidentschaftskandidaten in letzter Minute zu nominieren, der für Sie eine persönliche Beleidigung bedeutete, wäre Ihr Ausscheiden aus dem politischen Leben ein unersetzlicher Verlust für die ÖVP.

Fassen Sie es nicht als Schmeichelei auf, wenn ich dies sage, aber es würde mit Ihrem Abtreten eine politische Persönlichkeit aus der Tagespolitik ausscheiden, auf deren Rat und Mitarbeit auf Grund Ihrer großen politischen Erfahrung und des allseits anerkannten persönlichen Ansehens in allen Kreisen der Bevölkerung, insbesondere aber in der ÖVP, nicht verzichtet werden kann. Sie selbst haben in Ihrem Buch die Fehler eingestanden, die Sie in Ihrem politischen Leben gemacht haben. Vielleicht hätten Sie diese Fehler nicht gemacht, wenn Sie in diesen entscheidenden Situationen einen erfahrenen Mann gehabt hätten, der Sie entsprechend beraten hätte. Und diese Funktion sollten Sie nun übernehmen. Wenn Sie aber Ihr Mandat als Abgeordneter zurücklegen, werden Sie aus dem politischen Leben ausscheiden, ohne dann Ihre mahnende Stimme erheben zu können, auf die man auch hören müßte. Ich bitte Sie um Entschuldigung, wenn ich mir anmaße, zu Ihren persönlichen Entscheidungen einen Rat geben zu dürfen, aber ich habe nur das Wohl der ÖVP im Auge."

Wien, 26. Juni 1974 (Mann):

„Ich hoffe *sehr*, daß Sie im Nationalrat bleiben! Wenn man umstellt ist, muß man Flagge zeigen und kämpfen!

Und wir brauchen Sie nicht nur als Mahner, sondern auch als den, der das Schillernd-Falsche dieses Kreisky, der das subkutan eindringende marxistische Gift aufzeigt!

Bitte bleiben Sie!"

Wien, 27. Juni 1974 (Frau):

„Seit langem habe ich Ihr zurückhaltendes politisches Engagement bedauert. Ihre Gründe sind für einen zwar politisch interessierten, aber doch außenstehenden Menschen wohl vermutbar, aber eigentlich schwer verständlich.

Daß Sie nun aber die Niederlegung Ihres Nationalratsmandates erwägen, erfüllt mich mit tiefem, ja schmerzlichem Bedauern. Es ist doch nicht möglich, daß Sie vor Ihrem Gewissen diesen Schritt tun dürfen, daß Sie in diesen immer schwerer werdenden Konfrontationen unsere Weltanschauung und unsere Gesellschaftspolitik im Stiche lassen. Männer wie Sie sind gezählt auf weiter Flur. Ihre rednerische Brillanz und Ihr politischer Elan, verbunden mit Weisheit, politischer Routine und Erfahrung, dürfen nicht verlorengehen.

Über persönliche Argumente und Emotionen hinaus tragen wir Verantwortung für unsere Sache, unsere Weltanschauung, unsere Gesellschaft.

Bitte entschuldigen Sie dieses spontane und offen gesprochene Wort, zu dem mich eine große Sorge gedrängt hat und das ich in wohlmeinender und bester Absicht an Sie gerichtet habe."

Wien, 28. Juni 1974 (Mann):

„Aus den Zeitungsnachrichten ersehe ich, daß Sie sich, sehr geehrter Herr Doktor, überlegen, Ihr Nationalratsmandat zurückzulegen. Ich kann die Gründe durchaus begreifen, doch begreife ich nicht, daß Sie, sehr geehrter Herr Doktor, als alter Politiker nicht hart genug wären, auch Rückschläge zu akzeptieren.

Wir sind beide Altkalksburger, ich leider ein älterer Jahrgang als Sie, bei den Jesuiten in Kalksburg ist uns gelehrt worden, nie etwas aufzugeben.

Ich bitte Sie, sehr geehrter Herr Doktor, doch um Gottes willen nicht die Flinte ins Korn zu werfen. Wenn jemand sich in der ÖVP durchsetzen kann, dann sind Sie es.

Ich bin, sehr geehrter Herr Doktor, überzeugt, daß nicht ich allein derjenige bin, der an Sie herantritt, als Nationalrat zu verbleiben und sich in der Folge dann wieder in der ÖVP durchzusetzen, wovon ich vollkommen überzeugt bin."

Feldkirch, 18. Juli 1974 (Frau):
„Der Brief ist längst fällig, wurde im Geiste ein paarmal geschrieben, sogar einmal tatsächlich nach Tschagguns und kam als unbestellbar retour.

Ich wollte gleich damals nach der Entscheidung für die Nominierung des Präsidentschaftskandidaten Ihnen sagen, daß ich *Sie* gerne gewählt hätte – aus Überzeugung und dankbarer Treue! Die Partei hat entschieden, darüber zu urteilen steht mir nicht zu, als gutes Parteivolk stellten wir uns hinter Dr. Lugger, ein Mann, der dieses Vertrauen und den Einsatz für ihn sicher rechtfertigt.

Für mich waren aber Sie, sehr verehrter Herr Vizekanzler, immer der einzige Mann, der mit geschliffenem Wort, Wissen und Standfestigkeit einen echten Gegenpol zur SPÖ, vor allem zu Kreisky, bildete.

Es hat wieder einmal nicht sollen sein.

Manchmal fragt man sich, lohnt sich unsere Kleinarbeit, wenn man unsere Großen so leichtherzig ausbootet, es ist ja nicht das erstemal, und Sie sind leider nicht der einzige. Als ob man gewachsene Politiker so einfach von den Bäumen schütteln könnte.

Übrigens, Ihr Buch macht Freude: zum Lesen – Überdenken – und nochmals Lesen. Haben Sie Dank dafür."

Ein einziger Brief fiel aus der Reihe. Er kam aus Linz. Das Kuvert war schwarz umrandet, es enthielt ein Beileidsbillet „Herzliche Teilnahme" mit folgendem Inhalt: „Unverständlich bei soviel Blamage! (Lugger). Alle Leute sagen Charakterlosigkeit! Sesselkleberei!" Dem Billet lag ein Zeitungsausschnitt des Linzer Volksblattes bei, in dem darauf hingewiesen wurde, daß ich mich über Ersuchen der Partei und des Parteiobmannes Dr. Schleinzer entschlossen habe, im Nationalrat zu verbleiben.

Auch ein einziger Zeitungsartikel fiel aus dem Rahmen. Zufällig kam auch er aus Linz. Weniger zufällig war es allerdings, daß dieser Artikel aus der Feder des Chefredakteurs der „Oberösterreichischen Nachrichten", Hermann Polz, stammte. Er trug den Titel „Zum Weinen" und erschien in der Ausgabe vom 3. Juli 1974. Ich möchte diesen Artikel meinen Leserinnen und

Lesern nicht vorenthalten, damit sie sich selbst ein Urteil bilden können, ob in diesem Artikel lediglich Kritik an einem bestimmten Verhalten eines Politikers geübt wird oder ob in ihm nicht doch eine deutliche Animosität zum Ausdruck kommt. Ich habe mich immer dazu bekannt, daß ein Politiker, der mitten im tagespolitischen Streit steht, jederzeit mit Kritik – wenn es sein muß auch mit sehr harter und heftiger Kritik – rechnen muß. Ich wehre mich aber ganz entschieden, ja geradezu leidenschaftlich dagegen, daß Journalisten persönliche Animositäten in ihren Organen abreagieren. Doch darüber mögen meine Leserinnen und Leser selbst befinden. Der Artikel lautete: „Wilhalm bleibt weiter als Abgeordneter im Nationalrat, aus dem er sich schon nach seinem Rücktritt als Bundesparteiobmann der VP zurückziehen wollte. Aber er hat es sich damals anders überlegt. Allerdings erst nach einem Abschiedsbankett beim Sacher und einem Abschiedsheurigen. Dabei scheint er am Andersüberlegen Geschmack gefunden zu haben. Denn nun hat er wieder nicht jenen Abschied genommen, den er ins Gerede gebracht hatte, als seine Kandidatur für die Präsidentschaftswahlen am Widerstand der VP-Landesfürsten gescheitert war. Withalm bleibt wieder, nachdem Schleinzer als Einmannprozession nach Wolkersdorf gezogen ist. Großmütig hat er jener Partei verziehen, von der er sich so schlecht behandelt fühlt. Wieso eigentlich? Weil er einmal jene unangenehmen Konsequenzen der so hoch gepriesenen innerparteilichen Demokratie zu tragen hatte, die er sehr oft andere tragen zu lassen verstand? Er hätte sich im übrigen diese Konsequenzen ersparen können, wenn er seinerzeit schon die Konsequenzen gezogen hätte, die er angekündigt hatte.

Er galt als ein konsequenter Mann, wenn ihm die Entwicklung auch nicht immer recht gab. Er war ein konsequenter Vertreter der Politik der Stärke, wenn sie auch letztlich der ÖVP die größte Schwäche eingetragen hat. Er hat als ‚Eiserner Hermann‘ für jene Klubdisziplin im Parlament gesorgt, die notwendig war, damit die ÖVP ihre Periode der Alleinherrschaft wenigstens formal erfolgreich durchstehen konnte. Er wurde seiner Haltung wegen von manchen zuweilen etwas romantisch als der letzte Herr in der Politik bezeichnet. Nun hat er sich selbst der Möglichkeit beraubt, mit dieser Qualitätsmarke einen Platz in der Geschichte der Zweiten Republik zu finden, indem er schon zum zweitenmal nicht nimmt, was er sich selbst geben wollte: Abschied von der Politik. Er ist zum Abschiednehmer in Permanenz geworden, und indem er sich immer wieder umstimmen läßt, erweckt er den Verdacht, daß er fürderhin auf der Träne des Mitleides durch die Partei schwimmen möchte, und das ist leider wirklich zum Weinen."

Ich habe oben darauf hingewiesen, daß ich mir des großen Risikos, das mit der Veröffentlichung von Briefen verbunden ist, durchaus bewußt bin. Ich denke, so sagte ich, in erster Linie an den Vorwurf, der mir vor allem deshalb gemacht werden könnte, weil ich Briefe veröffentliche, in denen mir im großen und ganzen Anerkennung und Sympathie ausgesprochen wird. Das könnte als eine penetrante und üble Selbstbeweihräucherung aufgefaßt werden. Trotzdem habe ich mich, diesen Vorwurf riskierend, dazu entschlossen, weil ich an Hand von Zeitungsartikeln, Kommentaren und Briefen, die aus den verschiedensten Anlässen geschrieben wurden, nachweisen wollte, daß in ihnen wertvollste Zeitgeschichte enthalten ist und daß vor allem in manchen Briefen so viel Lebensweisheit, Lebenserfahrung und gesunder Menschenverstand enthalten sind, daß wir alle – nicht nur die Politiker – daraus eine ganze Menge lernen können.

Ich bin jedem Staatsbürger, der sich irgendwann einmal hingesetzt und sich der Mühe unterzogen hat, mir einen Brief zu schreiben, in dem er zu Vorgängen in der Politik oder zu Ereignissen in meinem politischen Leben – ob nun positiv oder kritisch – Stellung genommen hat, aus ganzem Herzen dankbar. Ich möchte die vielen Briefe, die ich im Laufe meines Politikerlebens bekommen habe, nicht missen, und ich möchte vor allem eines wünschen, daß immer mehr Staatsbürger von der Möglichkeit, mit den gewählten Volksvertretern auch in brieflichen Kontakt zu treten, Gebrauch machen. Gerade diese Art der Kontaktpflege könnte ein sehr wesentlicher Beitrag dazu sein, daß sich Volk und Volksvertreter nicht nur nicht auseinanderleben, sondern daß sie mehr und mehr Verständnis füreinander aufbringen.

Schlußwort

In meinem zweiten Buch habe ich darauf hingewiesen, daß
es schön, gar mancher Überlegungen wert und ungemein
erstrebenswert wäre, wenn es gelänge, zu erreichen, daß der
Übergang von der aktiven Tätigkeit in die Pension nicht von
heute auf morgen, sondern in harmonischen Etappen und Stufen
gestaltet werden könnte. Gerade das abrupte Ausscheiden aus der
gewohnten, meistens jahrzehntelangen Tätigkeit bedeutet für die
meisten Berufstätigen einen mehr oder weniger schweren Schock,
den sie nicht mehr so leicht überwinden. Was für jeden Berufstätigen gilt, sei er nun ein Arbeiter, ein Bauer, ein Gewerbetrei-
bender, ein Angehöriger eines freien Berufes oder ein Angestellter
bzw. Beamter, hat uneingeschränkt, ja vielleicht sogar in einem
noch stärkeren Maße auch für Politiker Geltung.

Ich habe im Laufe meiner politischen Tätigkeit immer wieder
feststellen können, wie schwer es manchem Politiker gefallen ist,
von der ersten in die zweite Linie zurückzutreten. Noch viel
schwerer ist ihnen dann der endgültige Abschied von der Politik
gefallen. Das galt und gilt im besonderen Maße für jene Politiker,
denen die Politik über alles gegangen ist, denen sie alles bedeutet
hat, die außer der Politik kein Hobby hatten und die für die
Politik buchstäblich lebten und starben.

Ich habe Gott sei Dank nie zu jenen gehört, die der Politik
womöglich so verfallen waren, daß sie sich mit anderen Dingen
als der Politik einfach nicht mehr zu beschäftigen wußten. Ich
könnte eine lange Reihe von sehr maßgeblichen Politikern aller
politischen Lager aufzählen, die nur die Politik gekannt haben.
Ihnen war die Politik Lebensinhalt. Sie konnten es daher einfach
nicht verwinden, nicht mehr der Regierung oder der gesetzgeben-

den Körperschaft anzugehören, mit einem Wort: nicht mehr dabeisein zu können.

Mir ist es zuteil geworden, daß mein Abschied von der Politik im großen und ganzen durchaus harmonisch verlief. Jedenfalls ist er nicht plötzlich und stufenlos abgelaufen. Im Jahre 1971 hatte es zwar vorerst geschienen, als ob mein Ausscheiden aus der Politik sehr abrupt, ohne jeden Übergang vom ersten in das zweite Glied, erfolgen sollte. Es kam dann allerdings anders.

Es ist immer noch so gewesen, daß Niederlagen ihre Konsequenzen hatten, für den einen früher, für den anderen später. Klaus zog diese Konsequenzen unmittelbar nach der Wahlniederlage vom 1. März 1970. Für mich ergab sich die gleiche Situation, die Klaus im Jahre 1970 zu seinem Rücktritt als Bundesparteiobmann veranlaßt hatte, ein Jahr später. Ich hatte damals zu Beginn des Jahres 1971 anläßlich einer Parteivorstandssitzung von Gösing aus erklärt, daß ich meine Funktion als Bundesparteiobmann zurückzulegen gedenke und daß ich gleichzeitig zur Gänze und endgültig aus der Politik ausscheiden möchte. Warum es damals wohl zu ersterem, nicht jedoch zu meinem gänzlichen und endgültigen Abschied von der Politik kam, schilderte ich in meinem ersten Buch, den „Aufzeichnungen".

Rückblickend kann ich heute, nachdem ich einen entsprechenden Abstand von den damaligen Ereignissen gewonnen habe, sagen, daß mein Entschluß, der vor allem auf den wohlgemeinten Rat vieler guter Freunde zurückzuführen war, ich möge doch nicht sofort zur Gänze ausscheiden, sondern ich solle vorerst in das zweite Glied zurücktreten und dort meiner Partei noch auf eine bestimmte Zeit zur Verfügung stehen, durchaus richtig war.

Ich habe in den vier Jahren, die seither vergangen sind, versucht, der mir innerhalb der Partei und vor allem im Klub und im Parlament gestellten Aufgabe gerecht zu werden. Ob dieser Versuch als gelungen zu bezeichnen ist, werden nicht zuletzt jene zu beurteilen haben, die mich im Jahre 1971 durch ihre Argumente veranlaßt hatten, noch für eine gewisse Zeit in der Politik zu verbleiben.

Diese Argumente hatten in erster Linie gelautet: Es sei gut, wenn die Kontinuität gewahrt werde, es sei nicht nur zu begrüßen, sondern geradezu notwendig, wenn im Parlament gerade auch ältere Abgeordnete, die über große parlamentarische Erfahrung und vor allem auch über gute menschliche Beziehungen zum politischen Gegner verfügen, säßen. Solchen Abgeordneten sei es geradezu aufgetragen, in kritischen Situationen, sei es im eigenen Klub, sei es im Plenum des Nationalrates, aus gegebenem Anlaß ein mahnendes Wort zu sprechen.

Weil ich mich der Stichhältigkeit und der Überzeugungskraft dieser Argumente nicht verschließen konnte, unterzog ich mich mehr als vier Jahre hindurch der mir zugedachten Aufgabe.

In diesem Zusammenhang möchte ich auf jene Stelle in diesem Buch verweisen, wo ich darzutun versuche, daß jede Institution und jeder Mensch, wenn die ausgeübte Tätigkeit als sinnvoll angesehen werden soll, nicht nur eine echte Aufgabe haben, sondern diese auch wirklich sehen und sich mit ihr identifizieren muß.

Das galt etwa, um nur ein einziges Beispiel herauszugreifen, für die Große Koalition, deren große Aufgabe darin bestand, die beiden großen politischen Lager dieses Landes zu versöhnen, sie zu gemeinsamer Arbeit für Österreich zusammenzuführen, um Österreich die endgültige Freiheit und Unabhängigkeit zu bringen. Mit der Erringung des Staatsvertrages im Jahre 1955 war diese große Aufgabe erfüllt. Damit war allerdings auch die Institution als solche, wie sich ja in den Jahren nach 1955 mehr und mehr zeigen sollte, nicht nur ihrer Daseinsberechtigung entkleidet, sondern schließlich und endlich geradezu obsolet geworden, da ihr keine weitere große Aufgabe gestellt worden war und da ihr vielleicht fürs erste auch gar keine neue, faszinierende Aufgabe gestellt werden konnte.

Was ich hier an Hand des Beispiels der Großen Koalition darzutun versuche, gilt gleichermaßen für jeden einzelnen Menschen, wo auch immer er tätig sein mag. Es ist eine alte und immer wieder bestätigte Erfahrungstatsache: Nur solange ein Mensch in seiner Tätigkeit einen Sinn erblickt und nur insofern, als er in ihr eine echte Aufgabe sieht, wird er sich ihr auch tatsächlich mit Erfolg widmen.

Ich habe mir noch vor jeder Nationalratswahl, zumal ich es mit der Politik immer ernst genommen habe, die Frage vorgelegt, ob ich neuerlich kandidieren soll, ob ich den Erwartungen, die in mich gesetzt werden, gerecht werden kann, ob ich nicht nur in der Lage, sondern vor allem auch willens sein werde, die vielfältigen und – je älter man wird – doch sehr strapaziösen Verpflichtungen, die speziell mit einem Landmandat verbunden sind, zu erfüllen. Auch vor den Nationalratswahlen des Jahres 1975 habe ich mir diese Frage sehr ernsthaft gestellt. Die sehr offene und ehrliche Antwort lautete: Nach gewissenhafter Prüfung war ich bei bestem Willen nicht in der Lage, auf diese Frage eine uneingeschränkt positive Antwort zu geben. Es kann aber gar keinen Zweifel geben, daß nur eine Antwort ohne jede Einschränkung und ohne jeden Vorbehalt voll und ganz befriedigend hätte sein können.

Für jeden Menschen kommen einmal der Tag und die Stunde, wo er sich sagt, daß nunmehr, und zwar unwiderruflich und endgültig, der Punkt erreicht ist, an dem man offen und ehrlich einzugestehen hat, daß eine mehr als zwei Jahrzehnte dauernde parlamentarische Tätigkeit doch nicht spurlos an einem vorübergegangen ist, daß man nicht mehr kann und daß man einfach nicht mehr will. Wenn ich nach mehr als zweiundzwanzigjähriger Zugehörigkeit zum Nationalrat erkläre, daß es mich nicht mehr freut, daß ich müde bin, daß ich mit 63 Jahren weder noch einmal dort wieder anfangen will und auch gar nicht mehr dort anfangen kann, wo ich vor fast einem Vierteljahrhundert begonnen habe, dann kann mir das fürwahr niemand verdenken.

Ich bin mir vor allem über eines vollkommen im klaren: Die Wähler haben ein Recht darauf, daß ihnen ihr Mandatar zur Verfügung steht, daß er sich um ihre Anliegen kümmert, daß er Versammlungen abhält und Betriebe besucht. Um allen diesen berechtigten Erwartungen entsprechen zu können, bedarf der Mandatar eines gewaltigen Pensums an Fleiß ebenso wie an körperlicher und geistiger Spannkraft. Ich hoffe sehr, daß mir alle meine Wähler bestätigen werden, daß ich mich immer bemüht habe, es an dem nötigen Fleiß nicht fehlen zu lassen. Die zweite Voraussetzung, die nötige geistige und körperliche Spannkraft, ist nicht unerschöpflich. Sie hat ihre ganz natürlichen Grenzen. Deshalb ziehe ich aus dieser Erkenntnis lieber selbst die entsprechenden Konsequenzen, bevor sie eines Tages von anderen für mich gezogen werden. Es hat gar keinen Sinn, ein Mandat nur mehr aus Pflichtbewußtsein, jedoch ohne die unumgänglich notwendige und durch nichts zu ersetzende innere Anteilnahme zu übernehmen. Hier zeigt sich vielleicht am deutlichsten, daß die Betätigung in der Politik nicht irgendein Beruf ist, sondern daß sie Berufung sein muß.

Das alles war für mich ein ganz entscheidender Grund, weshalb ich mich außerstande sah, noch einmal zu kandidieren. Aus grundsätzlichen Erwägungen lehne ich es ab, mich noch einmal um das Vertrauen meiner Wähler zu bewerben, wenn dies womöglich mit dem geistigen Vorbehalt geschähe, daß ich nach meiner Wahl gar nicht daran denke, allen Verpflichtungen, die mit einem Mandat verbunden sind, nachzukommen und die berechtigten Erwartungen meiner Wähler auch tatsächlich zu erfüllen. Eine solche Handlungsweise würde ich geradezu als unanständig und unehrenhaft empfinden. Ich habe mich immer bemüht, mit offenen Karten zu spielen. Das muß in ganz besonderem Maße für das Verhältnis zwischen Wähler und Gewähltem gelten. Bei mir soll der Wähler wissen, woran er ist.

Und nun zum zweiten Grund. Ich habe oben darauf hingewiesen, daß jeder Mensch, wenn seine Arbeit einen Sinn haben soll, eine Aufgabe vor sich sehen muß. Meine Aufgabe bestand im Jahre 1971, nachdem ich meiner Partei lange Jahre in Spitzenpositionen gedient hatte, darin, daß ich aus dem ersten Glied zurücktrat und in das zweite Glied einrückte. Damit sollte nicht nur ein Beispiel gegeben werden; auf diese Art sollte darüber hinaus der Nachweis erbracht werden, daß ein Politiker seiner Gesinnungsgemeinschaft, der er seit Jahrzehnten angehört, auch dann noch gute Dienste erweisen kann, wenn er sich widerspruchslos und diszipliniert in das zweite Glied einreiht. Vier Jahre hindurch habe ich mich bemüht, meiner Partei diesen Dienst zu erweisen. Nunmehr, so glaube ich, konnte und sollte nicht nur, sondern mußte es damit sein Bewenden haben. Eine Tätigkeit der Art, wie ich mich ihr durch vier Jahre hindurch unterzogen habe, kann nicht ewig ausgeübt werden. Sie hat ihre Grenzen. Diese Grenzen können und dürfen nicht übersehen werden, sie müssen vor allem im richtigen Zeitpunkt wahrgenommen werden.

Im Frühjahr 1975 war dieser Zeitpunkt für mich gekommen.

Gewiß weiß ich es aus eigenem Erleben und aus der Erfahrung der Jahre 1971 und 1974, daß ein Politiker, der jahrelang in vorderster Front gestanden ist und der daher einen hohen Bekanntheitsgrad aufweist, vielfach nicht mehr Herr seiner eigenen Entschlüsse ist, sondern daß er weitgehend Rücksicht auf seine Wähler und auf die öffentliche Meinung zu nehmen hat. Mir ist es zweimal so ergangen, daß ich Entschlüsse, die ich – wie ich zumindest glaubte – unwiderruflich gefaßt hatte, widerrufen mußte, dies nur deshalb, weil ich mich dem Wunsch und Drängen meiner Wähler und dem Verlangen meiner Freunde einfach nicht entziehen konnte. Ich verweise in diesem Zusammenhang auf die in diesem Buch veröffentlichten Briefe, die, wie ich zugebe, sehr maßgeblich dazu beigetragen haben, daß ich Entschlüsse, die ich mir wirklich nicht leichtgemacht hatte, letzten Endes doch umgestoßen habe.

Was jedoch im Jahre 1971 und vielleicht auch noch 1974 durchaus richtig war, hat für das Jahr 1975 keine Geltung mehr. Damals ging es darum, in einer sehr schwierigen Situation der ÖVP nicht davonzulaufen, sondern in das zweite Glied zurückzutreten und zu versuchen, damit und dadurch der Partei und vielleicht auch der parlamentarischen Demokratie als solcher einen Dienst zu erweisen.

Im Jahre 1975 ist die Situation eine grundlegend andere. Die Partei ist weitgehend konsolidiert und für alle künftigen Aufgaben gerüstet.

Im übrigen möchte ich mir in diesem Zusammenhang denn doch auch noch eine ganz persönliche Bemerkung gestatten. Ist es denn eigentlich nicht etwas ganz Normales und Natürliches, wenn ein Politiker, der immerhin 63 Jahre alt ist, das Bedürfnis hat, sich aus dem öffentlichen Leben zurückzuziehen?

Aus all den vorangeführten Gründen halte ich es für durchaus gerechtfertigt, daß ein Politiker, der glaubt, von sich sagen zu können, daß er versucht hat, seiner Partei, darüber hinaus aber für Volk und Staat sein Bestes zu geben, Abschied von der Politik nimmt; Abschied von jener Politik, die ihm viel, aber Gott sei Dank nicht alles bedeutet hat, sonst fiele der Abschied wesentlich schwerer. Ich werde mich wieder dorthin zurückziehen, woher ich gekommen bin, in meinen angestammten Beruf, eingedenk des Satzes, den uns Julius Raab in unserer Jugendzeit mit auf den Weg gegeben und der da gelautet hat, daß ein solider Beruf noch immer die beste Grundlage, ja geradezu die unumgängliche Voraussetzung für ein erfolgreiches Wirken im öffentlichen Leben ist.

Ich habe die Richtigkeit dieses Satzes in meinem politischen Leben immer wieder bestätigt gefunden. Ich lege ihn daher allen jenen, die glauben, sich in der Politik betätigen zu müssen, mit aller Eindringlichkeit ans Herz.